Building Machine Learning Systems with Python

개정판

Building Machine Learning Systems with Python 한국어판

Scikit-learn 라이브러리로 구현하는 기계 학습 시스템

루이스 페드로 코엘류·윌리 리커트 지음 | 전철욱 옮김

[PACKT] PUBLISHING

지은이 소개

루이스 페드로 코엘류 Luis Pedro Coelho
생체 시스템을 이해하려, 컴퓨터를 사용하는 전산 생물학자다. 특히, 미생물의 행위를 특징짓기 위해 미생물군집microbial communities에서 나온 DNA를 분석하고 있다. 생체 표본 이미지를 분석하는 데 기계 학습 기술을 활용하는 분야인 바이오이미지 인포매틱스Bioimage Informatics에 관련된 일도 한다. 주 관심사는 대용량 이미지 데이터 처리다.

기계 학습 분야에서 세계적인 대학 중 하나인 카네기 멜론 대학교Carnegie Mellon University의 박사 학위자이며, 몇몇 과학 출판물의 저자이기도 하다.

리스본 기술 대학교Technical University of Lisbon 컴퓨터 학과에서 배운 것을 실제 코드에 적용하고자 1998년부터 오픈소스 소프트웨어를 개발하기 시작했다. 2004년부터 파이썬으로 개발하기 시작했으며, 몇몇 오픈소스 라이브러리에 기여했다. 기계 학습 코드의 기여자이며, 인기 있는 파이썬 컴퓨터 비전 패키지와 mahotas의 리더 개발자다.

현재 룩셈부르크와 하이델베르크를 오가며 생활하고 있다.

아내 리타의 열정과 헌신에 감사한다. 그리고 무엇보다 소중한 딸 안나에게 사랑을 전한다.

윌리 리커트 Willi Richert

다양한 로봇이 모방 학습을 하도록 강화 학습reinforcement learning, 은닉 마코프 모델hidden Markov models, 베이즈 네트워크Bayesian network를 활용하는 기계 학습과 로보틱스 박사 학위자다. 현재 마이크로소프트 빙Bing의 코어 렐러번스 팀Core Relevance Team에서 일하고 있다. 액티브 학습과 통계적 기계 번역 같은 다양한 기계 학습에 관여하고 있다.

아내 나탈리, 아들 리누스와 모리츠는 이 책을 쓰는 동안 많은 도움을 주었다. 함께 일하는 매니저 안드레아스 보데, 클레먼스 마르슈너, 홍얀 주, 에릭 크리스턴과 동료이자 친구인 토마슈 마르치니악, 크리스티안 아이겔, 올리버 니홀스터, 필립 아델트에게도 감사를 전한다. 흥미로운 발상들이 대부분 이들로부터 나왔고, 혹시나 있을지 모르는 오류는 모두 나의 실수다.

기술 감수자 소개

마티유 브루쉐르 Matthieu Brucher

프랑스 전기 대학원 쉬펠레고Ecole Superieure d'Electricite에서 엔지니어링 학사 학위를 받았다. 프랑스 스트라스부르 대학교Universite de Strasbourg에서 비非지도 매니폴드Unsupervised Manifold 학습으로 박사 학위를 받았고, 현재 오일 회사의 HPC 소프트웨어 개발자로 차세대 저수지 시뮬레이션에 관한 일을 하고 있다.

모리스 링 Maurice HT Ling

2003년부터 파이썬을 사용하고 있다. 멜버른 대학교University of Melbourne에서 분자 세포 생물학 학사와 바이오인포매틱스 박사 학위를 마쳤다. 현재 싱가폴 난양 기술 대학교Nanyang Technological University의 연구원이며 멜버른 대학교의 명예 연구원이기도 하다. 그는 「컴퓨테이셔널 앤 매스매티컬 바이올로지Computational and Mathematical Biology」의 최고 편집자이자 「파이썬 페이퍼스The Python Papers」의 공편집자이기도하다. 최근 싱가폴에서 최초 합성 생물학 스타트업 회사인 AdvanceSyn Pte. Ltd를 창업했고 최고 기술책임자CTO 겸 이사로 일하고 있다. 그의 연구 주제는 삶(생물체의 삶, 인공물의 삶, 인공지능)에 있다. 삶과 여러 측면을 이해하는 도구로서 컴퓨터 과학과 통계를 사용한다. 여가 시간에는 독서, 커피, 일기, 사색을 즐긴다. LinkedIn은 http://maurice.vodien.com이며, 웹사이트 주소는 http://maurice.vodien.com이다.

라딤 레휴렉 Radim Řehůřek

열혈 개발자이자 기술주의자이다. 중앙 유럽의 중요한 검색 엔진 회사인 Seznam.cz을 창업하고 연구 부서를 이끌고 있다. 박사 학위를 마친 후, 기계 학습 활용을 확장하려, 개인 연구 개발 회사인 RaRe Consulting Ltd를 시작했다. RaRe는 거대 기업뿐만 아니라 신생 기업을 대상으로 최신 기술을 전파하고 맞춤 데이터 마이닝 솔루션을 특화했다.

라딤은 gensim과 smart_open 등의 유명한 오픈소스 프로젝트 개발자이기도 하다.

다양한 문화를 사랑하며, 지난 10년 동안 아내와 여러 나라에서 살았다. 다음 목표는 한국에 가고자 한다. 어디에 머물거나, 그와 그의 팀은 데이터 주도 솔루션을 전파하며 세계에 다양한 회사를 돕고, 기계 학습을 최대한 활용하고자 한다.

옮긴이 소개

전철욱 (chulwuk.jeon@gmail.com)

웹의 개방성, 파이썬의 기민성, 기계 학습의 예측성을 좋아한다. 공익을 위한 재능을 만들고자 노력 중이다. 에이콘출판사의 『Building Machine Learning Systems with Python 한국어판』(2014)과 『R을 활용한 기계 학습』(2014)을 번역했다.

옮긴이의 말

네 잎 클로버 어떻게 찾아요?

또래 아이들이 그러하듯 우리 집 아이의 소일거리 중 하나는 네 잎 클로버 찾기다. 한 수 분 잔디에서 뒤지다 보면, 제풀에 지쳐 집으로 뛰어 들어오며 "행운을 드립니다"라며 세 잎 중 한 잎을 찢어 만든 거짓 네 잎 클로버를 내게 내민다. "네 잎 클로버를 어떻게 찾을까", "네 잎 클로버의 확률 분포는 무엇일까", "기계 학습으로 네 잎 클로버를 찾을 수 있을까?" 잠시 생각에 잠겨본다. 수학적으로, 네 잎 클로버의 확률 분포는 푸아송 분포를 따른다면, 1시간에 찾을 수 있는 확률을 구할 수 있다. 네 잎 클로버의 잎 너비, 잎 길이, 줄기 길이 등 다양한 속성으로 기계 학습에 적용도 할 수 있을 듯하다. 이 책의 소개된 이미지 처리와 기계 학습 기법을 활용하여 마당 잔디를 휴대전화로 찍어 아이를 대신해 네 잎 클로버를 한번 찾아볼까도 생각해본다. 아니면, 네 잎 클로버의 유전자 분석에 기계 학습을 적용해 볼까 하는 데까지 생각이 미친다.

데이터 저장 장치가 지속적으로 저렴해지고, 다양한 장치에서 데이터를 생성해 내고 있는 현재, 기계 학습을 적용할 분야는 점점 더 많아지고 있다. 관심 분야에서 데이터를 찾고 기계 학습을 적용해 보면 우리 생활이 좀 더 편해진다. 구글, 아마존, 넷플릭스, 수많은 회사가 자신의 서비스에 기계 학습을 적용하는 이유가 여기에 있다. 친구를 추천해주고, 사진에서 친구 얼굴을 찾아 이름을 붙여주고, 스팸 메일을 완벽히 제거해주는 서비스가 대표적인 예다. 표피에는 데이터가 감싸여 있고 그 속에는 기계 학습이 자리잡고 있는 서비스가 최신 흐름이라고 할 수 있다.

행운의 네 잎 클로버

네 잎 클로버는 행운을 상징한다. 이 책 첫머리의 "이 책을 만난 건 좋은 인연이다"라는 말처럼 파이썬 사용자로서 기계 학습을 배우려는 사람에게 이 책은 네 잎 클로버다. 파이썬의 범용성과 생태계를 활용하여 데이터를 마음대로 다룰 수 있으며 계산량이 많은 수학 계산까지 빠르게 계산할 수 있다. 파이썬 생태계에서 제공하는 다양한 패키지로 단번에 다양한 기술도 적용해볼 수 있다. 특히, 기계 학습 전반적으로 지원하는 scikit-learn은 기계 학습 사용자에게는 스타워즈에서의 광선검과도 같다. 통일된 학습기 인터페이스, 각 작업을 연결할 수 있는 태스크, 전처리와 평가를 지원하는 등 데이터를 가공해서 다양한 학습기에 여러 매개변수를 한 번에 적용해 평가를 구할 수 있는 탁월한 라이브러리다. 더불어, 이번 개정판에서는 초판에 비해 간결하게 예제를 재정리했으며, 설명도 보강했다. 부족했던 라이브러리를 소개하는 것도 잊지 않았다.

기계 학습은 여타의 기술보다 조금 더 어렵다. 각 기법을 깊이 이해하려면 확률이론이나 선형대수와 같은 수학적 지식이 필요하며, 프로그래밍 언어로 직접 학습기를 구현하거나 구현된 라이브러리에 적용해야 한다. 원시 데이터를 전처리해야 할 때도 있다. 이 책은 이러한 모든 부분을 자세히 다루지 않으며, 사실 이 모든 부분을 한 권의 책에서 다루는 것은 현실적으로 쉽지 않다. 대신, 이 책에서 사용하는 실제 데이터와 각 기법을 하나씩 천천히 살펴보는 전략도 대단히 괜찮은 방법이다. 마지막으로, 기계 학습을 배우고자 하는 분들에게 진심으로 이 책이 행운의 네잎 클로버가 되길 바란다.

전철욱

목차

6장 분류: 감성 분석   161

들어가며

이 책을 만난 건 좋은 인연이다. 무엇보다, 매년 수백만 권이 쏟아져 나오는 와중에 여러분은 이 책을 읽고 있다. 몇몇 기계 학습 알고리즘이 여러분을 이 책으로 이끄는 중요한 역할을 했을 수도 있다. 그리고 여러분이 방법how과 이유why를 좀 더 이해하고자 한다는 사실에 우리 저자들은 행복하다.

이 책은 대부분 방법에 대해 다룬다. 기계 학습 알고리즘을 최대로 활용하려면 데이터를 어떻게 다뤄야 할까? 문제에 즉시 적용할 수 있는 적합한 알고리즘을 어떻게 선택할 수 있을까?

가끔은 이유도 다룬다. 왜 정확하게 측정하는 일이 중요한가? 주어진 상황에서 왜 어떤 알고리즘은 다른 알고리즘보다 나은 성능을 내는가?

이 분야에서 전문가가 되려면 배워야 할 내용이 무척 많다. 여기서 다루는 '어떻게'와 '왜'는 그중 일부일 뿐이지만, 궁극에는 이 혼합이 여러분을 가능한 한 빨리 전문가로 만드는 밑거름이 되길 바란다.

이 책의 구성

1장, 기계 학습 파이썬으로 시작하기 매우 단순한 예제로 기계 학습의 기본적인 개념을 소개한다. 단순하지만 과적합overfitting의 위험을 제기하겠다.

2장, 실제 예제 분류하기 분류에 대해 배울 실제 데이터를 설명하고 꽃의 범주를 구별할 수 있도록 컴퓨터를 훈련한다.

3장, 군집화: 관련된 게시물 찾기 단어 주머니bag of words 접근법이 게시물에 대한 실제 이해 없이도 유사한 게시물 찾기에 적용할 때 얼마나 뛰어난지 설명한다.

4장, 주제 모델링 각 게시물을 하나의 군집에 배정하는 것을 넘어, 실제 문서가 여러 주제에 속하듯이 게시물이 다수의 주제에 어떻게 배정되는지 보여준다.

5장, 분류: 형편없는 답변 감지 질문에 대한 사용자 답변이 좋은지 나쁜지를 판단하기 위해 로지스틱 회귀logistic regression 기법을 설명한다. 이와 더불어, 기계 학습 모델을 분석하기 위해 편향bias과 변화량variance 균형을 어떻게 사용하는지도 배운다.

6장, 분류: 감성 분석 나이브 베이즈Naive Bayes가 어떻게 작동하는지 소개하고, 트윗이 긍정적인지 부정적인지를 분류하는 데 나이브 베이즈를 사용하겠다.

7장, 회귀 오늘날까지 데이터를 다루는 데 잘 사용하는 고전적인 주제인 회귀를 설명한다. 라소Lasso와 일래스틱넷츠ElasticNets와 같은 발전된 회귀 기법도 다룬다.

8장, 추천 소비자 제품 평점을 근거로 추천 시스템을 만든다. 평점 데이터(사용자가 항상 제공하진 않는다)없는 쇼핑 데이터로 추천을 어떻게 하는지도 살펴보겠다.

9장, 분류: 음악 장르 분류 무작위의 수많은 노래를 기계 학습기가 분류할 수 있는 방법을 알아본다. 우리 스스로 속성을 만들기보다는 누군가의 전문 지식을 믿는 편이 더 괜찮을 때도 있음을 보여준다.

10장, 컴퓨터 비전 데이터에서 속성을 추출하여 이미지를 다루는 특수한 분야에서 분류를 어떻게 적용하는지 설명한다. 이 기법을 이미지 모음에서 유사한 이미지를 찾도록 어떻게 적용하는지도 다룬다.

11장, 차원 수 줄이기 기계 학습 알고리즘에 잘 적용할 수 있도록 데이터의 크기를 줄이는 다양한 기법들을 알아본다.

12장, 조금 더 큰 빅데이터 데이터 멀티코어와 컴퓨팅 클러스터의 장점을 활용해 좀 더 큰 데이터를 다루는 기법들을 살펴본다. 클라우드 컴퓨팅도 소개한다(클라우드 제공자로서 아마존의 웹 서비스를 사용한다).

부록, 기계 학습에 대한 보충 자료 기계 학습에 대한 훌륭한 자료 목록이 실려 있다.

준비 사항

이 책에서는 독자들이 `easy_install`이나 `pip`으로 라이브러리를 설치하는 방법과 파이썬에 대해 알고 있다고 상정한다. 미적분학이나 행렬 대수와 같은 고급 수학은 필요없다.

이 책 전반에 걸쳐 다음 버전을 사용하고 있고, 그 이상의 버전도 괜찮다.

- Python: 2.7(모든 코드는 3.3와 3.4에서도 호환된다)
- NumPy: 1.8.1
- SciPy: 0.13
- scikit-learn: 0.14.0[1]

이 책의 대상 독자

이 책은 오픈소스 라이브러리를 사용해 기계 학습을 적용하고자 하는 파이썬 프로그래머를 대상으로 한다. 현실적인 예제로 기계 학습의 기본 방식을 둘러본다.

이 책은 파이썬을 활용해 시스템을 만들려는 기계 학습을 알고 있는 독자도 대상이다. 파이썬은 빠르게 시제품을 만드는 유연한 언어인 동시에, 기본적인 모든 알고리즘은 C나 C++로 최적화해 작성됐다. 그러므로 최종 코드는 제품에 사용하기에 충분히 빠르고 강건하다.

편집 규약

이 책에서는 독자의 이해를 돕고자 다루는 정보에 따라 다음과 같이 글꼴 스타일을 다르게 적용했다.

---

[1] scikit-learn: 0.14.0 이외 버전으로 실시할 경우, 오류가 생길 수 있다. pip install scikit-learn==0.14.0으로 명시하여 설치할 수 있다. - 옮긴이

문장 중에 사용된 코드, 데이터베이스 테이블 이름, 사용자 입력 등은 다음과 같이 표기한다.

"모델 매개변수로 모델 함수를 만들기 위해 `poly1d()`을 사용한다."

코드 블록은 다음과 같이 표기한다.

```
[aws info]
AWS_ACCESS_KEY_ID = AAKIIT7HHF6IUSN3OCAA
AWS_SECRET_ACCESS_KEY = <your secret key>
```

커맨드라인에 입력하거나 출력된 내용은 다음과 같이 표시한다.

```
>>> import numpy
>>> numpy.version.full_version
1.8.1
```

화면에 출력된 대화상자나 메뉴 문구를 문장 중에 사용하는 경우에는 다음과 같이 고딕체로 표기한다.

"일단 머신이 멈추면 Change instance type 옵션은 사용 가능하게 된다."

 주의해야 하거나 중요한 내용은 이 박스로 표기한다.

 참고사항이나 요령은 이 박스로 표기한다.

독자 의견

이 책에 대한 독자의 의견은 언제나 환영이다. 좋은 점 또는 고쳐야 할 점에 대한 솔직한 의견은 앞으로 더 좋은 책을 발행하는 데 큰 도움이 된다.

독자 의견은 보낼 때는 이메일 제목란에 구입한 책 제목을 적은 후, feedback@packtpub.com으로 전송한다.

만약 독자가 특정 분야의 전문가로서 저자가 되고 싶다면 http://www.packtpub.com/authors를 참조한다.

고객 지원

이 책을 구입한 독자라면 다음과 같은 지원을 받을 수 있다.

이 책에 사용된 예제 코드 다운로드

www.packtpub.com에서 책을 구매할 때 사용한 계정으로 모든 팩트출판사 책에 대한 예제 코드를 다운로드할 수 있다. 온라인이 아닌 곳에서 구매했다면 www.packtpub.com/support에 방문해 등록하면, 이메일을 통해 예제 파일을 받을 수 있다. 에이콘출판사의 도서정보 페이지 http://www.acornpub.co.kr/book/machine-learning-python-2e에서도 예제 코드를 다운로드할 수 있다.

오탈자 처리

내용을 정확하게 전달하기 위해 최선을 다하지만, 실수가 있을 수 있다. 책에서 텍스트나 코드상의 문제를 발견해서 알려준다면 매우 감사할 것이다. 독자의 참여를 통해 다른 독자에게 도움을 주고, 다음 버전에서 더 완성도 있는 책을 만들 수 있다. 오탈자를 발견하면 http://www.packtpub.com/support에서 errata submission form에 오탈자를 신고해주기 바란다. 내용이 확인되면 웹사이트에 그 내용이 올라가거나, 해당 책의 정오표 섹션에 그 내용이 추가될 것이다. http://www.packtpub.com/support에서 해당 책 제목을 선택하면 지금까지의 정오표를 확인할 수 있다. 한국어판은 에이콘출판사 웹사이트 http://www.acornpub.co.kr/book/machine-learning-python-2e에서 찾아볼 수 있다.

저작권 침해

인터넷을 통한 저작권 침해 행위는 모든 매체가 골머리를 앓고 있는 심각한 문제다. 팩트출판사 또한 저작권과 라이선스 문제를 매우 심각하게 생각한다. 인터넷에서 어떤 형태로든 팩트 책의 불법 복제물을 발견한다면, 적절한 조치를 취할 수 있게 주소나 사이트명을 즉시 알려주길 부탁 드린다. 의심되는 불법 복제물의 링크를 copyright@packtpub.com으로 보내주기 바란다.

더 좋은 책을 만들기 위한 팩트출판사와 저자들의 노력을 배려하는 마음에 깊은 감사의 뜻을 전한다.

질문

이 책에 대한 질문이 있다면 question@packtpub.com을 통해 문의하기 바란다. 최선을 다해 질문에 답할 것이다. 한국어판에 대한 질문은 이 책의 옮긴이나 에이콘출판사 편집팀(editor@acornpub.co.kr)으로 연락주기 바란다.

1
기계 학습 파이썬으로
시작하기

기계 학습ML, Machine Learning이란 기계에게 스스로 작업을 수행할 수 있도록 가르치는 일이다. 의미는 이렇게 단순하지만, 그 속을 들여다보면 매우 복잡해 여러분이 이 책을 읽기 시작했으리라 생각한다.

넘쳐나는 데이터, 그에 대한 이해는 부족. 기계 학습 알고리즘으로 이런 문제점들을 해결할 수 있길 바랐을 것이다. 그래서 그 시작으로 무작정 여러 알고리즘을 공부하기 시작했으나 때로는 더 혼란스러웠을 수도 있다. 도대체 이토록 많은 알고리즘 중 어떤 것을 선택해야 할까?

혹은, 기계 학습에 폭넓게 관심을 가지고 얼마 동안 몇몇 블로그나 기사를 읽었을 수도 있다. 모든 것이 대단하고 마술같이 느껴져 다양한 시도도 해보고 해결 가능할 법한 데이터toy data를 의사결정 나무decision tree나 서포트 벡터 머신support vector machine에 입력도 해봤을 것이다. 하지만 이런 방법들을 다른 데이터에도 적용하는 데 성공한 뒤 자신이 한 방법이 과연 맞는지, 최적화된 결과를 얻은 것인지, 혹은 더 좋은 결과를 도출해낼 수 있는 알고리즘은 없을지, 적용한 데이터가 올바른지 등 여러 의문이 들었을지도 모른다.

환영한다! 나도 한때 이론적인 기계 학습 교재에서는 다루지 않는 진정한 이야기를 들려주는 정보를 찾아다녔던 시기가 있었고, 이런 정보의 상당수는 일반적인 교재에서 알려주는 것이 아닌 '요술black art'이었다. 그래서 어떤 의미에서는 그 시절을 떠올리며 이 책을 집필했고, 단순히 기계 학습을 소개하는 게 아니라 내가 지금껏 배운 내용들을 알려주고자 한다. 이 책이 여러분에게 컴퓨터 과학에서 가장 재미있는 분야로 들어서는 안내서가 되길 바란다.

기계 학습과 파이썬: 꿈의 조합

기계 학습의 목표는 기계(소프트웨어)에게 몇 가지 예(어떻게 일을 수행해야 하는지, 해서는 안 되는지)를 주고 작업을 수행하도록 가르치는 것이다. 매일 아침 컴퓨터를 켜고 이메일을 특정 주제 폴더에 옮기는 일을 생각해보자. 얼마 후 지루함을 느끼고 이 허드렛일을 자동으로 처리할 방법을 구상한다. 한 가지 방법은 이메일을 뒤죽박죽 섞어가며 머릿속에 있는 규칙을 만들어 적는 것이다. 하지만 이런 작업은 매우 번거로우며, 그 결과도 언제나 완벽하진 못하다는 단점이 있다. 게다가 일부 규칙을 빠뜨리거나, 필요 이상으로 진행할 수도 있다. 좀 더 경쟁력 있는 방법은 이메일의 메타 정보와 내용/폴더 이름으로 짝 지우고, 알고리즘으로 최적의 규칙을 찾아내는 과정을 자동화하는 것이다. 이 짝들은 훈련 데이터가 되고, 알고리즘의 결과인 규칙 집합(모델이라 부름)을 앞으로 분류할 이메일에 적용한다. 이 과정이 가장 단순한 형태의 기계 학습이다.

물론, 기계 학습(데이터 마이닝Data Mining이나 예측 분석Predictive Analysis이라고도 한다) 자체가 새로운 분야는 아니다. 근래의 기계 학습이 거둔 성공은, 통계학 같은 성공적인 분야에서 얻은 통찰력과 강력한 기술을 사용한 실용적인 활용 방식 덕분이다. 주어진 패턴이나 관계에 대한 학습으로 데이터에서 통찰력을 얻는 것이 통계의 목적이다. 성공적인 기계 학습 애플리케이션(kaggle.com을 방문해보자)에 대해 읽으면 읽을수록 기계 학습 전문가들의 공통된 분야가 응용 통계임을 알 수 있다.

앞으로 함께 살펴보겠지만, 일반적인 ML 과정은 결코 폭포수waterfall 과정을 따르지 않는다. 대신, 분석 시 앞뒤 단계를 오가며 다양한 ML 알고리즘에 여러 버전의 입력 데이터를 적용해 시도한다. 이 과정은 파이썬의 탐험적 천성과 잘 부합된다. 대화형interpreted 고차원 프로그래밍 언어인 파이썬은 다양한 작업 과정에 적합하게 디자인됐다. 그뿐 아니라 그 작업 과정도 매우 빠르다. 분명 C 언어 같은 정적 타입statically-typed 언어보다는 느리지만 사용하기 쉬운 수많은 C 언어 기반 라이브러리가 있어, 기민성agility을 위해 실행 속도를 희생할 필요가 없다.

이 책이 알려주는 내용과 알려주지 않는 내용

이 책에서는 현재 다양한 분야에서 사용하고 있는 여러 종류의 기계 학습 알고리즘을 개괄하며, 이를 적용할 때의 주의점을 알려주고자 한다. 하지만 경험상, 서포트 벡터 머신이나 최근접 이웃 검색NNS, nearest neighbor search, 이들을 이용한 앙상블ensemble 등 매력적인 기계 학습 알고리즘을 사용하는 일은 뛰어난 기계 학습 전문가에게 있어 전체 과정 중 매우 적은 시간에 해당한다. 다음의 전형적인 작업 흐름을 보면서 눈치채겠지만 대부분 시간은 다소 지루한 작업을 한다.

- 데이터 읽기와 정리
- 입력 데이터의 탐구와 이해
- 기계 학습 알고리즘을 위해 어떻게 최적으로 데이터를 나타낼지에 대한 분석
- 적절한 모델과 학습 알고리즘 선택
- 수행 정확도 측정

입력 데이터의 탐구와 이해를 다룰 때, 통계와 기본적인 수학 지식이 다소 필요하다. 그러나 이 과정에서, 수학 수업 시간에 재미없어 보였던 주제들이 적용된 흥미로운 데이터를 볼 때는 기대감에 들뜰 수도 있다.

데이터를 읽으면서 여정은 시작된다. 형식이 잘못되거나 분실된 값을 처리하는 주

제에 직면할 때면 정밀한 과학이라기보다는 기술에 가깝다고 생각할지 모르지만, 매우 보상적인 작업으로 이 과정을 적절히 잘 처리하면 더 많은 기계 학습 알고리즘에 적용할 수 있고 그 성공 가능성도 높아진다.

프로그램의 데이터 구조에서 사용할 수 있는 데이터가 준비되면, 내가 다루고 있는 데이터에 대해 잘 알고 싶어진다. 질문에 대답할 수 있을 만큼 충분한 데이터가 있는가? 그렇지 않다면 추가로 더 많은 데이터를 얻기 위한 방법을 생각할 수도 있다. 데이터가 너무 많은 건 아닌가? 이럴 때는 데이터에서 최대한 적합한 샘플을 추출하고자 고민하게 된다.

가끔은 기계 학습 알고리즘에 데이터를 그대로 적용할 수 없는 경우도 있다. 대신, 훈련하기 전에 데이터의 일부분을 개선할 수 있다. 대부분, 기계 학습 알고리즘은 더 나은 수행 결과로 보상한다. 심지어 개선된 데이터를 사용하는 단순한 알고리즘은 원시raw 데이터를 그대로 사용하는 세련된 알고리즘보다 나은 결과를 낳는다. 기계 학습 작업 흐름에서 이 과정을 속성 엔지니어링feature engineering이라고 하며, 매우 흥미롭고 보답적인 도전과제다. 창조적이고 현명한 여러분은 바로 그 결과를 확인할 수 있다.

적절한 알고리즘을 선택하는 일은 툴박스에 있는 도구 서너 개를 고르는 일과는 다르다(툴박스에 더 많은 알고리즘이 있을 수 있다). 이는 기능적 요구사항과 다른 수행에 가중치를 주어야 하는 매우 신중한 과정이다. 빠른 결과를 얻고자 기꺼이 품질을 포기해야 하는가? 최적의 결과를 얻기 위해 시간을 좀 더 소모해야 하는가? 앞으로의 데이터에 관한 뚜렷한 생각이 있는가, 아니면 다른 쪽에서 좀 더 신중해야 하는가?

마지막으로, 성능 측정 단계에서 큰 포부를 지닌 ML 학습자가 대부분의 실수를 저지른다. 훈련에 사용했던 데이터로 접근법을 테스트하는 단순한 방법이 있고, 이보다 복잡하게, 이를테면 불균형한 훈련 데이터로 접근법을 테스트할 수도 있다. 다시 한 번 말하지만, 데이터가 프로젝트의 성패를 좌우한다.

유일하게 네 번째 과정에서만 정교한 알고리즘을 다룬다. 알고리즘보다 더 흥미롭진 않을 수도 있지만, 나머지 네 단계도 다 같이 중요하며 단순한 허드렛일이 아니라는 점을 이 책으로 인식하길 바란다. 책을 다 읽을 때쯤에는 학습 알고리즘 대신 데이터와 사랑에 빠지길 또한 바란다.

이러한 목적으로, 기존의 훌륭한 책들이(부록, '기계 학습에 대한 보충 자료' 참고) 다양한 학습 알고리즘의 이론적 측면을 강조한 것과는 달리, 여기서는 각 장마다 근본적인 접근법에 대한 직관력을 높이고자 한다(여러분이 이해하고 첫발을 내딛게 하는 것으로 충분하다). 따라서 이 책은 기계 학습의 '최종 가이드'가 결코 아닌, 초보자용 킷에 더 가깝다. 이 흥미로운 분야에서 더 많은 것을 배우기 위해 노력할 수 있도록 이 책이 여러분의 호기심을 왕성하게 하면 좋겠다.

이 장의 나머지 부분에서는 기본적인 파이썬 라이브러리인 NumPy, SciPy에 대해 알아보고 설치도 해본다. 그리고 scikit-learn을 이용해 첫 번째 기계 학습을 훈련해보겠다. 이 과정을 통해 책에서 전반적으로 사용할 기본적인 ML 개념을 소개한다. 나머지 장에서는 다양한 애플리케이션 시나리오를 사용해 파이썬으로 된 기계 학습의 다양한 측면에 집중하면서, 이전에 소개한 다섯 단계로 세밀하게 살펴본다.

정체됐을 때 해야 할 작업

이 책 전반에 걸쳐, 단계별로 나눠 필요한 모든 아이디어를 전달하고자 하지만 곤란한 상황에 처할 때가 있을 수 있다. 그 이유로는 패키지 버전의 이상한 조합 같은 단순한 오류부터 주제에 관한 이해까지 다양하다. 이 경우 도움을 받을 수 있는 몇 가지 방법이 있다. 대개는 아래의 훌륭한 Q&A 사이트에 비슷한 문제가 이미 제기됐고, 해결까지 되어 있다.

- http://metaoptimize.com/qa: 기계 학습 주제에 집중된 Q&A 사이트. 대부분의 질문에 기계 학습 전문가가 평균 이상의 답변을 했다. 특별한 질문이 없더라도 수시로 방문해 질문과 답변을 확인해두면 좋다.

- http://stats.stackexchange.com: Q&A 사이트. 'Cross Validated'에서 이름을 따왔지만 MetaOptimized와 유사하다. 그러나 통계 문제에 더 집중되어 있다.
- http://stackoverflow.com: 이전 사이트들과 유사한 Q&A 사이트지만 일반적인 프로그래밍 주제에 넓게 집중되어 있다. 예를 들어, 책에서 사용하는 SciPy, matplotlib 같은 패키지에 관한 질문이 더 많이 있다.
- Freenode의 #machinelearning: IRC 채널로, 기계 학습 주제를 중점적으로 다룬다. 기계 학습 전문가들의 작지만 매우 활발하고 유익한 커뮤니티다.
- http://www.TwoToReal.com: 위 사이트들에 적당하지 않은 주제를 위해 저자들이 지원하는 인스턴스 Q&A 사이트. 질문을 올릴 경우 저자들에게 인스턴스 메시지가 오고, 온라인에 있다면 질문자와 이야기를 할 수도 있다.

도입부에서 언급했듯이, 이 책은 기계 학습 여정이 빠르게 시작되도록 도움을 주고자 한다. 따라서 자신만의 기계 학습 관련 블로그나 기사 목록을 만들어 주기적으로 읽는 방법을 추천한다. 이는 무엇이 효과적인지 아닌지를 알 수 있는 가장 좋은 방법이다.

여기서 강조하고 싶은 블로그는 기계 학습 경연 대회를 주최하는 http://blog.kaggle.com으로, 캐글Kaggle이라는 회사의 블로그다(부록 '기계 학습에 대한 보충 자료'에 더 많은 링크가 있음). 보통 경연 대회에서 우승한 팀은 그들이 문제에 어떻게 접근했는지, 어떤 것이 제대로 작동하지 않았는지, 어떤 전략으로 승리할 수 있었는지를 적는다. 다른 어떤 자료도 보지 않는다면 이 사이트만은 필수다.

시작

파이썬이 설치되어 있다고 가정하고(최근 버전 2.7이면 별 문제가 없다) 수치 연산을 위한 NumPy, SciPy와 시각화를 위한 matplotlib을 설치하자.

NumPy, SciPy, matplotlib 소개

진지하게 기계 학습 알고리즘을 이야기하기 전에, 사용하기 편하게 데이터를 저장하는 방법에 대해 이야기해보자. 이를 마무리 짓지 않는다면 아무리 가치 있는 학습 알고리즘이라도 우리에게 유용하지 않다. 이는 데이터에 접근하는 데 너무 느리다는 점이 이유일 수 있고, 데이터 표현이 운영체제를 하루 종일 바꾸게 할 수도 있기 때문이다. 이런 상황에다 C 언어나 포트란Fortran과 비교해서 수치 연산을 많이 해야 하는 무거운 알고리즘 때문에 느린 대화형 언어인 파이썬(가장 최적화되어 있는 버전)을 넣어보자. 그럼 왜 많은 과학자나 회사, 심지어 계산 중심적인 분야에서도 파이썬에 그들의 운명을 맡길까?

그 대답은 파이썬 자체에 있다. 파이썬에서 수치 뭉치 작업을 C나 포트란으로 확장한 형태인 아래 레이어로 넘기는 일이 매우 쉽다. 이러한 수치 작업을 정확히 NumPy나 SciPy가 수행한다(http://scipy.org/install.html). 이와 더불어, NumPy는 최신 알고리즘의 기본 데이터 구조인 다차원 배열을 최적화할 수 있도록 지원한다. SciPy는 이러한 배열을 사용해 빠른 수치 연산 기능을 제공한다. 마지막으로, matplotlib(http://matplotlib.org)은 파이썬을 사용해 고급 그래프를 그릴 수 있는 가장 편리한 다기능 라이브러리다.

파이썬 설치

다행스럽게, 주요 운영체제인 윈도우, 맥, 리눅스에 적합한 NumPy, SciPy, matplotlib 설치자가 있다. 각 패키지를 설치하는 데 자신이 없다면, SciPy를 만든 트래비스 올리판Travis Oliphant이 이끄는 모든 패키지가 포함된 Anaconda Python distribution(https://store.continuum.io/cshop/anaconda/)을 사용한다. Enthought Canopy(https://www.enthought.com/downloads/)나 Python(x,y)(http://code.google.com/p/pythonxy/wiki/Downloads)과 다른점은 Anaconda는 파이썬 3과 호환한다.

NumPy로 효과적으로, SciPy로 지능적으로 적용하기 쉬운 데이터 만들기

기본적인 NumPy 예제를 가볍게 살펴보고 SciPy가 최상단에서 어떻게 지원하는지 알아보자. 더불어, 놀라운 matplotlib 패키지를 이용해 도식화도 살짝 시도해보자.

더 흥미로운 NumPy 예제는 http://www.scipy.org/Tentative_NumPy_tutorial에서 볼 수 있으며, 팩트 출판사의 『NumPy Beginner's Guild』(2nd, 이반 이드리스Ivan Idris)는 상당히 많은 도움이 될 것이다. 추가적인 튜토리얼 스타일 가이드는 http://scipy-lectures.github.com에서, SciPy 공식 튜토리얼은 http://docs.scipy.org/doc/scipy/reference/tutorial에서 받을 수 있다.

 이 책은 NumPy 버전 1.8.1와 SciPy 버전 0.14.0을 사용한다.

NumPy 배우기

NumPy를 임포트하고 약간 장난을 쳐보자. 먼저 인터랙티브 셸interactive shell을 시작한다.

```
>>> import numpy
>>> numpy.version.full_version
1.8.1
```

네임스페이스namespace가 섞이는 게 싫다면 다음과 같이 해서는 안 된다.

```
>>> from numpy import *
```

numpy.array의 array는 파이썬의 표준 array 패키지를 잠정적으로 가릴 수 있기 때문에 다음과 같이 편리한 단축을 사용하자.

```
>>> import numpy as np
>>> a = np.array([0,1,2,3,4,5])
>>> a
array([0, 1, 2, 3, 4, 5])
>>> a.ndim
```

```
1
>>> a.shape
(6,)
```

파이썬에서 리스트를 만드는 방법과 유사하게 배열array을 만들었다. 그러나 NumPy 배열은 shape 같은 추가적인 정보를 갖고 있다. 이 경우, 6개 원소의 1차원 배열이다. 지금까지는 별다른 게 없다.

이제 이 배열을 2차원 매트릭스matrix(행렬)로 변형해보자.

```
>>> b = a.reshape((3,2))
>>> b array([[0, 1],
             [2, 3],
             [4, 5]])
>>> b.ndim
2
>>> b.shape
(3, 2)
```

NumPy 패키지를 얼마나 최적화하려고 했었는지를 알면 재미있다. 예를 들어, 가능하면 복사를 피하도록 되어 있다.

```
>>> b[1][0]=77
>>> b
array([[ 0, 1],
       [77, 3],
       [ 4, 5]])
>>> a
array([ 0, 1, 77, 3, 4, 5])
```

이 경우, b의 값을 2에서 77로 변경하고 a를 보면 a의 값도 바로 반영된다. 충실한 복사true copy가 필요할 때를 위해 염두에 두자.

```
>>> c = a.reshape((3,2)).copy()
>>> c
array([[ 0, 1],
       [77, 3],
       [ 4, 5]])
>>> c[0][0] = -99
>>> a
```

```
array([ 0, 1, 77, 3, 4, 5])
>>> c
array([[-99, 1],
       [ 77, 3],
       [ 4, 5]])
```

여기서, c와 a는 완전히 독립이다.

NumPy의 배열이 지닌 또 다른 큰 장점은 연산자가 개별 원소에 전파된다는 점이다.

```
>>> a*2
array([ 2, 4, 6, 8, 10])
>>> a**2
array([ 1, 4, 9, 16, 25])
```

파이썬 리스트와 대조적이다:

```
>>> [1,2,3,4,5]*2
[1, 2, 3, 4, 5, 1, 2, 3, 4, 5]
>>> [1,2,3,4,5]**2
Traceback (most recent call last):
File "<stdin>", line 1, in <module>
TypeError: unsupported operand type(s) for ** or pow(): 'list' and 'int'
```

물론, NumPy의 배열을 사용하면 파이썬 리스트가 제공하는 기민성을 포기해야 한다. 단순한 추가, 삭제 같은 연산은 NumPy에게 오히려 복잡할 수 있다. 두 기능 중 상황에 맞게 적절한 것을 선택해서 사용한다.

인덱싱

NumPy 다른 장점은 다양한 배열 접근법이 있다는 점이다.

일반적인 리스트 인덱싱과 더불어 인덱싱하는 데 배열을 사용할 수 있다.

```
>>> a[np.array([2,3,4])]
array([77, 3, 4])
```

또한 각 원소에 조건condition을 적용할 수 있는데, 데이터 선택에 매우 편리하다.

```
>>> a>4
array([False, False, True, False, False, True], dtype=bool)
```

```
>>> a[a>4]
array([77, 5])
```

조건에 맞지 않는 값outlier을 잘라낼 수도 있다.

```
>>> a[a>4] = 4
>>> a
array([0, 1, 4, 3, 4, 4])
```

이것은 빈번한 사용 예이므로, 특수 clip 함수를 사용해 다음과 같이 양 끝으로 벗어난 값을 잘라낼 수 있다.

```
>>> a.clip(0,4)
array([0, 1, 4, 3, 4, 4])
```

존재하지 않는 값 처리

NumPy 인덱싱의 장점은 텍스트 파일로 읽어온 데이터를 전처리할 때 편리하다는 점이다. 실수real number로 표기할 수 없는 유효하지 않은 값을 다음과 같이 numpy.NAN으로 표시할 수 있다.

```
>>> c = np.array([1, 2, np.NAN, 3, 4]) # 텍스트 파일에서 읽어왔다고 가정하자.
>>> c
array([ 1., 2., nan, 3., 4.])
>>> np.isnan(c)
array([False, False, True, False, False], dtype=bool)
>>> c[~np.isnan(c)]
array([ 1., 2., 3., 4.])
>>> np.mean(c[~np.isnan(c)])
2.5
```

실행 시간 비교

NumPy와 파이썬 리스트의 실행 시간을 비교해보자. 다음 코드는 1부터 1000까지 각각을 제곱한 후 총합을 구하는 식으로, 계산하는 데 시간이 얼마나 걸리는지 보자. 정확한 측정을 위해 10,000번을 반복하고 총 시간을 구한다.

```
import timeit
normal_py_sec = timeit.timeit('sum(x*x for x in range(1000))',
                                    number=10000)
naive_np_sec = timeit.timeit(
                'sum(na*na)',
                setup="import numpy as np; na=np.arange(1000)",
                number=10000)
good_np_sec = timeit.timeit(
                'na.dot(na)',
                setup="import numpy as np; na=np.arange(1000)",
                number=10000)

print("Normal Python: %f sec" % normal_py_sec)
print("Naive NumPy: %f sec" % naive_np_sec)
print("Good NumPy: %f sec" % good_np_sec)

Normal Python: 1.050749 sec
Naive NumPy: 3.962259 sec
Good NumPy: 0.040481 sec
```

두 가지 흥미로운 점이 있다. 하나는 데이터 저장소로 NumPy(Naive NumPy)를 사용할 경우, 시간이 3.5배 더 걸리는 데 이 점이 좀 의아하다. 왜냐하면 NumPy(Naive NumPy)는 C 언어 확장이기 때문에 훨씬 빠르다고 생각할 수 있다. 한 가지 이유로 파이썬 자체에서 개별 원소에 접근하는 데 다소 비용이 든다는 점을 들 수 있다. 최적화된 확장 알고리즘을 적용할 때에만 속도를 높일 수 있다. NumPy의 dot() 함수 사용으로 속도가 25배 빨라진다. 정리하면, 구현하려는 모든 알고리즘은 파이썬에서 개별 원소를 반복 처리하기보다는 NumPy나 SciPy의 최적화된 확장 함수로 처리하자.

그러나 속도를 높이기 위해서는 대가를 지불해야 한다. NumPy의 배열을 사용하면, 여러 타입을 가질 수 있는 파이썬 리스트의 뛰어난 유연성을 잃는다. NumPy는 단지 하나의 데이터 타입을 갖는다.

```
>>> a = np.array([1,2,3])
>>> a.dtype dtype('int64')
```

다른 타입의 원소를 사용하고자 한다면, NumPy는 원소의 타입을 보고 가장 합리적인 공통 타입을 강제로 적용한다.

```
>>> np.array([1, "stringy"])
array(['1', 'stringy'], dtype='|S8')
>>> np.array([1, "stringy", set([1,2,3])])
array([1, stringy, set([1, 2, 3])], dtype=object)
```

SciPy 배우기

NumPy의 효율적인 데이터 구조 위에서 SciPy는 이러한 배열을 효율적으로 처리하는 수많은 알고리즘을 제공한다. 이 책에서 사용되는 수치 중심적인 알고리즘이 무엇이든, 한 가지 이상의 방법으로 SciPy에서 해당 알고리즘들을 대부분 지원한다. 매트릭스 처리matrix manipulation, 선형 대수linear algebra, 최적화optimization, 군집화clustering, 공간 연산spatial operations, 더 나아가 고속 푸리에 변환fast Fourier transform까지 모두 갖춰져 있다. 그러므로 수치 알고리즘을 구현하고자 할 때 SciPy를 찾아보는 습관을 들이는 게 좋다.

편의상, NumPy의 네임스페이스는 SciPy로 접근할 수 있다. 지금부터는 SciPy의 네임스페이스를 통해 NumPy의 기능을 사용하겠다. 다음과 같이 함수가 어떤 기반 함수를 참조했는지 쉽게 비교할 수 있다.

```
>>> import scipy, numpy
>>> scipy.version.full_version
0.14.0
>>> scipy.dot is numpy.dot
True
```

다음 툴박스에는 다양한 알고리즘을 구분지어 놓았다.

SciPy 패키지	기능
cluster	계층적 군집(cluster.hierarchy) 벡터 양자화 / K평균(cluster.vq)
constants	물리와 수학 상수 일반적인 기법
fftpack	이산 푸리에 변환 함수
integrate	적분 함수
interpolate	보간법(2차, 3차 등)
io	데이터 입출력
linalg	최적화된 BLAS와 LAPACK 라이브러리를 사용한 선형 대수
maxentropy	최대 엔트로피 모델에 적합화를 위한 함수
ndimage	n차원 이미지 패키지
odr	직교 거리 회귀
optimize	최적화
signal	신호 처리
sparse	희소 매트릭스
spatial	공간 데이터 구조 및 알고리즘
special	베셀(Bessel), 야코비(Jacobian) 같은 특별한 수학 함수
stats	통계 툴킷

관심이 가는 툴박스는 scipy.stats, scipy.interpolate, scipy.cluster, scipy.signal 정도다. 여기서는 stats 패키지의 일부 특성을 간략히 살펴보고, 이후의 장에서 나올 때마다 좀 더 자세히 알아보겠다.

첫 번째 기계 학습 애플리케이션

팔을 걷어붙이고, 우리의 가상 창업 회사인 MLAAS를 보자. 회사는 웹상에서 기계 학습 알고리즘을 제공한다. 점차 번창해 웹 요청을 충분히 처리하고자 기반 시설을 늘리려고 한다. 비싼 장비를 무턱대고 증설할 수 없다. 한편으로, 웹 요청을 처리할 장비를 갖추지 못하면 점차 손해를 볼 수도 있다. 여기서 질문을 하면, 시간당 100,000 요청이 있다고 추정하고 현재 장비가 언제 최대가 될까이다. 최대로 가용하며 모든 요청을 완벽하게 처리하기 위해 앞으로 클라우드에 추가 장비를 설치해야 하는 시점을 알고 싶다.

데이터 읽기

지난 달의 통계는 ch01/data/web_traffic.tsv에 모아놓았다(tsv는 각 값을 탭으로 구별한다). 시간당 요청 수가 저장되어 있는데, 각 줄은 연속적으로 나열된 시간이며 그 시간의 요청 수를 나타낸다.

다음은 일부다.

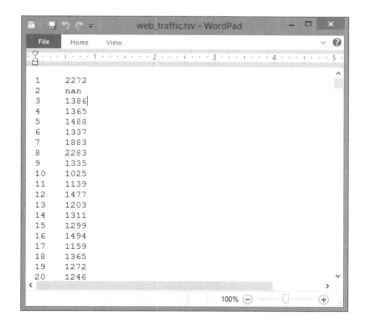

SciPy의 `genfromtxt()`를 사용해 쉽게 데이터를 읽을 수 있다.

```
>>> import scipy as sp
>>> data = sp.genfromtxt("web_traffic.tsv", delimiter="\t")
```

각 열을 정확하게 구분하기 위해, 구별자로 탭을 명시해야 한다.

데이터를 바르게 읽었는지 바로 확인할 수 있다.

```
>>> print(data[:10])
[[ 1.00000000e+00  2.27200000e+03]
 [ 2.00000000e+00             nan]
 [ 3.00000000e+00  1.38600000e+03]
 [ 4.00000000e+00  1.36500000e+03]
 [ 5.00000000e+00  1.48800000e+03]
 [ 6.00000000e+00  1.33700000e+03]
 [ 7.00000000e+00  1.88300000e+03]
 [ 8.00000000e+00  2.28300000e+03]
 [ 9.00000000e+00  1.33500000e+03]
 [ 1.00000000e+01  1.02500000e+03]]
>>> print(data.shape)
  (743, 2)
```

2차원으로 743개 데이터가 있다.

데이터 정리와 전처리

SciPy에서 743개의 데이터를 2개의 벡터로 나누면 좀 더 편리하다. 첫 번째 벡터 x는 시간이며, 두 번째 y는 특정 시간의 요청 수다. 이러한 나눔은 개별적으로 열을 선택할 수 있는 SciPy의 특수 인덱스 표기를 사용한다.

```
x = data[:,0]
y = data[:,1]
```

SciPy의 배열로부터 데이터를 선별하는 더 많은 방법이 있다. http://www.scipy.org/Tentative_NumPy_Tutorial에는 인덱싱, 슬라이싱, 반복 처리에 관한 자세한 정보가 있다.

한 가지 염두에 두어야 할 사항은, y에 일부 잘못된 값인 nan이 있다는 점이다. 어떻게 처리해야 할까? 얼마나 많은 시간이 잘못된 값을 가지고 있는지 확인해보자.

```
>>> sp.sum(sp.isnan(y))
8
```

743개 중 8개가 잘못된 값으로, 이를 제거하자. SciPy 배열을 다른 배열로 인덱싱할 수 있다. sp.isnan(y)는 원소가 수치인지 아닌지를 불Boolean로 표시한 배열로 반환한다. y의 유효값이 있는 원소 기준으로 x, y에서 유효한 원소를 선별하기 위해 ~를 사용한다.

```
x = x[~sp.isnan(y)]
y = y[~sp.isnan(y)]
```

데이터의 형태를 파악하기 위해 matplotlib의 산점도scatter plot로 그려보자. matplotlib의 pyplot 패키지는 편리하고 사용하기 쉬운 매트랩Matlab의 인터페이스를 따라했다(http://matplotlib.org/users/pyplot_tutorial.html에서 튜토리얼을 볼 수 있다).

```
>>> import matplotlib.pyplot as plt
>>> # 크기가 10인 점으로 (x,y)를 그린다.
>>> plt.scatter(x, y, s=10)
>>> plt.title("Web traffic over the last month")
>>> plt.xlabel("Time")
>>> plt.ylabel("Hits/hour")
>>> plt.xticks([w*7*24 for w in range(10)],
                   ['week %i' % w for w in range(10)])
>>> plt.autoscale(tight=True)
>>> # 약간 불투명한 점선 격자를 그린다.
>>> plt.grid(True, linestyle='-', color='0.75')
>>> plt.show()
```

 http://matplotlib.org/users/pyplot_tutorial.html에서 도표에 대한 튜토리얼을 찾을 수 있다.

결과 차트에서 첫 번째 몇 주는 비슷비슷하게 트래픽이 유지되지만 마지막 주는 급격하게 증가함을 볼 수 있다.

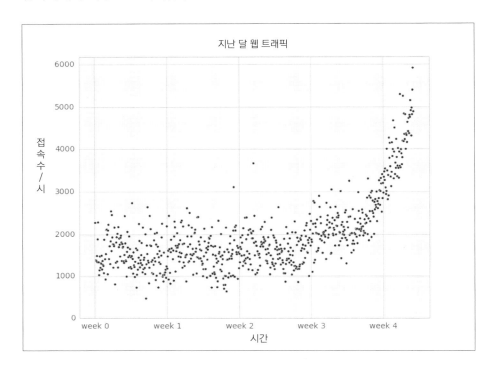

적절한 모델과 학습 알고리즘 선택

데이터의 전반적인 형태를 파악했으므로 최초의 질문으로 돌아가자. 서버는 들어오는 웹 트래픽에 얼마 동안 대응할 수 있을까? 이 질문에 답하려면 다음과 같은 일을 해야 한다.

1. 노이즈를 고려한 실제 모델 찾기
2. 모델을 사용해 설비를 증설해야 할 시점 추론하기

모델을 만들기에 앞서

모델을 이야기할 때, 복잡한 현실의 이론적 근사치로서 단순화된 모델을 생각할 수 있다. 거기에는 항상 현실과 차이가 있는데, 이를 근사치 오차approximation error라고 한다. 오차 값은 많은 선택권 중에서 적절한 모델을 찾을 수 있게 하며, 모델이 예측한 예상 값과 실제 값 사이의 거리 제곱squared distance으로 계산한다. 학습된 모델 함수 f의 오차는 다음과 같이 계산한다.

```
def error(f, x, y):
    return sp.sum((f(x)-y)**2)
```

벡터 x와 y는 전에 추출했던 웹 통계 데이터다. 이 오차 함수는 f(x)를 활용한 SciPy의 벡터화된 함수의 백미다. 훈련된 모델은 벡터 x를 입력받고 크기가 같은 벡터로서 결과를 다시 반환한다. 이 반환된 벡터를 사용해 벡터 y와의 차를 계산한다.

단순한 직선으로 시작하기

기본적인 모델이 직선이라고 잠시 가정해보자. 도전과제는 어떻게 하면 근사치 오차가 가장 작도록 차트에 직선을 그을 수 있을까이다. SciPy의 polyfit() 함수가 정확히 이런 일을 수행한다. 이 함수는 x, y, 우리가 원하는 다항 함수의 차수(직선 함수는 1차 함수다)를 고려해, 이전에 정의했던 오차 함수를 최소로 만드는 모델 함수를 찾는다.

```
fp1, residuals, rank, sv, rcond = sp.polyfit(x, y, 1, full=True)
```

polyfit() 함수는 적합화된 모델 함수 fp1의 매개변수를 반환한다. full을 True로 설정하면 적합화하는 과정의 추가적인 정보를 얻을 수 있다. 정확히 근사치 오차를 나타내는 잔차residual가 관심거리다.

```
>>> print("Model parameters: %s" % fp1)
Model parameters: [  2.59619213 989.02487106]
>>> print(residuals)
[   3.17389767e+08]
```

가장 적합된 직선은 다음 함수다.

```
f(x) = 2.59619213 * x + 989.02487106.
```

모델 매개변수로부터 모델을 생성하려면 poly1d() 함수를 사용한다.

```
>>> f1 = sp.poly1d(fp1)
>>> print(error(f1, x, y))
317389767.34
```

적합화 과정에서 세부 정보를 얻기 위해 full=True를 사용했다. 일반적으로 사용하지 않지만 이럴 경우 모델 매개변수만 반환한다.

첫 번째 모델을 그리기 위해 f1() 함수를 사용하자. 이전의 그리기 명령어와 더불어 다음 명령어를 추가해보자.

```
fx = sp.linspace(0,x[-1], 1000) # 도표를 위한 X 값을 생성한다.
plt.plot(fx, f1(fx), linewidth=4)
plt.legend(["d=%i" % f1.order], loc="upper left")
```

다음 그래프는 첫 번째 모델을 보여준다.[1]

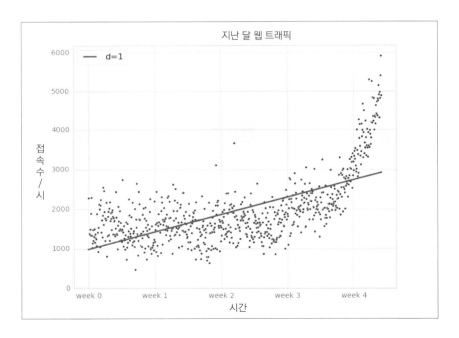

---

1 흑백 그림일 경우 주의깊게 보아야 한다.

첫 4주째까지는 크게 값이 벗어나진 않아 보이지만 기본 모델이 직선이라는 초기 가정으로 인해 잘못된 점이 있다. 더욱이, 오차 값 317,389,767.34는 실제로 얼마나 괜찮은 걸까?

보통, 오차 절대값은 비교하는 데 사용된다. 두 경쟁 모델을 비교해, 어떤 모델이 나은지 판단할 때 이 오차를 사용한다. 첫 모델은 명확하게 사용하고자 한 모델은 아니지만 기계 학습 개발 단계에서 중요한 역할을 한다. 더 나은 모델을 찾을 때까지 첫 번째 모델을 기준치로 사용한다. 앞으로 새로운 모델을 찾더라도 현재 기준치로 비교할 수 있다.

좀 더 복잡한 모델

새로운 모델이 데이터를 더 '이해하는지' 살펴보기 위해 좀 더 복잡한 2차 다항식 모델로 적합화해보자.

```
>>> f2p = sp.polyfit(x, y, 2)
>>> print(f2p)
array([ 1.05322215e-02, -5.26545650e+00, 1.97476082e+03])
>>> f2 = sp.poly1d(f2p)
>>> print(error(f2, x, y))
179983507.878
```

차트는 다음과 같다.

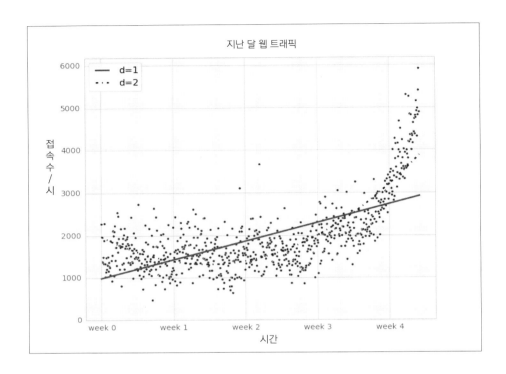

지난 달 웹 트래픽

직선 모델 오차의 거의 절반인 179,983,507.878이다. 괜찮은 결과지만, 여기엔 대가가 따른다. 좀 더 복잡한 모델이고, polyfit() 내부에서 조절하기 위해 매개변수 하나를 더 사용한다는 뜻이다. 적합화된 다항식은 다음과 같다.

```
f(x) = 0.0105322215 * x**2 - 5.26545650 * x + 1974.76082
```

모델이 복잡할수록 더 나은 결과가 나온다면 복잡성을 좀 더 증가시키는 건 어떨까? 차수를 3, 10, 100으로 시도해보자.

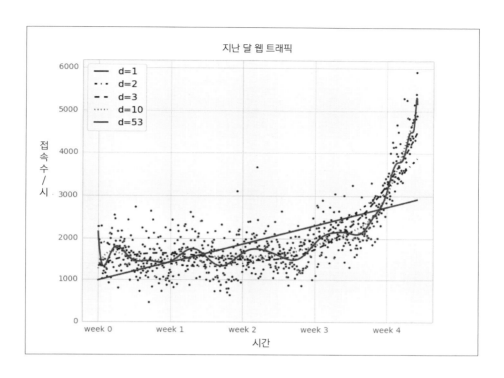

홍미롭게도, d=53인 다항식으로 인해 100차 다항식을 볼 수는 없다. 대신, 다음과 같은 많은 경고를 볼 수 있다.

```
RankWarning: Polyfit may be poorly conditioned
```

이는 수치 오류 때문으로, polyfit는 100차를 결정할 수 없다. 53이면 충분하다.

복잡한 데이터를 입력받을수록, 곡선은 이를 반영해 좀 더 적합해진다. 오차도 동일한 결론을 보여준다.

```
Error d=1: 317,389,767.339778
Error d=2: 179,983,507.878179
Error d=3: 139,350,144.031725
Error d=10: 121,942,326.363461
Error d=100: 109,318,004.475556
```

하지만 적합화된 곡선들을 자세히 보면, 곡선들이 이러한 데이터를 잘 담아내고 있는지 궁금해진다. 달리 말해, 모델이 웹사이트를 방문하는 사용자들의 큰 흐름을 잘 표현하는가? 10차 다항식과 53차 다항식을 보면 넓은 범위에서 굴곡이 많다. 이는 모델이 너무 많은 데이터를 적합화한 것으로 보인다. 주요 데이터뿐만 아니라 노이즈noise까지 반영됐는데, 이를 과적합화overfitting라 한다.

이쯤에서 다음을 선택해야 한다.

- 적합화된 다항식 모델 중 하나를 선택해야 할지
- 스플라인spline 같은 좀 더 복잡한 모델로 바꿔야 할지
- 데이터를 다르게 분석하고 다시 시작해야 할지

5개의 적합화된 모델에서 1차 다항식 모델은 명백하게 단순하다. 10차와 53차 다항식은 과적합화됐다. 2, 3차 다항식이 데이터에 잘 맞춰진 듯하나 2개의 경계선에서 추출한다면 이 또한 엉망이 될 수 있다.

다른 모델로 바꾸는 방법 또한 적당해 보이진 않는다. 입력은 무엇이고 출력은 무엇인가? 이쯤에서 데이터를 완벽하게 이해하지 못했다는 사실을 깨닫게 된다.

일보후퇴, 이보전진: 데이터 다시 보기

자, 뒤로 물러서서 데이터를 다시 보자. 3주차와 4주차 사이에 변곡점이 있다.

3.5주차를 기준으로 데이터를 둘로 나누고 두 선을 따로 훈련하자. 3주차까지 첫 번째 직선을 훈련하고, 나머지 주차로부터 두 번째 직선을 훈련하자.

```
inflection = 3.5*7*24 # 시간으로 변곡점을 계산한다.
xa = x[:inflection] # 변곡점 이전 데이터
ya = y[:inflection]
xb = x[inflection:] # 이후 데이터
yb = y[inflection:]

fa = sp.poly1d(sp.polyfit(xa, ya, 1))
fb = sp.poly1d(sp.polyfit(xb, yb, 1))
```

```
fa_error = error(fa, xa, ya)
fb_error = error(fb, xb, yb)
print("Error inflection=%f" % (fa_error + fb_error))
Error inflection=132950348.197616
```

첫 번째 직선은 3주차까지 데이터로 훈련하고, 두 번째 직선을 나머지 데이터로 훈련한다.

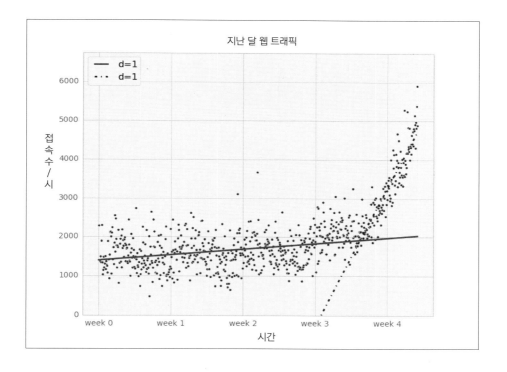

명백히 두 직선의 결합은 이전 모델보다 데이터에 매우 잘 적합화되어 보인다. 그러나 아직도 고차원 다항식보다 높은 오차를 보인다. 결국, 이 오차를 믿을 수 있을까?

다르게 질문해보자. 왜 이전의 복잡한 모델보다 마지막 주에 적합하게 만든 직선 모델을 신용하는가? 그 이유는 직선 모델이 미래의 데이터를 좀 더 잘 예측할 수 있다고 생각하기 때문이다. 미래의 모델을 그린다면, 얼마나 적합할지 볼 수 있다 (d=1은 직선이다).

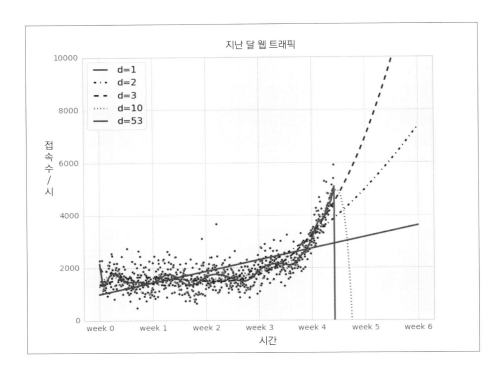

지난 달 웹 트래픽

10차 다항식과 53차 다항식 모델에 따르면 우리 회사의 미래가 밝지 않다. 데이터를 너무 잘 반영해 모델화되어 미래의 예측도 쓸모없어졌다. 과적합화다. 반면, 저차 다항식 모델은 데이터를 적당하게 반영하지 못한 것으로 보인다. 이는 과소적합under-fitting이다.

마지막 주의 데이터에 대해 모델을 적합화할 경우 2, 3차 더 높은 차수 다항식이 어떻게 행동하는지 지켜보자. 무엇보다도, 다른 이전 주보다 마지막 주가 미래에 대해 예측성을 높여줄 것이다. 그 결과 다음과 같이 기괴한 차트를 볼 수 있으며, 과적합화가 얼마나 문제인지 알 수 있다.

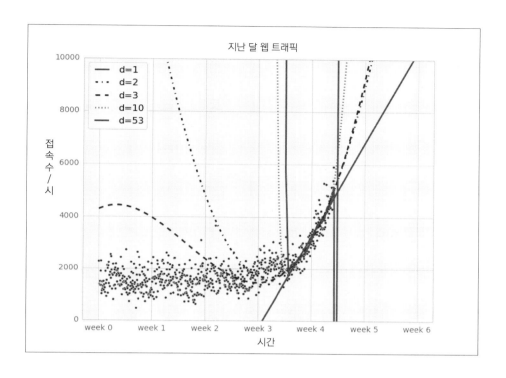

3.5주 이후의 데이터로 훈련한 모델의 오차를 기준으로 판단하자면, 아직도 복잡한 모델을 선택해야 한다(변곡점 이후 시간에 대한 오차만을 계산해야 한다).

```
Error d=1: 22,143,941.107618
Error d=2: 19,768,846.989176
Error d=3: 19,766,452.361027
Error d=10: 18,949,339.348539
Error d=53: 18,300,702.038119
```

훈련과 테스트

가령, 모델의 정확도를 낮추는 미래의 데이터를 갖고 있더라도, 단지 결과인 근사치 오차를 바탕으로 모델을 선택할 수 있어야 한다.

미래를 볼 수 없더라도 부분 데이터로 유사한 영향을 가정할 수 있고, 해야만 한다. 예를 들어, 일정 부분의 데이터를 제거하고 나머지로 훈련해보자. 오차를 계산하기 위해 홀드아웃hold-out 데이터를 사용한다(analyze_webstats.py에서 데이터를 나누는 부분을 참고한다). 모델은 홀드아웃 데이터를 알지 못한 채 훈련되고, 모델이 미래에 어떻게 행동할지 좀 더 현실적인 그림을 얻는다.

변곡점 이후로부터 훈련된 모델의 테스트 오차는 현저히 차이가 있다.

```
Error d=1:  6,397,694.386394
Error d=2:  6,010,775.401243
Error d=3:  6,047,678.658525
Error d=10: 7,037,551.009519
Error d=53: 7,052,400.001761
```

다음 그림을 보자.

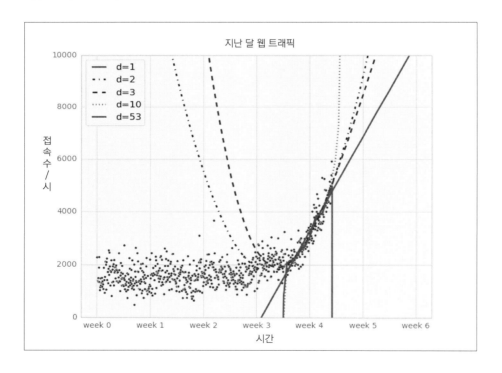

마침내 최후의 승자를 찾아낸 듯하다. 그 모델은 바로 테스트 오차가 가장 작은 2차 다항식이다. 이 오차는 훈련 동안 모델이 알 수 없는 데이터를 사용하고 측정했다. 이로써 미래의 데이터가 나쁘지 않을 것임을 믿게 한다.

최초 질문에 대답하기

결국, 큰 흐름을 잘 반영하는 모델을 찾았다. 시간당 100,000 요청이 언제쯤 될지 찾는 일은 매우 쉽다. 모델 함수가 100,000이 되는 값을 찾으면 된다.

2차 다항식을 가지고 100,000이 되는 값을 반대로 찾으면 된다. 물론, 모델 함수에 쉽게 적용할 수 있는 접근법이 있다.

이 다항식에서 100,000을 빼고 이 결과 다항식의 근을 찾으면 된다. SciPy optimize 모듈의 `fsolve` 함수로 근을 구할 수 있다. `fbt2`가 우리의 최종 모델이다.

```
>>> fbt2 = sp.poly1d(sp.polyfit(xb[train], yb[train], 2))
>>> print("fbt2(x)= \n%s" % fbt2)
fbt2(x)=
             2
0.086 x - 94.02 x + 2.744e+04
>>> print("fbt2(x)-100,000= \n%s" % (fbt2-100000))
fbt2(x)-100,000=
             2
0.086 x - 94.02 x - 7.256e+04
>>> from scipy.optimize import fsolve
>>> reached_max = fsolve(fbt2-100000, x0=800)/(7*24)
>>> print("100,000 hits/hour expected at week %f" % reached_max[0])
```

100,000hits/hour는 9.616071 주차임을 예상할 수 있다. 모델은 주어진 현재 사용자의 흐름과 회사의 트랜잭션으로 회사의 최대 수용 치가 언제가 될지 알려줄 수 있다.

물론 예측이 정확히 맞진 않을 수도 있다. 실제 그림을 얻기 위해, 좀 더 먼 미래를 예상할 때 사용해야 하는 분산variance 같은 정교한 통계를 이용할 수 있다.

그리고 정적인 사용자와 정확히 모델링할 수 없는 동적인 사용자가 있지만 이 쯤에서는 이 정도 예측이면 충분하다. 무엇보다 시간 소모적인 작업을 준비할 수 있게 됐다. 트래픽을 좀 더 자세히 본다면 새로운 설비가 필요한 시점을 찾을 수 있다.

정리

축하한다! 중요한 사실 두 가지를 배웠다. 물론, 전형적인 기계 학습 작업으로서 가장 중요한 사항은 데이터를 정제하고 이해하는 데 대부분의 시간을 보낸다는 점이다(첫 번째 기계 학습 예제에서 그렇게 했다). 그리고 이 예제가 알고리즘에서 데이터로 생각의 중심을 옮기는 데 도움이 되길 바란다. 이후에 올바른 실험 준비가 얼마나 중요한지, 그리고 훈련과 테스트가 섞이지 않는 게 중요하다는 사실도 배웠다.

다항식 적합화 사용이 기계 학습 세계에서 가장 매력적인 부분은 아니지만, 일부 반짝거리는 알고리즘의 멋짐에 빠지지 않고 위에 요약한 두 가지 중요한 의미를 알려주고자 선택했다.

자, 매력적인 기계 학습 툴킷인 scikit-learn을 다루는 다음 장으로 넘어가자. 2장에서는 다른 학습 종류를 개괄하며 속성 엔지니어링의 아름다움을 볼 수 있다.

2
실제 예제 분류하기

2장의 주제는 분류Classification다. 인식하지 못 하다더라도 소비자로서 이미 기계 학습을 사용하고 있을 수도 있다. 현대식 이메일 시스템을 사용한다면, 자동으로 스팸을 검출해 준다. 즉, 이 시스템은 수신한 모든 메일에 대해 스팸 여부를 판단해 준다. 스팸 검출 능력을 향상하기 위해, 사용자가 직접 이메일을 스팸인지 아닌지 구분할 수도 있다. 기계 학습의 한 형태이다. 스팸과 햄 인 두 메시지 예제를 가지고 들어오는 이메일을 자동으로 구별하기 위해 이러한 예제를 사용하는 시스템이다.

분류의 일반적인 기법은 새로운 예제에 적용할 수 있는 규칙을 배우기 위해 각 분류의 예제를 사용한다. 가장 중요한 기계 학습의 한 기법이며, 2장의 주제다.

이메일 같은 문서를 다룰 때, 특별한 기술과 솜씨가 필요하며 3장에서 좀 더 다루겠다. 지금은 작고 다루기 쉬운 데이터셋으로 작업하겠다. 2장에서 해결할 질문은 "기계는 이미지에서 꽃의 종류를 분별할 수 있는가?"이다. 일부 표본에 대한 종류가 기록된 꽃 형태의 측정으로 된 두 데이터셋을 사용하겠다.

몇개의 단순한 알고리즘을 사용하여 이러한 작은 데이터셋을 살펴보겠다. 먼저, 개념을 이해하기 위해 우리만의 분류 코드를 작성하고 scikit-learn으로 변환하도록 하겠다. 목표는 분류의 기본 원리를 이해하는 것이며 최신 기술로 구현하여 진행하겠다.

아이리스 데이터셋

아이리스Iris 데이터셋은 1930년대부터 시작된 고전적인 데이터셋으로, 통계 기반 분류의 첫 번째 현대적 예제 중 하나다.

데이터셋은 일부 아이리스 꽃의 형태학상 측정을 모아둔 것이다. 이러한 측정으로 다양한 꽃의 종을 구별할 수 있다. 오늘날에는 종을 유전자 특성으로 정의하지만, 1930년대에는 DNA가 유전 정보의 전달자인지도 몰랐다.

각 식물의 다음 네 가지 속성을 측정했다.

- 꽃받침 길이
- 꽃받침 너비
- 꽃잎 길이
- 꽃잎 너비

일반적으로, 데이터를 나타내개 위해 사용하는 개별적인 수치 측정을 속성features 이라고 부른다. 이러한 속성은 데이터에서 적접 측정할 수도 있으며 처리한 데이터에서 계산될 수도 있다.

이 데이터셋에는 4개의 속성이 있다. 각 꽃은 종이 표기되어 있다. 있다. 우리가 해결하고자 하는 질문은 "이러한 예제가 주어지고, 들판에서 새로운 꽃을 보면, 그 측정값으로 종을 예측할 수 있을까"이다.

이것은 지도 학습Supervised Learning 또는 분류 문제다. 라벨링된 예제가 주어지면 궁극적으로 다른 예제에 적용할 수 있는 규칙을 만들어낼 수 있을까? 식물학자가 아닌 일반 독자에게 유사한 예제는 스팸 분류이다. 사용자가 스팸 메일을 구별할 수 있으면, 시스템은 새로운 메일이 스팸인지 아닌지 구별하기 위해 스팸 메일과 햄 메일을 사용한다.

이 책 후반에, 텍스트(바로 다음 장부터)을 다루는 문제를 보겠다. 지금은, 아이리스 데이터셋을 해결하자. 데이터셋은 작기 때문에(150개의 예제, 4개의 속성) 쉽게 시각화와 변형을 할 수 있다.

첫 번째 단계, 시각화

책 후반의 데이터셋은 수천개의 속성이 된다. 이 예제는 단지 4개의 속성으로, 한 페이지에 2차원 투영을 그릴 수 있다. 작은 예제로 더 많은 속성을 가진 아주 큰 데이터셋으로 확장할 수 있도록 직관을 기르자. 이전 장에서 보았듯이, 시각화는 분석의 초기 탐험 단계에서 탁월하다. 시각화로 문제의 일반적인 특성을 알 수 있고 초기 데이터 모음에서 일어날 수 있는 문제를 포착할 수도 있다.

다음 도표의 각 부분도표에는 모든 점이 2차원으로 투영되었다. 아이리스 세토사 Setosa를 외곽 그룹(삼각형), 아이리스 버시컬러Versicolor를 중앙쪽(원형), 아이리스 버지니카Virginica를 'X'로 각각 표시한다. 크게는 두 그룹으로 볼 수 있는데, 하나는 아이리스 세토사 그룹이고, 다른 하나는 아이리스 버시컬러와 버지니카 그룹이다.

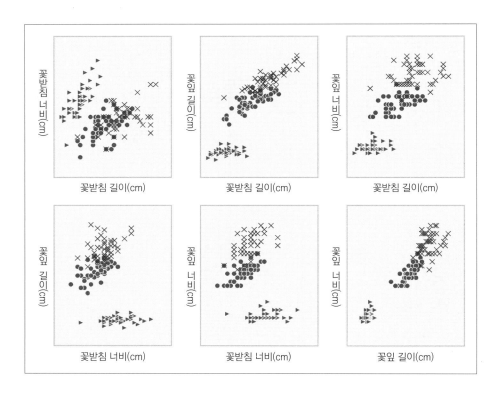

다음 코드는 데이터를 로드하고 도표를 생성한다.

```
>>> from matplotlib import pyplot as plt
>>> import numpy as np
>>> # sklearn의 load_iris로 데이터를 로드한다.
>>> from sklearn.datasets import load_iris
>>> data = load_iris()
>>> # load_iris는 몇 개의 필드를 가진 객체를 반환한다.
>>> features = data.data
>>> feature_names = data.feature_names
>>> target = data.target
>>> target_names = data.target_names
>>> for t in range(3):
...     if t == 0:
...         c = 'r'
...         marker = '>'
...     elif t == 1:
...         c = 'g'
```

```
...                 marker = 'o'
...         elif t == 2:
...             c = 'b'
...             marker = 'x'
...         plt.scatter(features[target == t,0],
...                     features[target == t,1],
...                     marker=marker,
...                     c=c)
```

첫 번째 분류 모델 만들기

목표가 꽃의 세 가지 종류를 분류하는 것이라면 몇 가지 해결책을 바로 낼 수 있다. 예를 들어, 꽃잎 길이로 아이리스 세토사와 나머지 두 종류를 분류할 수 있어 보인다. 약간의 코드를 작성해 구별점cutoff을 찾아보자.

```
>>> # 문자열 배열을 얻기 위해 NumPy 인덱스를 사용한다.
>>> labels = target_names[target]

>>> # 꽃잎 길이는 2번째에 있는 속성이다.
>>> plength = features[:, 2]

>>> # 불 배열을 만든다.
>>> is_setosa = (labels == 'setosa')

>>> # 이 부분이 중요한 단계다.
>>> max_setosa = plength[is_setosa].max()
>>> min_non_setosa = plength[~is_setosa].min()
>>> print('Maximum of setosa: {0}.'.format(max_setosa))
Maximum of setosa: 1.9.
>>> print('Minimum of others: {0}.'.format(min_non_setosa))
Minimum of others: 3.0.
```

이로써, 간단한 모델을 만들 수 있다. 꽃잎 길이가 2보다 작으면 아이리스 세토사이며, 그렇지 않으면, 아이리스 버지니카나 버시컬러다. 첫 번째 모델은 명확하게 다른 두 종과 세토사를 구분한다는 점에서 매우 잘 작동한다. 이 경우, 실제로 어떤 기계 학습을 사용하지 않았다. 대신에, 데이터를 보고 그 범주class 간에 구별점을 찾았다. 이 구별점을 자동으로 찾도록 코드를 작성하는 것이 기계 학습이다.

다른 두 종과 세토사를 구분하는 문제는 매우 쉽다. 그러나, 버지니카와 버시컬러를 구별하는 최적 경계값을 구하는 것은 쉽게 할 수 없다.이러한 속성으로 완벽하게 구별할 수 없다. 하지만 적은 오류가 있는 최적의 구별점을 찾을 수 있다. 이를 위해, 약간의 계산을 하자.

우선, 세토사가 아닌 속성과 라벨을 선택한다.

```
>>> # ~ 는 불 부정 연산자이다.
>>> features = features[~is_setosa]
>>> labels = labels[~is_setosa]
>>> # is_virginica라는 새로운 목적 변수를 만든다.
>>> is_virginica = (labels == 'virginica')
```

여기서는 NumPy의 배열 연산을 많이 사용한다. 다른 두 배열인 features와 labels의 부분집합을 선택하는데 is_setosa는 불Boolean 배열을 사용한다. 마지막으로, 라벨의 동등 비교로 새로운 불 배열 virginica를 만든다.

이제, 모든 속성을 경계로 삼아 정확도accuracy를 가장 높이는 속성을 찾자. 정확도는 모델이 정확하게 예제를 구별하는 비율이다.

```
>>> # 가장 작은 best_acc 초기화
>>> best_acc = -1.0
>>> for fi in range(features.shape[1]):
...     # 모든 경계 값에 대해 테스트
...     thresh = features[:,fi]
...     for t in thresh:
...         # 속성 `fi`에 대한 벡터를 구한다.
...         feature_i = features[:, fi]
...         # 경계 값 `t`를 적용한다.
...         pred = (feature_i > t)
...         acc = (pred == is_virginica).mean()
...         rev_acc = (pred == ~is_virginica).mean()
...         if rev_acc > acc:
...             reverse = True
...             acc = rev_acc
...         else:
...             reverse = False
...
```

```
...                    if acc > best_acc:
...                        best_acc = acc
...                        best_fi = fi
...                        best_t = t
...                        best_reverse = reverse
```

각 속성과 값에 대한 두 종류의 경계를 테스트해야 한다: 경계보다 큰 지와 역순 비교를 테스트한다. 이전 코드에서 rev_acc 변수가 필요한 이유다. 비교 역순의 정확도를 가진다.

마지막 몇 라인은 가장 적합한 모델을 선택한다. 먼저, 예상치 pred와 실제 라벨 is_virginica를 비교한다. 평균값을 비교하는 계산은 정확한 결과의 비율, 즉 정확도를 알려준다. for 반복문 끝에서 모든 속성에 대한 경계를 모두 테스트해 변수 best_fi, best_t, best_reverse로 모델을 만든다. 알 수 없는 새로운 꽃을 분류하는데 필요한 모든 정보다. 즉, 꽃 범주을 지정한다. 다음 코드는 이러한 역할을 한다.

```
def is_virginica_test(fi, t, reverse, example):
    "새로운 예제에 대한 경계 모델 적용"
    test = example[fi] > t
    if reverse:
        test = not test
    return test
```

이 모델은 어떠한가? 전체 데이터를 실행한다면 베스트 모델은 꽃잎 너비로 구분한다. 어떻게 작동하는지 이해하는 방법은 결정선decision boundary을 시각화하는 것이다. 즉, 속성 값이 분류하는 정확한 경계를 만든다. 다음 그림에서 흰색과 회색으로 나뉜 두 지역을 볼 수 있다. 흰색 지역은 아이리스 버지니카이고, 회색 지역은 버시컬러다.

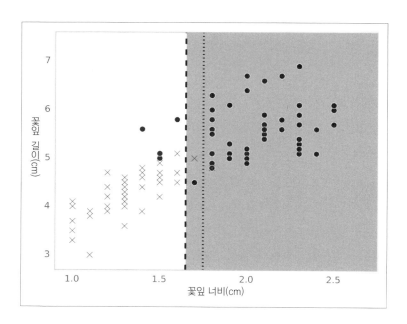

경계 모델에서 결정선은 항상 축과는 평행한 직선이 된다. 위 그림은 결정선과 점을 흰색이나 회색으로 분류한 두 지역이 있음을 보여준다. 정확도가 정확히 똑같은, 다른 경계(점선)도 보여준다. 우리의 방법에서는 첫 번째 경계를 선택했지만 이는 임의의 선택이었다.

평가: 홀드아웃 데이터와 교차 검증

이전 절에서 논의한 모델은 단순하다. 훈련 데이터에서는 94%의 정확도를 보였지만 이 평가는 매우 낙관적인 편이다. 경계를 찾을 때도 이 데이터를 사용했고 모델을 평가할 때도 같은 데이터를 사용했다. 물론, 이 모델은 데이터셋으로 시도했던 어떤 것보다 좋은 결과를 냈다. 하지만 이 논리는 순환적이다.

우리가 정말로 하고 싶은 일은 새로운 데이터에 대해 일반화하는 모델의 능력을 측정이다. 알고리즘이 훈련 시 보지 못한 인스턴스에 대한 성능을 측정해야 한다. 그러므로 좀 더 엄격하게 평가를 하고 홀드아웃 데이터를 사용하자. 이를 위해 데이터를 두 부분으로 나누어, 하나는 모델을 훈련시키고 다른 하나는 테스트에 사용한다. 전체 코드는 온라인 저장소에 있는 이전에 언급한 코드를 사용한다.깃허브에 있다. 결과는 다음과 같다.

훈련 정확도는 **96.0%**였다.
테스트 정확도는 **90.0%(N = 50)**였다.

테스트 데이터(전체 데이터의 일부분) 결과는 분명히 이전보다 좋다. 그러나 중요한 점은 테스트 정확도 결과가 훈련 정확도 결과보다 낮다는 점이다. 경험이 적은 기계 학습 학습자에게는 좀 놀라운 일일 수도 있지만, 이는 전형적인 결과다. 그 이유는, 결정선이 있는 이전 그림을 보면 알 수 있다. 선 근처에 있는 일부 점[1]이 영역에 들어가지 않거나, 두 선 사이에 있는 점이 다른 영역으로 들어간다. 선을 좀 오른쪽이나 왼쪽으로 이동한다면 점이 잘못 예측됨을 쉽게 알 수 있다.

 훈련 데이터에 대한 오차를 훈련 오차(training error)라고 하는데, 알고리즘이 처리한 결과에 대해 다소 낙관적이다. 그래서 훈련 시 사용하지 않은 데이터를 테스트 시 사용해 테스트 오차(testing error)를 측정해야 한다.

이 개념은 모델이 복잡할수록 더욱더 중요하다. 이 예제에서 두 오차의 차는 별로 크지 않다. 복잡한 모델에서는 훈련 시 100% 정확도를 얻을 수 있으나 테스트에서는 무작위 추측보다 못할 수 있다.

이전에 했던 작업의 한 가지 문제는 훈련 시 사용하지 않도록 데이터를 남기는, 즉 훈련 시 데이터의 일부만 사용하게 하는 일이다(여기서는 절반만 사용한다). 한편, 테스트에 사용할 데이터가 너무 적다면 오차 측정도 적은 수의 예로 수행한다. 이상적으로는 훈련할 때와 테스트할 때 모든 데이터를 사용하는 게 좋다.

이를 교차 검증cross-validation이라 하며, 이것으로 이 불가능한 이상적 모델에 좋은 추정을 만들 수 있다. 단순한 교차 검증의 한 형태는 단일 잔류leave-one-out다. 하나의 예제를 제외한 모든 데이터로 모델을 학습하고, 이 모델로 남은 하나의 예제를 잘 분류하는지 보는 것이다. 이 과정은 데이터셋에 모든 예제에 대해 반복된다.

---

1 보통 기계 학습에서 데이터 점(data point), 점(point), 예제(example), 인스턴스(instance), 샘플(sample)은 하나의 데이터를 말한다. – 옮긴이

다음 코드는 단일 잔류 교차 검증을 구현한다.

```
>>> correct = 0.0
>>> for ei in range(len(features)):
        # `ei` 위치를 제외한 모두를 선택한다:
        training = np.ones(len(features), bool)
        training[ei] = False
        testing = ~training
        model = fit_model(features[training], is_virginica[training])
        predictions = predict(model, features[testing])
        correct += np.sum(predictions == is_virginica[testing])
>>> acc = correct/float(len(features))
>>> print('Accuracy: {0:.1%}'.format(acc))
Accuracy: 87.0%
```

이 반복문 마지막에서 모든 예제에 대해 여러 개의 모델을 테스트했다. 그러나 순환성 문제는 없다. 왜냐하면 모델에 대한 아무런 고려 없이 만들어진 예제로 모델을 테스트했기 때문이다. 그러므로 전반적인 측정은 모델이 얼마나 잘 일반화할 수 있는지 믿을 만한 측정이다.

단일 잔류의 중요한 문제점은 몇배 더 가중된 일을 해야 한다는 점이다. 사실, 새로운 모델이 각각의 모든 예를 학습해야 하고, 데이터셋이 증가함에 따라 증가한다.

x 중첩x-fold 교차 검증을 사용해 적은 비용으로 단일 잔류의 장점을 얻을 수 있다. 'x'는 작은 숫자로, 이를테면 5 정도. 5개의 중첩 교차 검증을 수행하고자 전체 데이터를 다섯 그룹으로 나눈다. 이는 5 중첩이 된다.

각 그룹에서 하나의 중첩을 남겨둔 5개의 모델을 학습한다. 결과 코드는 위의 코드와 비슷하나, 하나의 원소를 대신해 전체 데이터의 20%를 남겨둔다. 남겨진 이 데이터로 테스트를 하고 그 값들의 평균을 구한다.

데이터셋	중첩 1	중첩 2	중첩 3	중첩 4	중첩 5
1	Test	Train	Train	Train	Train
2	Train	Test	Train	Train	Train
3	Train	Train	Test	Train	Train
4	Train	Train	Train	Test	Train
5	Train	Train	Train	Train	Test

위의 그림은 5개 블록에 대해 이 과정을 설명한다(데이터셋을 5개로 나눈다). 각 중첩에서 하나는 테스트용으로, 나머지 4개는 훈련용으로 사용된다. 중첩의 수는 원하는 만큼 하면 된다. 계산의 효율성(더 많은 중첩은 더 많은 계산이 필요하다)과 정확성(더 많은 중첩은 훈련에 더 많은 전체 데이터를 사용한다)의 장단점이 있다. 5중첩은 좋은 절충안이다. 약 80% 데이터를 훈련 데이터로 사용하며 모든 데이터를 사용한 것과 가까운 결과를 얻는다. 데이터가 적다면 10이나 20 중첩을 사용할 수 있다. 극단적인 경우, 데이터 개수만큼 중첩을 사용한다면 단일 잔류 교차 검증을 수행할 수 있다. 반면, 계산 시간이 문제되거나 데이터가 많다면 2, 3 중첩이 좀 더 적절한 선택이다.

중첩을 만들 때, 데이터의 균형이 중요하다. 이를테면, 한 중첩에 있는 모든 예제가 같은 범주라면, 결과를 신뢰할 수 없다. 하지만 이것을 어떻게 구체적으로 나눌까 고민하지 말자. 기계 학습 패키지 scikit-learn은 이 문제를 처리해 준다.

단 하나의 모델 대신에 몇 가지 모델을 생성한다. 그러면 새로운 데이터를 적용할 최종 모델은 무엇인가? 가장 단순한 해결책은 모든 훈련 데이터에 대해 하나의 전체 모델에 사용하는 것이다. 교차 검증 반복문은 이 모델이 얼마나 일반화됐는지 측정해준다.

교차 검증 작업은 일반화를 측정하는데 모든 데이터를 사용하게 한다. 교차 검증 반복문의 마지막에서 최종 모델을 훈련하기 위해 모든 데이터를 사용할 수 있다.

기계 학습 초창기에는 적절하게 인식되지 못했지만 최근에는 분류 시스템의 훈련 오차만 논의하는 것조차 잘못됐다고 생각한다. 그 결과가 매우 잘못될 수 있기 때문이다. 항상 교차 검증 작업을 사용해서 측정된 오차나 홀드아웃 데이터의 오차, 둘 중 하나를 비교하거나 측정하고자 한다.

좀 더 복잡한 분류기 만들기

이전 절에서는 매우 단순한 하나의 속성에 대한 경계값 모델을 사용했다. 다른 시스템 형태는 없을까? 물론 있다. 아주 많이. 이 책 전반에 걸쳐 여러 종류의 모델을 볼 수 있겠지만, 모두를 자세히 살펴보진 않는다.

문제를 좀 더 추상화하여 생각해 보면, 분류 모델은 무엇으로 구성되어 있을까? 세 부분으로 나눌 수 있다.

- 모델의 구조: 모델은 어떻게 정확히 결정하나? 이번 경우, 결정은 주어진 속성은 그 특정 경계 값보다 작거나 큰 것에 따라 결정된다. 아주 단순한 문제에만 적용된다.

- 검색 과정search procedure: 우리가 사용할 모델을 어떻게 찾을까? 이번 경우, 모든 속성과 경계 값을 조합했다. 모델은 좀 더 복잡해지고 데이터가 점점 커진다면, 모든 조합을 할 수 없고 어쩔 수 없이 대략적인 해결책을 사용한다. 다른 경우, 좋은 해결책을 찾기 위해 발전적인 최적화를 사용한다(다행스럽게, scikit-learn에는 이를 위해 미리 구현되어 있고, 이를 사용하면 쉽다).

- 이득/손실 함수gain/loss function: 반환할 테스트 확률이 무엇인지를 어떻게 결정할까? 오차가 없는 모델인 완벽한 해결책을 찾기는 쉽지 않다. 그래서 어떤 모델을 사용할지 결정해야한다. 정확도를 사용하지만 특정 종류의 소수 오류를

만드는 모델을 만들기 위해 최적화할 때도 있다. 예를 들어, 스팸 필터링에서 스팸을 걸르지 못하는 것보다 중요한 메일을 스팸으로 처리하는 것이 더 문제다. 그러한 경우, 전체적으로 적은 실수를 하는 모델보다 중요한 이메일을 지우지 않는 모델을 선택할 수도 있다. 이득(최대를 원하는)이나 손실(최소를 원하는) 관점에서 이 문제를 이야기 할 수 있다. 이득과 손실은 같지만 종종 하나가 다른 것보다 중요하다.

분류기의 이러한 세 가지 측면과 다른 시스템을 고려할 수 있다. 단순한 경계 값은 기계 학습 라이브러리에서 사용할 수 있는 가장 단순한 모델이며 아이리스 데이터셋과 같은 문제가 단순할 때 잘 작동한다. 다음 절에서, 좀 더 복잡한 구조인 좀 더 어려운 테스크를 해결해 보겠다.

이번 경우, 오차 수를 최소화하여 경계 값을 최적화하였다. 대안으로 다른 손실 함수를 사용하는 방법이 있는데, 오차 종류에 따라 대가가 다를 수 있다. 의료 환경에서, 거짓 부정false negative(실제 값이 참이지만 잘못된 예측, 즉 거짓)인 경우 환자에게 질병이 있는데도 치료를 받지 못하는 경우가 생긴다. 거짓 긍정false positive(실제 환자에게는 질병이 없지만 테스트 결과로는 질병이 있다고 할 때)인 경우 추가적인 테스트를 하거나 불필요한 치료를 받을 수도 있다(불필요한 치료라는 비용이 지불되지만 잘못된 진단보다 덜 심각하다). 그러므로 주어진 환경과 결과에 따른 득실을 이해해야 한다. 한 가지 극단적인 예로, 치명적인 질병이고 치료비가 저렴하다면 거짓 부정을 최소화해야 한다.

 이득/비용 함수는 다루는 문제에 따른다. 일반적인 알고리즘의 경우 오차를 줄이는데 중점을 두지만 일부 오차가 다른 오차보다 고비용이라면, 전체 비용을 낮추는 전체적으로 낮은 정확도를 받아들이는 것이 더 좋을 수도 있다.

좀 더 복잡한 데이터셋과 분류기

다소 복잡한 데이터셋을 보자. 새로운 분류 알고리즘과 몇 가지 개념을 소개하겠다.

씨앗 데이터셋의 학습

이번에는 농업 데이터셋을 보자. 이 데이터셋은 좀 작지만 아이리스 데이터셋에서 한 것처럼 적절히 도식화하는 데 알맞다. 이 데이터셋은 밀 씨앗을 측정한 것으로, 다음과 같은 7가지 속성으로 이뤄져 있다.

- 크기 A_{area}
- 둘레 $P_{perimeter}$
- 다짐도 $C_{compactness}(C = 4\pi A/P2)$
- 씨앗의 길이
- 씨앗의 너비
- 비대칭도
- 씨앗 홈$_{groove}$의 길이

세 가지 밀의 종류에 따라 캐나디안$_{Canadian}$, 카마$_{Kama}$, 로사$_{Rosa}$라는 세 가지 범주로 나눈다. 앞서와 마찬가지로 형태학적 측정 값으로 종을 나누는 게 목표다. 1930년대에 모아진 아이리스 데이터셋과는 달리 매우 최근의 데이터셋이어 서, 각 속성은 디지털 이미지로부터 자동으로 계산된다.

이미지 패턴 인식pattern recognition으로 구현할 수 있는데, 디지털 형태로 이미지를 구하고, 이로부터 각 속성 값을 계산하여 일반 분류 시스템을 사용한다. 10장, '컴퓨터 비전'에서 이러한 이미지 문제를 다루고 이미지에서 속성을 계산한다. 당장은 주어진 속성으로 작업해보자.

UCI 기계 학습 데이터셋 저장소

UCI(University of California at Irvine)에서는 기계 학습 데이터셋을 온라인으로 관리하고
있다(이 책을 쓰는 시점에는 233개의 데이터셋이 있다). 아이리스와 씨앗 데이터셋도 이곳
에서 가져왔다.

저장소는 http://archive.ics.uci.edu/ml/에서 사용 가능하다.

속성과 속성 엔지니어링

이러한 속성 중 흥미로운 면은 다짐도가 새로운 실제 측정 값이 아니라 기존 속성
인 크기와 둘레의 함수라는 점이다. 기존 속성에서 새로운 속성을 이끌어내는 일
은 매우 유용하다. 이러한 분야를 일반적으로 속성 엔지니어링feature engineering이
라고 한다. 이 분야는 알고리즘보다 덜 매력적으로 보일 때도 있지만 성능 면에서
는 더 고려해야 할 부분이다(잘 선택된 속성으로 수행한 단순한 알고리즘은 그저 그런 속
성으로 수행한 뛰어난 알고리즘보다 좋은 결과를 낸다).

이 예에서 이전 연구자들은 모양의 전형적인 속성인 '다짐도'('원형도roundness'라
고도 함)를 계산했다. 이 속성은 두 씨앗에서 같은 값일 수 있다. 한 씨앗 이 다른 씨
앗보다 크기가 두 배이더라도 모양은 같다. 그러나 둥근 씨앗(값이 1에 가까움)과 길
쭉한 씨앗(값이 0에 가까움)을 비교하면 매우 다른 값이 된다.

좋은 속성의 목적은, 중요성에 따라 변화하는 동시에 무엇이냐에 따라 변화하지
않는 것이다. 예를 들어, '다짐도'는 크기에 따라 변화하지 않고 모양에 따라 값이
변한다. 실제로, 두 목적을 완벽하게 만족시키기는 어렵지만 가장 알맞게 근사화
하고자 한다.

어떤 것이 좋은 속성인지를 구별하기 위해 기반 지식을 사용할 필요가 있다. 다행
스럽게도 많은 문제 영역에서 수많은 속성이 이미 있거나 새로운 속성을 만들 수
가 있다. 이미지의 경우, 이전에 말한 모든 속성은 일반적이기 때문에 컴퓨터 비전
라이브러리에서 지원된다. 마찬가지로, 문자 기반 문제도 혼합하거나 바로 맞춰
사용할 수 있는 표준적인 해결책이 있다(이후의 장에서 살펴본다). 그렇다 하더라도,

특별한 문제의 경우 특별한 속성을 만들기 위해 필요한 지식을 사용할 때도 있다.

데이터가 있다 하더라도, 어떤 데이터가 모을 만한 가치가 있는지를 결정해야 한다. 그 다음 베스트 분류기를 만들고 평가하기 위해 기계에 이러한 속성을 넣을 필요가 있다.

자연스러운 질문은 과연 좋은 속성을 자동으로 선택할 수 있는가이다. 이러한 문제를 속성 선택feature selection이라고 한다. 제안된 여러 가지 방법이 있지만 실제로는 가장 단순한 발상이 효과가 있다. 이렇게 조그만 문제에서 속성 선택을 사용하는 게 이해하기 어렵겠지만, 수천 개의 속성이 있을 경우 그 중 많은 속성을 버려, 나머지 진행이 더 빨라진다.

최근접 이웃 분류

이 데이터셋에 적용할 새로운 분류기를 소개하고자 한다. 최근접 이웃 분류Nearest neighbor classification이다. 최근접 이웃 분류기는 매우 단순하다. 새로운 예제를 분류할 때, 예제와 훈련 데이터에서 가장 가까운 예제를 살펴보고 그 라벨을 반환한다. 이 모델은 훈련 데이터에 대해 완벽하게 작동한다! 각 점에 대해 가장 가까운 이웃의 라벨을 반환한다(속성이 같은 두 예제가 다른 라벨이 아니라면 말이다. 이런 속성들은 매우 분별력이 떨어진다). 그러므로 교차 검증 기법을 사용하여 분류기를 꼭 테스트해야 한다.

최근접 이웃 기법은 하나의 이웃 예제뿐만 아니라 다수의 예제의 라벨을 투표하여 일반화될 수 있다. 이 방법은 이상치outlier와 잘못 라벨링된 데이터에 대해 강건하게 만든다.

scikit-learn으로 분류

지금까지 순수 분류 코드를 작성하였지만 파이썬은 뛰어난 라이브러리가 있기 때문에 기계 학습에 아주 적절한 언어다. 특히, scikit-learn은 다양한 기계 학습 태스크에 대해 표준 라이브러리다. 이번 절에서 scikit-learn의 최근접 이웃 분류기 구현을 사용해 보겠다.

scikit-learn 분류 API는 분류기별로 잘 구성되어 있다. 이러한 분류기에는 다음 두 기본 메소드가 있다.

- fit(features, labels) : 이 메소드는 학습하는 단계로, 모델의 매개변수를 적합화한다.

- predict(features) : 이 메소드는 fit를 호출한 후 사용할 수 있으며 하나 이상의 예제에 대한 예측을 반환한다.

우리 데이터에 대한 k 최근접 이웃을 구현해보자. 먼저 sklearn.neighbors에서 KneighborsClassifier를 임포트한다.

```
>>> from sklearn.neighbors import KNeighborsClassifier
```

scikit-learn 모델은 sklearn으로 임포트한다. sklearn 기능 모두는 sklearn. neighbors와 같은 하위 모듈에 있다.

분류기 객체를 초기화할 수 있다. 생성자에서, 다음과 같이 고려한 이웃 개수를 명시한다.

```
>>> classifier = KNeighborsClassifier(n_neighbors=1)
```

이웃 개수를 명시하지 않으면, 종종 최적 선택인 5를 기본으로 설정한다.

데이터에 대해 교차 검증을 원하면 scikit-learn 하위 모듈을 사용한다.

```
>>> from sklearn.cross_validation import KFold

>>> kf = KFold(len(features), n_folds=5, shuffle=True)
>>> # `means`는 평균 정확도의 리스트다(한 중첩당 하나).
>>> means = []
>>> for training,testing in kf:
...     # 이 중첩에 대해 모델을 적합화하고 predict로 데이터를 테스트한다.
...     classifier.fit(features[training], labels[training])
...     prediction = classifier.predict(features[testing])
...
```

```
...        # 이 중첩에서 정확히 예측한 것에 대해 불 배열에 넣고 np.mean한다.
...        curmean = np.mean(prediction == labels[testing])
...        means.append(curmean)
>>> print("Mean accuracy: {:.1%}".format(np.mean(means)))
Mean accuracy: 90.5%
```

5 중첩 교차 검증을 사용하고, 이 알고리즘을 적용한 데이터셋에 대해 90.5% 정확도를 얻었다. 이전 절에서 언급했듯이, 교차 검증 정확도는 훈련 정확도보다 낮지만 모델의 성능을 좀 더 신뢰할 수 있는 추정이다.

결정선 살펴보기

이제 결정선을 검토해보자. 이 경우 단순화해 2차원으로 보자.

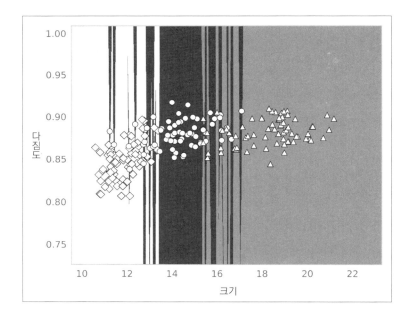

위 그림에서, 캐나디안은 다이아몬드형, 카마는 원형, 로사는 삼각형이다. 각 구역은 흰색, 검은색, 회색으로 나타냈다. 구역은 왜 이상하게 수평적인가 의아해할 수 있다. 이 문제는 x축(크기)은 범위가 10~22이지만 y축(다짐도)은 범위가 0.75~1.0이어서, x가 조금만 변해도 y에서는 변화가 크다. 두 점의 거리를 계산할 때, 대부분 x축을 고려했다. 이 또한 데이터를 시각화하여 얻을 수 있는 장점이다.

물리학적 배경지식이 있다면, 단위가 혼합된 채, 길이, 넓이 그리고 차원이 없는 값dimensionless quantity을 합하고 있음을 눈치챌 수 있다(물리 시스템에서는 절대 원하지 않을 수도 있는 일이다). 그래서 모든 속성 값을 공통의 범위로 정규화normalize할 필요가 있다. 많은 해결책 중에서 Z 점수Z-score로 정규화하는 방법이 간단하다. Z 점수는 표준 편차를 단위로 하여 평균값에서 얼마나 멀리 떨어져 있는가를 나타내는데, 간단한 연산으로 구할 수 있다.

$$f' = \frac{f - \mu}{\sigma}$$

이 공식에서, f는 오래된 값, f'는 속성을 정규환 값, μ는 속성의 평균값, σ는 표준 편차이다. μ, σ는 훈련 데이터에서 구했다. 본래 값에 상관없이 z 점수를 한후, 본래의 값이 무엇이든 상관없이, 0인 평균값을 기준으로 양수 값만큼 올라가거나 음수 값만큼 내려간다.

scikit-learn 모듈로 전처리 단계로서 이 정규화를 쉽게 사용할 수 있다. 변환 파이프라인을 사용하자. 먼저, 데이터를 변환하고 분류기에 적용하자. 다음과 같이 Pipeline과 StandardScaler를 임포트한다.

```
>>> from sklearn.pipeline import Pipeline
>>> from sklearn.preprocessing import StandardScaler
```

자, 이를 통합해보자.

```
>>> classifier = KNeighborsClassifier(n_neighbors=1)
>>> classifier = Pipeline([('norm', StandardScaler()), ('knn', classifier)])
```

파이프라인 생성자는 (str,clf) 짝 리스트를 입력받는다. 각 짝은 파이프라인에서 수행할 단계에 해당한다. 첫 번째 원소는 단계의 이름이고 두 번째 원소는 변환할 수행할 객체이다. 객체의 발전적인 사용법으로 다른 단계를 참조할 수 있도록 이러한 이름을 사용한다.

정규화 후 모든 속성의 단위는 같다(기술적으로, 모든 속성은 차원이 없어졌다.단위가 없다). 자신있게 차원을 섞을 수 있다. 사실, 지금 최근접 이웃 분류기를 실행하면, 이전에 사용한 5중첩 교차 검증으로 93%를 정확도를 구했다.

2차원에서 결정 공간을 보면 다음과 같다.

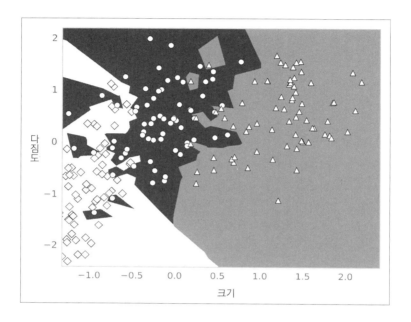

이 경계선은 좀 더 복잡하고 2차원이 결과에 대해 다르게 만드는 것을 볼 수 있다. 전체 데이터셋에서, 시각화하기 힘든 7차원 공간에서 모든 일이 일어난다. 그러나 원리는 같다. 이전에는 몇 개의 차원이 우세했지만, 정규화 후, 모두 같아졌다.

이진 분류와 다중 범주 분류

우리가 살펴본 첫 번째 분류기(경계 분류기)는 단순한 이진 분류였다. 결과는 경계 보다 크거나 작은 점으로서 같은 범주가 되거나 다른 범주가 된다. 두 번째 분류기인 최근접 이웃 분류기는 자연적으로 다중 범주 분류기였다. 결과 값은 몇 가지 범주 중 하나다.

다중 범주에 관한 문제를 다중 범주 분류보다 단순 이진 분류 기법으로 정의하는 편이 더 간단할 때가 종종 있다. 그러나 다중 범주 문제를 여러 개의 이진 결정 문제로 줄여야 한다. 이는 이전에 아이리스 데이터셋에서 무작위로 처리했던 작업이다. 초기 범주 중 하나를 구분한 다음 나머지 두 범주에 초점을 맞춤으로써, 해당 문제를 2개의 이진 결정으로 줄여 쉽게 처리했다.

1. 이것은 아이리스 세토사인가? (예, 아니오)

2. 아니라면, 아이리스 버지니카인가? (예, 아니오)

물론, 이런 종류의 추론을 컴퓨터에게 맡기고 싶다. 보통 이러한 다중 범주 축소는 몇 가지 해결책이 있다.

가장 단순한 방법은 '하나의 분류기 대 나머지 분류기' 여러 개를 사용하는 것이다. 각 라벨 l 에 대해 '이것은 l 인가, 아니면 다른 것인가?'라는 식의 분류기를 만들 수 있다. 규칙을 적용할 때 정확히 분류기 중 하나가 '그렇다'라고 하면 해결책이 생긴다. 하지만 항상 그렇게 작동하는 건 아니므로, 긍정적인 대답이 여럿이거나 없는 경우는 어떻게 처리할 것인지를 결정해야 한다.

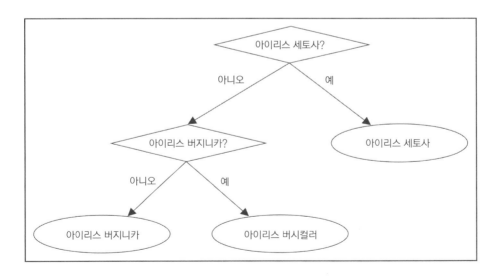

대안으로, 분류 트리를 만들 수 있다. 가능한 라벨을 둘로 나누고 분류기를 만든 다음, 이 예제가 왼쪽으로 가야 하는지 아니면 오른쪽 쓰레기통으로 가야 하는지를 묻는다. 하나의 라벨로 지정될 때까지 순환적으로 이런 나눔을 실행한다. 위의 다이어그램은 아이리스 데이터셋에 대한 추론 트리를 그린 것으로, 각 다이아몬드는 하나의 분류기다. 이 트리를 더 크게 만들어 많은 결정을 포함하게 하는 일은 쉽다. 이는 이진 분류를 사용하는 분류기가 단순한 방법으로 많은 범주를 처리할 수 있음을 뜻한다.

이진 분류 기법을 다중 범주 기법으로 바꾸는 여러 방법이 있다. 모든 경우에 명확하게 들어맞는 하나의 방법은 없지만, 보통 사용되는 방법들은 최종 결과의 차이가 크지 않다.

 대부분의 분류기는 이진 분류기이지만 실제 생활 문제는 자연스럽게 다중 범주에 속한다. 몇 가지 간단한 규칙들은 다중 범주 문제를 연속된 이진 결정으로 줄여 이진 모델을 다중 분류 문제에 적용할 수 있게 해준다. 이로써, 약간의 노력으로 이진 데이터를 다중 범주에 적용할 수 있게 된다.

정리

분류는 모델을 만들어 예제를 일반화하는 것이다(즉, 자동으로 분류되지 않은 새로운 예제에 적용할 수 있는 규칙). 이는 기계 학습에서 기본적인 도구의 하나이며 앞으로 계속 다룬다.

어떤 면에서 이번 장은 매우 이론적이었다. 단순한 예제로 일반적인 개념을 소개했고, 고전적인 데이터셋으로 몇 가지 연산을 점검해봤다. 이 데이터셋은 작다. 하지만 시각화를 해보고 어떻게 작동하는지 자세히 볼 수 있다는 이점이 있었다. 많은 차원과 수많은 예로 이뤄진 문제에 접근하면 이러한 장점을 잃어버릴 수도 있다. 여기서 얻은 직관력은 지속적으로 유효하다.

모델의 예측 성능을 과하게 낙관적으로 측정하는 훈련 오차의 잘못된 결과에 대해서도 배웠다. 대신에, 반드시 훈련시 사용하지 않았던 테스트 데이터로 모델을 평가해야 한다. 테스트 과정에서 너무 많은 예를 낭비하지 않기 위해, 교차 검증 작업은 훈련과 테스트 둘 다에서 만족할 수 있는 결과를 얻게 한다(계산적인 측면에서 더욱 그렇다).

속성 엔지니어링 문제도 살펴봤다. 속성은 우리를 위해 미리 정의되어 있는 것이 아니다. 속성을 선택하고 만드는 작업은 기계 학습 과정의 일부분이다. 사실, 멋진 기법보다 좀 더 정제된 데이터로 좋은 결과를 얻기 때문에 속성 엔지니어링은 정확도를 가장 높일 수 있는 영역이다. 컴퓨터 비전이나 텍스트 기반 분류를 다루는 장에서는 이러한 특별한 설정에 대한 예시를 제공한다.

이어지는 3장에서는 분류를 위해 데이터의 범주가 미리 정해지지 않았을 때 어떻게 진행하는지 알아보자.

3

군집화: 관련된 게시물 찾기

이전 장에서는 개별 데이터 점들의 범주나 구분을 어떻게 찾는지 살펴봤다. 소량의 범주와 짝지어진 데이터 아이템으로, 미래의 데이터를 분류할 수 있는 모델도 배웠다. 이러한 기법을 크게 분류해 지도 학습supervised learning이라고 한다. 마치 선생님이 알려주는 학습과 같다(우리의 경우 선생님이 올바르게 분류를 다 해 놓았다).

그런데, 분류 모델을 학습시키는 라벨이 없다고 생각해보자. 이를테면, 라벨 데이터를 수집하는 것이 고비용일 수 있다. 라벨을 분류하기 위해 수 백만개의 라벨을 사람이 손수 다루어야 할 비용을 상상해보자. 이런 경우 어떻게 해야 할까?

물론, 분류 모델을 학습시키지 못할 수도 있지만, 데이터 자체에서 패턴pattern을 찾을 수가 있다. 즉, 데이터 자체가 나타낸다. 이 기법을 바로 3장에서 다룬다. 더불어, 질문/답변 사이트의 도전과제도 고민해보자. 특정한 정보를 찾기 위해 사용자가 사이트를 둘러볼 때, 검색 엔진search engine은 특정한 답변을 알려주는 경우가 많다. 사용자가 찾는 답변이 아니라면, 웹사이트는 사용자에게 다른 답변을 살펴보고 좀 더 오랫동안 사이트를 사용할 수 있도록 관련된 다른 답변을 제공해야 한다.

단순한 접근 방법은 관련 게시물과 모든 게시물의 유사도similarity를 계산해, 한 페이지에 유사도가 가장 높은 N개의 게시물을 링크로 보여주는 것이다. 하지만 이 방법은 고비용이다. 대신에, 관련된 모든 게시물을 빠르게 찾는 기법이 필요하다.

이번 장에서는, 군집화clustering를 활용해 이를 해결해보겠다. 이 기법은 유사한 아이템을 같은 군집cluster에 넣고 유사하지 않은 아이템을 다른 군집에 넣는다. 약간의 문제는 텍스트를, 유사도로 계산할 수 있는 대체물로 변형해야 한다는 점이다. 유사도를 측정한 결과로, 유사한 게시물을 군집하는 방법을 조사해 보겠다. 일단 군집을 이루면, 군집에 속한 게시물을 확인하면 된다. 이 작업을 위해, 놀라운 scikit-learn 라이브러리를 소개하고자 한다. 이후 장들에서 계속 사용할 다양한 기계 학습 기법을 scikit-learn은 지원한다.

게시물 관련도 측정

기계 학습 관점에서, 원시 텍스트는 아무 쓸모가 없다. 원시 텍스트를 의미 있는 수치로 변환해 군집화 같은 기계 학습 알고리즘에 적용할 수 있다. 유사도 측정 같은 텍스트에 대한 평범한 연산에서는 더욱 그렇다.

하지 말아야 하는 방법

텍스트 유사도 측정 중 하나로 편집 거리edit distance인 레벤시타인 거리Levenshtein distance가 있다. 두 단어 'machine'과 'mchiene'가 있다고 할 때, 두 단어의 유사도는 한 단어에서 다른 단어로 변경할 때 필요한 최소 편집 수로 표현할 수 있다. 이 경우에는 편집 거리가 2인데, 두 번째 단어에서 'm' 뒤에 'a'를 넣고 첫 번째 'e'를 삭제하면 된다. 그러나 이 알고리즘은 첫 번째 단어의 길이와 두 번째 단어의 길이를 곱하는 범위로 꽤 비용이 많이 든다.

게시물을 살펴보고, 전체 단어를 문자로서 다루고 단어 수준에서 편집 거리를 실행하는 일로 변형할 수도 있다. 두 게시물(단순하게 하기 위해 제목에만 집중해보자)

'How to format my hard disk(어떻게 내 하드 디스크를 포맷해야 할까)', 'Hard disk format problems(하드 디스크 포맷 문제)'에 대해 편집 거리를 5로 구할 수 있다('How', 'to', 'format', 'my'를 삭제하고 끝에다 'format', 'problems'를 넣는다). 그러므로 한 텍스트를 다른 텍스트로 변환하기 위해, 추가하거나 삭제한 단어 수로 두 게시물의 차를 나타낼 수 있다. 전체적인 접근법에서 다소 속도를 높일 수는 있겠지만 시간 복잡성은 여전히 같다.

충분히 속도가 빠르다고 가정하더라도, 또 다른 문제가 있다. 게시물의 'format'은 편집 거리가 2이다(먼저 삭제하고 추가한다). 그래서 이러한 거리는 단어의 재배치를 고려할 정도로 충분히 견고해 보이지 않는다.

어떻게 해야 하는가

편집 거리보다 좀 더 강건한 방법은 단어 주머니bag-of-words 접근법이다. 단어 주머니는 단어의 순서를 무시하고 단순히 단어 빈도를 사용한다. 게시물의 모든 단어에 대해, 각 단어의 출현을 세어 벡터vector로 나타낸다. 이 단계를 벡터화vectorization라고 한다. 이 벡터는 전체 데이터에서 나타나는 단어의 수만큼을 포함하고 있기 때문에 일반적으로 방대하다. 예로 든 두 게시물을 다음과 같이 나타낼 수 있다.

단어	게시물 1에서의 빈도	게시물 2에서의 빈도
disk	1	1
format	1	1
how	1	0
hard	1	1
my	1	0
problems	0	1
to	1	0

게시물 1에서의 빈도 열과 게시물 2에서의 빈도 열을 단순한 벡터로 취급한다. 모든 게시물의 벡터와 가장 가까운 게시물 사이에 유클리드 거리_{Euclidean distance}를 계산할 수 있다(알고 있듯이 너무 느리다). 다음 같은 과정을 따라 군집화 과정에서 속성 벡터를 차후 사용할 수 있다.

1. 각 게시물에서 핵심 속성을 추출하고 벡터로 속성을 저장한다.
2. 벡터에 대해 군집화를 계산한다.
3. 질문 게시물에 대해 군집을 결정한다.
4. 이 군집에서 질문 게시물과 유사한 게시물을 뽑아낸다. 이는 다양성을 증가시킨다.

이 과정을 수행하하기 전에 작업할 데이터가 먼저 필요하다.

전처리: 공통 단어의 유사한 개수로서 측정된 유사도

이전에 살펴봤듯이, 단어 주머니 접근법은 빠르면서 견고하다. 그러나 개선할 부분도 있다. 좀 더 깊이 살펴보자.

원시 텍스트를 단어 주머니로 변환

단어를 세고 벡터로 나타내기 위해 독자적인 코드를 작성할 필요가 없다. scikit-learn의 CountVectorizer는 이와 같은 작업을 매우 효율적으로 해주며, 편리한 인터페이스도 제공한다. 다음과 같이 sklearn 패키지로 scikit-learn의 함수와 클래스를 임포트하자.

```
>>> from sklearn.feature_extraction.text import CountVectorizer
>>> vectorizer = CountVectorizer(min_df=1)
```

매개변수 min_df는 CountVectorizer가 빈도수 낮은 단어를 처리하기 위한 값이다. 정수로 설정한다면, 설정된 값보다 작은 빈도수의 단어는 사용되지 않는다. 백분율일 경우, 전체 데이터셋의 백분율보다 작은 단어는 사용되지 않는다. max_df 도 동일한 방법으로 작동된다. 인스턴스를 출력하면, scikit-learn에서 제공하는 그 밖의 매개변수도 기본 값으로 출력된다.

```
>>> print(vectorizer)
CountVectorizer(analyzer='word', binary=False, charset=None,
    charset_error=None, decode_error='strict',
    dtype=<class 'numpy.int64'>, encoding='utf-8',
input='content',
    lowercase=True, max_df=1.0, max_features=None, min_df=1,
    ngram_range=(1, 1), preprocessor=None, stop_words=None,
    strip_accents=None, token_pattern='(?u)\\b\\w\\w+\\b',
    tokenizer=None, vocabulary=None)
```

예상했듯이, 단어 수준(analyzer=word)에서 단어를 세었고, 정규 표현식regular expression token_pattern으로 단어를 추출했다. 예를 들어, 'cross-validated'는 'cross'와 'validated'로 나누었다. 지금은 다른 매개변수는 무시하고 다음 두 제 목 예제를 살펴보자.

```
>>> content = ["How to format my hard disk", " Hard disk format problems "]
```

이 제목 리스트를 벡터화를 하는 vectorizer의 fit_transform() 함수에 넣는다.

```
>>> X = vectorizer.fit_transform(content)
>>> vectorizer.get_feature_names()
[u'disk', u'format', u'hard', u'how', u'my', u'problems', u'to']
```

vectorizer는 7단어를 찾았고 각 단어의 빈도도 구했다.

```
>>> print(X.toarray().transpose())
[[1 1]
[1 1]
[1 1]
[1 0]
[1 0]
[0 1]
[1 0]]
```

첫 번째 문장은 problems를 제외한 모든 단어를 포함하며, 두 번째 문장은 how, my, to를 제외한 모두 단어를 포함한다. 사실, 두 벡터는 이전의 표에서 볼 수 있듯이 정확히 같은 열을 갖고 있다. X에서 두 문서를 서로 비교하기 위한 속성 벡터를 뽑을 수 있다.

먼저, 설명해야 할 전처리 특성을 살펴보기 위해 단순한 접근법부터 시작하겠다. 자, 임의의 게시물을 뽑아 카운트 벡터로 만들자. 그리고 모든 카운트 벡터와 비교한 후 가장 작은 거리 값을 가진 게시물을 찾아보자.

단어 세기

다음과 같은 게시물로 구성된 작은 데이터셋을 보자.

게시물 파일 이름	게시물 내용
01.txt	This is a toy post about machine learning. Actually, it contains not much interesting stuff(이것은 기계 학습을 위한 아주 단순한 예제다. 실제로 그렇게 흥미로운 내용을 담고 있지 않다).
02.txt	Imaging databases can get huge(이미지 데이터베이스는 거대해질 수 있다).
03.txt	Most imaging databases safe images permanently(대부분 이미지 데이터베이스 안전한 이미지들 영원하게).
04.txt	Imaging databases store images(이미지 데이터베이스는 이미지를 저장한다).
05.txt	Imaging databases store images. Imaging databases store images. Imaging databases store images(이미지 데이터베이스는 이미지를 저장한다. 이미지 데이터베이스는 이미지를 저장한다. 이미지 데이터베이스는 이미지를 저장한다).

이 게시물 데이터셋에서 'imaging databases(이미지 데이터베이스)'라는 게시물과 가장 유사한 게시물을 찾고 싶다.

게시물은 DIR이라는 폴더에 있다고 가정하고, CountVectorizer에 다음과 같이 입력한다.

```
>>> posts = [open(os.path.join(DIR, f)).read() for f in
os.listdir(DIR)]
```

```
>>> from sklearn.feature_extraction.text import CountVectorizer
>>> vectorizer = CountVectorizer(min_df=1)
```

다음 코드처럼 앞서 vectorizer가 예상 단어를 알 수 있도록 vectorizer에게 전체 데이터셋을 알려야 한다.

```
>>> X_train = vectorizer.fit_transform(posts)
>>> num_samples, num_features = X_train.shape
>>> print("#samples: %d, #features: %d" % (num_samples, num_features))
#samples: 5, #features: 25
```

5개의 게시물에는 25개의 각기 다른 단어가 있다. 나눠진 다음 단어를 센다.

```
>>> print(vectorizer.get_feature_names())
[u'about', u'actually', u'capabilities', u'contains', u'data',
u'databases', u'images', u'imaging', u'interesting', u'is', u'it',
u'learning', u'machine', u'most', u'much', u'not', u'permanently',
u'post', u'provide', u'save', u'storage', u'store', u'stuff',
u'this', u'toy']
```

새로운 게시물도 다음과 같이 벡터화할 수 있다.

```
>>> new_post = "imaging databases"
>>> new_post_vec = vectorizer.transform([new_post])
```

transform 메소드에서 반환되는 카운트 벡터는 희소sparse다. 다시 말해, 각 벡터는 모든 단어을 포함하지 않는다. 대부분의 단어 빈도 값이 0이다(게시물마다 없는 단어가 있다). 카운트 벡터는 좀 더 효율적인 메모리 coo_matrix 구현체를 사용한다. 이를테면, 새로운 게시물은 2개의 원소만 갖는다.

```
>>> print(new_post_vec)
(0, 7) 1
(0, 5) 1
```

멤버 메소드인 toarray()로 전체 ndarray에 접근할 수 있다.

```
>>> print(new_post_vec.toarray())
[[0 0 0 0 0 1 0 1 0 0 0 0 0 0 0 0 0 0 0 0 0 0 0 0 0]]
```

유사도 계산을 하기 위한 벡터로, 카운트 벡터를 사용할 때 전체 배열을 사용해야 한다. 유사도 측정을 위해(단순한 방법), 새로운 게시물의 카운트 벡터와 모든 게시물의 카운트 벡터 간에 유클리드 거리를 계산한다.

```
>>> import scipy as sp
>>> def dist_raw(v1, v2):
...     delta = v1-v2
...     return sp.linalg.norm(delta.toarray())
```

norm() 함수는 유클리드 놈norm(가장 짧은 거리)을 계산한다. 거리를 계산하는 다양한 방법이 있다. 모리스 링Maurice Ling이 파이썬 페이퍼 소스 코드의 35개 방법을 개시해 놓은 〈Distance Coeffi cients between Two Lists or Sets〉 논문을 참고하길 바란다.

dist_raw로 모든 게시물을 반복적으로 계산해 가장 가까운 값을 구한다.

```
>>> import sys
>>> best_doc = None
>>> best_dist = sys.maxint
>>> best_i = None
>>> for i, post in enumerate(num_samples):
...     if post == new_post:
...         continue
...     post_vec = X_train.getrow(i)
...     d = dist_raw(post_vec, new_post_vec)
...     print("=== Post %i with dist=%.2f: %s"%(i, d, post))
...     if d<best_dist:
...         best_dist = d
...         best_i = i
>>> print("Best post is %i with dist=%.2f"%(best_i, best_dist))

=== Post 0 with dist=4.00: This is a toy post about machine learning.
Actually, it contains not much interesting stuff.
=== Post 1 with dist=1.73: Imaging databases provide storage
capabilities.
=== Post 2 with dist=2.00: Most imaging databases save images
permanently.
=== Post 3 with dist=1.41: Imaging databases store data.
=== Post 4 with dist=5.10: Imaging databases store data. Imaging
```

```
databases store data. Imaging databases store data.
Best post is 3 with dist=1.41
```

축하한다! 첫 번째 유사도 측정 값을 얻었다. 게시물 0은 새로운 게시물과 가장 다르다. 그럴 수밖에 없는 게, 새로운 게시물과는 같은 단어가 전혀 없다. 또한, 게시물 1과 새로운 게시물이 가장 가깝지는 않지만 매우 유사함을 알 수 있다. 게시물 1은 게시물 3보다 새로운 게시물에 있지 않은 단어가 하나 더 포함되어 있기 때문이다.

게시물 3과 4를 보면, 좀 명쾌하지 않은데, 게시물 4는 게시물 3과 내용이 같은데 단지 세 번 더 반복될 뿐이다. 게시물 4도 새로운 게시물과의 유사도가 게시물3과 같아야 한다.

해당 속성 벡터를 출력하면 그 이유를 알 수 있다.

```
>>> print(X_train.getrow(3).toarray())
[[0 0 0 0 1 1 0 1 0 0 0 0 0 0 0 0 0 0 0 0 0 1 0 0 0]]
>>> print(X_train.getrow(4).toarray())
[[0 0 0 0 3 3 0 3 0 0 0 0 0 0 0 0 0 0 0 0 0 3 0 0 0]]
```

단어를 세는 것만으로는 너무 단순하다. 벡터를 길이 단위로 정규화$_{normalize}$해야 한다.

단어 카운트 벡터 정규화하기

벡터 거리를 계산하는 `dist_raw`를 확장하여, 원래 벡터 대신 정규화된 벡터를 계산한다.

```
>>> def dist_norm(v1, v2):
...     v1_normalized = v1/sp.linalg.norm(v1.toarray())
...     v2_normalized = v2/sp.linalg.norm(v2.toarray())
...     delta = v1_normalized - v2_normalized
...     return sp.linalg.norm(delta.toarray())
```

이는 다음과 같이 유사도 측정 값을 구한다.

```
=== Post 0 with dist=1.41: This is a toy post about machine learning.
Actually, it contains not much interesting stuff.
```

```
=== Post 1 with dist=0.86: Imaging databases provide storage
capabilities.
=== Post 2 with dist=0.92: Most imaging databases save images
permanently.
=== Post 3 with dist=0.77: Imaging databases store data.
=== Post 4 with dist=0.77: Imaging databases store data. Imaging
databases store data. Imaging databases store data.
Best post is 3 with dist=0.77
```

이제 좀 더 나아 보인다. 게시물 3과 4는 같은 유사도로 계산된다. 많은 반복이 독자에게 유익하다고 주장할 수는 있으나, 게시물의 단어를 세는 관점에서는 이러한 방법이 적절해 보인다.

덜 중요한 단어의 삭제

게시물 2를 보면 새로운 게시물에 없는 most, safe, images, permanently 단어가 있다. 단어들은 실제로 게시물에서 전체적인 중요도가 꽤 다르다. most 같은 단어는 다른 문맥에서도 자주 나타나는데 이러한 단어를 불용어_{stop word}라고 한다. 이러한 단어들은 그렇게 중요한 의미를 지니지 않고, 다른 문맥에 잘 나타나지 않는 image만큼 중요하지도 않다. 가장 좋은 선택은 다른 문서들과 구별하는 데 도움이 되지 않는 꽤 빈도수 높은 단어를 삭제 하는 방법이다. 앞서 말했듯이 이러한 단어를 불용어라고 한다.

이는 텍스트 처리의 공통적인 단계이기 때문에 CountVectorizer에 간단히 매개변수를 넣으면 해결된다.

```
>>> vectorizer = CountVectorizer(min_df=1, stop_words='english')
```

삭제하고자 하는 불용어의 종류를 알고 있다면 이를 입력 값으로 하면 된다. stop_words를 'english'로 설정하면 318개 불용어를 사용할 수 있고, 이 단어들이 어떤 것들인지 알고 싶다면 get_stop_words()를 사용한다.

```
>>> sorted(vectorizer.get_stop_words())[0:20]
['a', 'about', 'above', 'across', 'after', 'afterwards', 'again',
'against', 'all', 'almost', 'alone', 'along', 'already', 'also',
'although', 'always', 'am', 'among', 'amongst', 'amoungst']
```

새 단어 리스트에는 7개 단어가 빠졌다.

```
[u'actually', u'capabilities', u'contains', u'data', u'databases',
u'images', u'imaging', u'interesting', u'learning', u'machine',
u'permanently', u'post', u'provide', u'save', u'storage', u'store',
u'stuff', u'toy']
```

불용어를 제외하고, 다음과 같은 유사도 측정 값을 갖는다.

```
=== Post 0 with dist=1.41: This is a toy post about machine learning.
Actually, it contains not much interesting stuff.
=== Post 1 with dist=0.86: Imaging databases provide storage
capabilities.
=== Post 2 with dist=0.86: Most imaging databases save images
permanently.
=== Post 3 with dist=0.77: Imaging databases store data.
=== Post 4 with dist=0.77: Imaging databases store data. Imaging
databases store data. Imaging databases store data.
Best post is 3 with dist=0.77
```

이제는 게시물 1과 2가 같아졌다. 설명을 목적으로 하여 게시물이 짧기 때문에 전체적으로 큰 변화가 없다. 이는 실제 데이터에서는 중요하게 사용된다.

어근 추출

한 가지 남은 미비한 사항은 형태가 다소 다른 단어를 전혀 다른 단어로 세고 있다는 점이다. 예를 들어 게시물 2는 'imaging'과 'images'를 포함하고 있는데, 모두 세는 것을 이해하지만 어쨌든 의미는 같다.

단어의 어근을 추출해 단어를 줄일 함수가 필요하다. scikit-learn에는 이러한 함수가 기본적으로 없기 때문에 NLTK_{Natural Language Toolkit}를 내려받고 제공되는 어근 추출기_{stemmer}를 CountVectorizer에 넣어 사용하자.

NLTK 설치와 사용

NLTK의 설치 방법은 http://nltk.org/install.html에 자세히 나와 있다. 아쉽게도, 공식적으로 파이썬 3을 아직 지원하지 않는다. 즉 pip install이 작동하지 않는다.

그러나 http://www.nltk.org/nltk3-alpha/에서 패키지를 내려받아 압축을 풀고 수동으로 파이썬 setup.py을 사용하여 설치한다.

설치가 성공했는지 확인하기 위해 대화창interpreter을 열고 다음과 같이 입력해보자.

```
>>> import nltk
```

 『Python 3 Text Processing with NLTK3 Cookbook』에서 NLTK의 멋진 튜토리얼을 찾을 수 있다. 어근 추출기에 관한 내용을 좀 더 보고자 한다면 http://text-processing.com/demo/stem/을 방문한다.

NLTK에는 몇 가지 어근 추출기가 있다. 당연하게도, 모든 언어에는 어근을 추출하는 각각의 규칙이 있다. 영어는 SnowballStemmer를 사용할 수 있다.

```
>>> import nltk.stem
>>> s = nltk.stem.SnowballStemmer('english')
>>> s.stem("graphics")
u'graphic'
>>> s.stem("imaging")
u'imag'
>>> s.stem("image")
u'imag'
>>> s.stem("imagination")
u'imagin'
>>> s.stem("imagine")
u'imagin
```

 어근 추출은 유효한 영어 단어를 얻기 위해 반드시 해야 하는 작업은 아니다.

몇 가지 동사에 대해 실행해보자.

```
>>> s.stem("buys")
u'buy'
>>> s.stem("buying")
u'buy'
```

이는 대개 잘 작동한다.

```
>>> s.stem("bought")
u'bought'
```

NLTK로 vectorizer 확장

CountVectorizer에 입력되기 전에 게시물에서 어근을 추출할 필요가 있다.
CountVectorizer 클래스는 전처리나 토큰화tokenization하는 단계에서 사용자
가 필요한 작업을 처리할 수 있도록 몇 가지 중단 단계를 제공한다. 전처리기
preprocessor나 토큰기tokenizer를 생성자의 매개변수로 설정할 수 있다. 클래스 본래
의 목적이 토큰화와 정규화이기 때문에 어근을 임의적으로 넣기 원하지 않는다.
대신에, build_analyzer 메소드를 오버라이트overwrite하자.

```
>>> import nltk.stem
>>> english_stemmer = nltk.stem.SnowballStemmer('english'))
>>> class StemmedCountVectorizer(CountVectorizer):
...     def build_analyzer(self):
...         analyzer = super(StemmedCountVectorizer,
self).build_analyzer()
...         return lambda doc: (english_stemmer.stem(w) for w in
analyzer(doc))
>>> vectorizer = StemmedCountVectorizer(min_df=1,
stop_words='english')
```

각 게시물은 다음과 같은 단계를 거친다.

1. 전처리 단계에서 소문자로 변환(상위 클래스에서 수행)

2. 토큰화 단계에서 각 단어 추출(상위 클래스에서 수행)

3. 각 단어를 어근으로 변환

'imaging'과 'images'가 하나로 합져져, 결과적으로 속성 하나를 덜 갖게 된다.
속성 이름은 다음과 같다.

```
[u'actual', u'capabl', u'contain', u'data', u'databas', u'imag',
u'interest', u'learn', u'machin', u'perman', u'post', u'provid',
```

```
    u'save', u'storag', u'store', u'stuff', u'toy']
```

게시물에 대해 새로운 어근형 `vectorizer`를 실행하면 'imaging'과 'images'가 하나로 합쳐져 'imag'라는 용어가 두 번 포함되기 때문에 게시물 2이 새로운 게시물과 가장 유사해진다.

```
=== Post 0 with dist=1.41: This is a toy post about machine learning.
Actually, it contains not much interesting stuff.
=== Post 1 with dist=0.86: Imaging databases provide storage
capabilities.
=== Post 2 with dist=0.63: Most imaging databases save images
permanently.
=== Post 3 with dist=0.77: Imaging databases store data.
=== Post 4 with dist=0.77: Imaging databases store data. Imaging
databases store data. Imaging databases store data.
Best post is 2 with dist=0.63
```

강화된 불용어

노이즈한 본문 게시물로부터 간결한 벡터를 추출하는 합리적인 방법을 살펴 보았고, 다시 물러서서 속성 값의 의미가 실제 무엇인지 잠시 동안 생각해보자.

속성 값은 단순히 게시물의 단어 빈도수다. 이 값이 높으면 높을수록 주어진 문서에서 중요한 용어라고 생각할 수 있다. 이를테면, 모든 게시물에 자연스럽게 있는 '주제$_{subject}$' 단어는 어떠한가? `CountVectorizer`의 max_df 매개변수를 이용해 이를 제거할 수 있다. 예를 들어, max_df를 0.9로 설정하면 모든게 시물에서 90% 이상 나오는 단어는 무시된다. 그럼 89%가 나오는 단어는 어떠한가? 얼마나 낮은 값으로 max_df를 설정해야 하는가? 문제는 어떤 값으로 설정하든 간에 일부 용어를 더 차별한다는 점이다.

모든 게시물에서 용어 빈도를 세어 이런 문제를 해결할 수 있다. 더욱이, 많은 게시물에서 나타나는 단어는 무시할 수도 있다. 다시 말해, 전체적으로 매우 드물지만 특정 게시물에서 자주 나타나는 용어가 있다면 우리는 그 용어의 값만 높길 바란다.

이것이 정확히 용어 빈도-역 문서 빈도TF-IDF, term frequency-inverse document frequency 가 하는 일이다. TF는 단어를 세는 부분을 의미하는 반면, IDF는 무시하는 부분을 고려한다. 간략한 구현은 다음과 같다.

```
>>> import scipy as sp
>>> def tfidf(term, doc, corpus):
...     tf = doc.count(term) / len(doc)
...     num_docs_with_term = len([d for d in corpus if term in d])
...     idf = sp.log(len(corpus) / num_docs_with_term)
...     return tf * idf
```

용어를 셀뿐만 아니라 문서 크기로 용어의 빈도를 정규화한다. 이 방법은 좀 더 긴 문서가 짧은 문서보다 불공평한 이점을 갖지 않도록 한다.

문서 집합 D에 이미 토큰화된 3개의 문서가 있고, 용어가 모든 문서에 동일하게 나타나더라도 어떤 차이가 있는지 알 수 있다.

```
>>> a, abb, abc = ["a"], ["a", "b", "b"], ["a", "b", "c"]
>>> D = [a, abb, abc]
>>> print(tfidf("a", a, D))
0.0
>>> print(tfidf("a", abb, D))
0.0
>>> print(tfidf("a", abc, D))
0.0
>>> print(tfidf("b", abb, D))
0.270310072072
>>> print(tfidf("a", abc, D))
0.0
>>> print(tfidf("b", abc, D))
0.135155036036
>>> print(tfidf("c", abc, D))
0.366204096223
```

a는 모든 문서에 포함되어 있기 때문에 어떤 문서에서도 중요하지 않다. b는 abc 문서보다 abb에서 더 중요한데, abb에는 b가 두 번 나오기 때문이다.

실제로는, 위 예제를 다루는 것보다 어렵다. 하지만 CountVectorizer를 상속받은

TfidfVectorizer가 scikit-learn 패키지에 있기 때문에 고민할 필요가 없다. 단,
어근 추출기를 잊지 말아야 한다.

```
>>> from sklearn.feature_extraction.text import TfidfVectorizer
>>> class StemmedTfidfVectorizer(TfidfVectorizer):
...     def build_analyzer(self):
...         analyzer = super(TfidfVectorizer,
                                self).build_analyzer()
...         return lambda doc: (
                english_stemmer.stem(w) for w in analyzer(doc))
>>> vectorizer = StemmedTfidfVectorizer(min_df=1,
            stop_words='english', decode_error='ignore')
```

결과 문서 벡터는 더 이상 단어 빈도수를 포함하지 않는 대신, 단어에 대한 TF-
IDF 값을 가진다.

우리의 성취와 목표

현재 텍스트 전처리 과정에는 다음 단계를 포함한다.

1. 텍스트의 토큰화

2. 관련 게시물을 발견하기 위해 너무 자주 나타나는 단어 배제

3. 미래의 게시물에서 나타날 빈도가 낮은 단어 배제

4. 남은 단어 세기

5. 전체 텍스트 말뭉치corpus를 고려한 TF-IDF 값 계산

다시 한 번 축하한다. 이 과정으로 노이즈한 텍스트를 정확한 속성 값 표현으로 변
환했다.

그러나 단순하고 강력한 단어 주머니 접근법에는 알고 있어야 하는 몇 가지 문제
점이 있다.

● 단어 간의 관련성을 다루지 못한다: 이전 벡터화 접근법에서 '차가 벽을 박았다
  (Car hits wall)'와 '벽이 차를 박았다(Wall hits car)'는 같은 속성 벡터를 갖고 있다.

- 부정적인 의미를 인지할 수 없다: 예를 들어, '나는 아이스크림을 먹겠다(I will eat ice cream)'와 '나는 아이스크림을 먹지 않겠다(I will not eat ice cream)'는 속성 벡터가 매우 유사하지만 뜻은 정반대다. 하지만 이 문제는 개별 단어를 세는 것이 아니라 바이그램bigrams(두 단어) 또는 트라이그램trigrams(행에 세 단어)으로 변경할 수 있다.

- 오기는 치명적이다: 독자는 'database'나 'databas'를 같은 의미로 받아들일 수 있지만 우리의 접근법으로는 전혀 다른 단어다.

간결성을 위해, 효과적인 군집 형태를 만들 수 있는 현재 접근법을 고수하고자 한다.

군집화

마침내, 게시물을 구별할 수 있을 정도가 되는 벡터를 갖게 되었다. 당연하게, 서로 무리 짓게 하는 방법에는 여러 가지가 있다. 대부분 군집화 알고리즘은 수평flat 군집화와 계층hierarchical 군집화라는 두 가지 종류로 나뉜다.

수평 군집화는 게시물을 군집 서로 간의 관계와 상관없이 군집 집합으로 나눈다. 목적은 간단하다. 같은 군집에 있는 모든 게시물은 최대한 서로 유사하게 하는 반면, 다른 군집에 있는 게시물과는 차이가 나도록 구분하는 것이다. 대부분의 수평 군집화 알고리즘은 특정 군집 개수를 필요하다.

계층 군집화는 군집 개수를 알지 못해도 상관없다. 대신에 계층 군집화는 계층을 만든다. 비슷한 게시물끼리 그룹을 만들어 하나의 군집을 만들고 다시 이 군집과 다른 군집을 그룹으로 만들어 반복적으로 하나의 군집uber-cluster이 남을 때까지 수행한다. 이 계층에서 원하는 군집 개수를 정할 수 있지만 효율성이 떨어진다.

scikit-learn의 sklearn.cluster 패키지는 다양한 군집화 접근법을 제공한다. http://SciKit-learn.org/dev/modules/clustering.html에서 각 군집화의 장단점을 개괄적으로 알 수 있다.

다음 절에서 수평 군집화인 K평균을 사용하며, 원하는 군집 개수를 조절해본다.

K평균

K평균KMeans은 수평 군집화 알고리즘으로 가장 잘 사용된다. 원하는 군집의 개수 num_clusters로 초기화한 후, 일명 군집 중앙점centroids을 관리한다. 최초에, num_ clusters 게시물을 선택해 게시물의 속성 벡터를 중앙점으로 설정한다. 다른 모든 게시물에 대해 조사하여 가장 가까운 중앙점을 게시물의 군집으로 지정한다. 이 다음, 특정 범주의 모든 게시물의 중앙으로 중앙점을 이동한다. 다시 중앙점이 군집 지정을 변경해야 한다. 일부 게시물은 다른 군집에 가까워진다. 그러면 이러한 변화된 게시물에 대해 군집 지정을 갱신한다. 이 과정은 중앙점이 상당히 이동하는 한 계속된다. 일정 반복 후에 움직임은 일정 수치 아래로 내려가고 군집이 수렴된다.

단 두 단어를 포함한 게시물을 간단한 예제로 생각해보자. 다음 차트에서 각 점은 한 문서를 나타낸다.

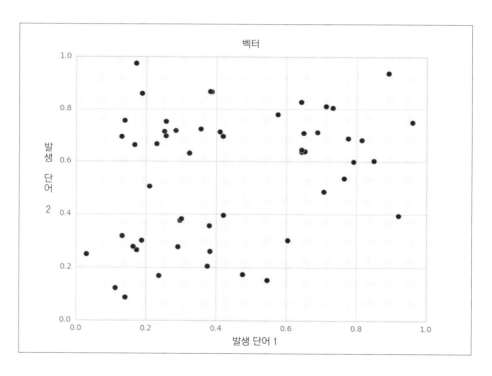

K평균을 한 번 반복한 후, 즉 시작점으로서 임의의 세 벡터를 선택하고, 나머지는 라벨을 지정하고, 군집의 모든 점에 대해 새로운 중앙점이 되도록 군집의 중앙점을 갱신하면, 다음과 같은 군집화가 나온다.

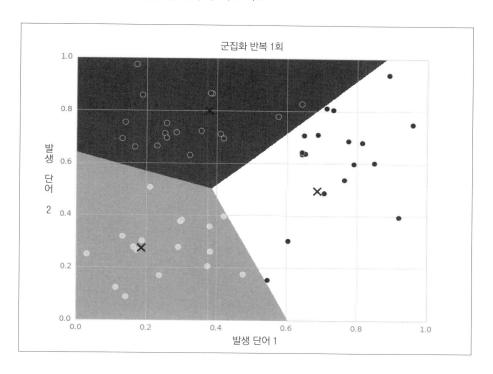

군집 중앙점이 이동했기 때문에 다시 군집 라벨을 지정하고 군집의 중앙점을 다시 계산한다. 두 번째 반복을 실행한 후에는 다음 그림과 같다.

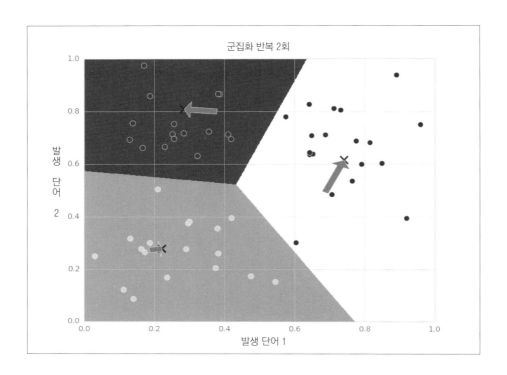

화살표는 군집 중앙점의 이동을 보여준다. 이 예제에서는 5번 반복한 후 더 이상 눈이 띄는 움직임은 없다(scikit-learn의 용인 경계 값은 0.0001이 기본 설정 값이다).

군집화가 끝나면 군집 중앙점과 군집번호identity을 적어놓는다. 새로운 문서가 들어보면, 벡터화하고 모든 군집 중앙점과 비교한다. 새로운 게시물 벡터와의 거리가 가장 작은 군집 중앙점을 포함하고 있는 군집번호를 새 게시물에 지정한다.

우리의 발상을 평가하기 위한 테스트 데이터 얻기

군집화를 테스트하기 위해, 간단한 텍스트 예제를 넘어 접근법을 테스트하기 위해 앞으로 일어날 수 있는 데이터와 유사한 데이터셋을 찾는다. 이런 목적을 위해, 우리가 받을 수 있는 게시물에 적용할 때 알고리즘이 예상대로 작동하는지 확인할 수 있도록 미리 그룹화되어 있는 기술적인 주제에 대한 데이터가 필요하다.

기계 학습의 표준 데이터는 20newsgroup 데이터셋이다. 이 데이터셋은 20개의 각기 다른 뉴스 그룹에 18,826개의 게시물이 포함되어 있다. 그룹 주제 중에는 comp.sys.mac.hardware나 sci.crypt 같은 기술적인 주제와 더불어 talk.politics. guns, soc.religion.christian 같은 정치, 종교에 관련된 주제가 있다. 여기서는 기술 그룹으로 한정하자. 각 뉴스 그룹이 하나의 군집이라고 가정하면, 우리의 관련 게시물을 찾는 접근법이 잘 작동하는지 멋지게 테스트할 수 있다.

http://people.csail.mit.edu/jrennie/20Newsgroups에서 데이터셋을 내려받을 수 있다. 그러나 http://mlcomp.org/datasets/379(무료 등록이 필요하다) MLComp 에서 훨씬 간단하게 내려받을 수 있다. scikit-learn에는 이 데이터를 위한 사용자 로더custom loader가 있어, 매우 편리한 데이터 로딩 옵션을 제공한다.

데이터셋은 dataset-379-20news-18828_WJQIG.zip이라는 ZIP 파일 형태로 되어 있고, 압축을 풀면 데이터셋을 포함한 379 폴더가 있다. data 폴더의 위치를 scikit-learn에게 알린다. 메타데이터 파일과 test, train, raw라는 3개의 폴더가 있다. 테스트와 훈련 폴더는 전체 데이터를 60%의 훈련 메시지, 40%의 테스트 메시지로 나눈다. 바로 이 폴더로 이동하려면, 데이터를 로딩할 때 환경 변수 MLCOMP_DATASETS_HOME을 설정하거나 mlcomp_root에 직접적으로 위치를 명시한다.

 웹사이트 http://mlcomp.org는 다양한 데이터를 적용해 기계 학습 프로그램을 비교하는 데 사용된다. 여기에는 두 가지 목적이 있는데, 기계 학습 프로그램을 조율tune할 수 있는 정확한 데이터를 찾을 수 있고, 다른 사람들이 특정 데이터셋을 어떻게 사용하는지를 알 수 있다. 예를 들어, 다른 사람의 알고리즘이 특정 데이터에 얼마나 잘 수행되는지 알 수 있고, 비교할 수도 있다.

편의상, datasets 모듈에는 원하는 폴더에 데이터를 내려받을 수 있는 fetch_20newsgroups 함수가 있다.

```
>>> import sklearn.datasets
>>> all_data = sklearn.datasets.fetch_20newsgroups(subset='all')
>>> print(len(all_data.filenames))
18846
```

```
>>> print(all_data.target_names)
['alt.atheism', 'comp.graphics', 'comp.os.ms-windows.misc',
'comp.sys.ibm.pc.hardware', 'comp.sys.mac.hardware',
'comp.windows.x', 'misc.forsale', 'rec.autos', 'rec.motorcycles',
'rec.sport.baseball', 'rec.sport.hockey', 'sci.crypt',
'sci.electronics', 'sci.med', 'sci.space', 'soc.religion.christian',
'talk.politics.guns', 'talk.politics.mideast', 'talk.politics.misc',
'talk.religion.misc']
```

다음과 같이 훈련 데이터셋과 테스트 데이터셋을 선택할 수 있다.

```
>>> train_data = sklearn.datasets.fetch_20newsgroups(subset='train',
categories=groups)
>>> print(len(train_data.filenames))
11314
>>> test_data = sklearn.datasets.fetch_20newsgroups(subset='test')
>>> print(len(test_data.filenames))
7532
```

단순하게, 전체적인 실험 주기를 줄이기 위해 일부 뉴스 그룹으로 제한한다. 이를
위해 아래와 같이 categories 매개변수를 설정하자.

```
>>> groups = ['comp.graphics', 'comp.os.ms-windows.misc',
'comp.sys.ibm.pc.hardware', 'comp.sys.mac.hardware',
'comp.windows.x', 'sci.space']
>>> train_data = sklearn.datasets.fetch_20newsgroups(subset='train',
categories=groups)
>>> print(len(train_data.filenames))
3529
```

```
>>> test_data = sklearn.datasets.fetch_20newsgroups(subset='test',
categories=groups)
>>> print(len(test_data.filenames))
2349
```

게시물 군집화

실제 데이터에는 노이즈가 많다는 사실을 명심해야 한다. 뉴스 그룹 데이터셋도
마찬가지이며, UnicodeDecodeError를 초래하는 유효하지 않은 문자까지도 포함

되어 있다.

이러한 오류를 무시하기 위해 `vectorizer`에 명시해야 한다.

```
>>> vectorizer = StemmedTfidfVectorizer(min_df=10, max_df=0.5,
...                                      stop_words='english', decode_
error='ignore')
>>> vectorized = vectorizer.fit_transform(train_data.data)
>>> num_samples, num_features = vectorized.shape
>>> print("#samples: %d, #features: %d" % (num_samples,
num_features))
#samples: 3529, #features: 4712
```

3,529개의 게시물과 4,712개의 속성 차원을 추출했다. 이것이 K평균 입력 값이며, 이번 장에서는 군집의 개수를 50개로 정하지만 연습 삼아 다른 값으로 변경해서 실행해보길 바란다.

```
>>> num_clusters = 50
>>> from sklearn.cluster import KMeans
>>> km = KMeans(n_clusters=num_clusters, init='random', n_init=1,
verbose=1, random_state=3)
>>> km.fit(vectorized)
```

끝났다. 같은 결과를 얻기 위해, 랜덤 상태_random state_를 지정했다. 실제 애플리케이션에서, 이렇게 하지 말아야 한다. 적합화한 후, km의 멤버 중에서 군집화 정보를 얻을 수 있다. 적합화를 마친 벡터화 게시물의 군집 라벨은 `km.labels_`에 있는 상수 라벨에 해당한다.

```
>>> print(km.labels_)
[48 23 31 ..., 6 2 22]
>>> print(km.labels_.shape)
3529
```

군집의 중앙점은 `km.cluster_centers_`로 알 수 있다.

다음 절에서는 `km.predict`를 사용해 새로운 게시물에 대해 어떻게 군집을 지정하는지 살펴보자.

초기 도전과제 해결

모두를 통합하고, `new_post`라는 변수에 지정한 아래의 새로운 게시물에 대해 우리의 시스템을 설명하겠다.

> Disk drive problems. Hi, I have a problem with my hard disk.
>
> After 1 year it is working only sporadically now.
>
> I tried to format it, but now it doesn't boot any more.
>
> Any ideas? Thanks.
>
> (디스크 드라이브 문제. 안녕하세요. 저의 하드 디스크가 문제예요. 1년 후부터 작동했다 안 했다 해요. 포맷을 하려고 했지만 이젠 켜지지도 않네요. 해결법이 있나요? 감사해요.)

이전에 학습했듯이 라벨을 예측하기 전에 이 게시물을 벡터화해보자.

```
>>> new_post_vec = vectorizer.transform([new_post])
>>> new_post_label = km.predict(new_post_vec)[0]
```

군집화를 했기 때문에, 모든 게시물 벡터와 `new_post_vec`를 비교할 필요가 없다. 대신에, 같은 군집에 있는 게시물만을 중점적으로 보자. 원본 데이터셋에 있는 인덱스를 골라낸다.

```
>>> similar_indices = (km.labels_==new_post_label).nonzero()[0]
```

괄호 안의 비교는 불Boolean 배열을 결과로 반환하며, `nonzero`는 이 배열을 True 원소의 인덱스가 포함된 좀 더 작은 배열로 변환한다.

`similar_indices`를 사용해 다음과 같이 유사도 점수와 함께 있는 게시물 리스트를 만들 수 있다.

```
>>> similar = []
>>> for i in similar_indices:
...     dist = sp.linalg.norm((new_post_vec -
vectorized[i]).toarray())
...     similar.append((dist, dataset.data[i]))
```

```
>>> similar = sorted(similar)
>>> print(len(similar))
131
```

새로운 게시물을 포함하는 군집에는 131개의 게시물이 있는데, 사용자가 어떤 종류의 유사한 게시물이 있는지 알 수 있도록 가장 유사한 게시물(show_at_1), 가장 덜 유사한 게시물(show_at_3), 그 중간의 게시물(show_at_2)로 나타낼 수 있다.

```
>>> show_at_1 = similar[0]
>>> show_at_2 = similar[int(len(similar)/10)]
>>> show_at_3 = similar[int(len(similar)/2)]
```

다음 표는 유사도 값에 따른 게시물을 보여준다.

위치	유사도	게시물에서 예외
1	1.038	BOOT PROBLEM with IDE controller Hi, I've got a Multi I/O card (IDE controller + serial/parallel interface) and two floppy drives (5 1/4, 3 1/2) and a Quantum ProDrive 80AT connected to it. I was able to format the hard disk, but I could not boot from it. I can boot from drive A: (which disk drive does not matter) but if I remove the disk from drive A and press the reset witch, the LED of drive A: continues to glow, and the hard disk is not accessed at all. I guess this must be a problem of either the Multi I/o card\nor floppy disk drive settings (jumper configuration?) Does someone have any hint what could be the reason for it. [...] (IDE 컨트롤러와 부트 문제. 안녕하세요. Multi I/O 카드(IDE 컨트롤러 + 시리얼/패러렐 인터페이스와 2개의 플로피 드라이브(5 1/4, 3 1/2), 그것과 연결되는 퀀텀 프로 드라이브 80AT를 갖고 있어요. 하드 디스크를 포맷하려고 했는데 켤 수가 없네요. A 드라이브로 부팅했어요(디스크 드라이브는 상관없어요). 그런데 드라이브 A에서 디스크를 제거하고 스위치 리셋을 누르면 드라이브 A의 LED는 계속 작동하는데 하드 디스크에 전혀 접근할 수 없어요. 아마 Multi I/O 카드나 플로피 디스크 드라이브 설정 문제 같아요(점퍼 설정?) 힌트나 이유를 알려줄 사람이 있을지...)

(이어서)

위치	유사도	게시물에서 예외
2	1.150	Booting from B drive I have a 5 1/4" drive as drive A. How can I make the system boot from my 3 1/2" B drive? (Optimally, the computer would be able to boot: from either A or B, checking them in order for a bootable disk. But: if I have to switch cables around and simply switch the drives so that: it can't boot 5 1/4" disks, that's OK. Also, boot_b won't do the trick for me. […] […] (5 ¼ 드라이브를 드라이브 A로 가지고 있어요. 3 ½ B 드라이브로 시스템 부팅을 어떻게 할 수 있나요?(제일 좋게는, 컴퓨터는 A나 B로 부팅할 수 있으면 해요. 부팅할 수 있는 디스크 위해 A나 B를 ...))
3	1.280	IBM PS/1 vs TEAC FD Hello, I already tried our national news group without success. I tried to replace a friend s original IBM floppy disk in his PS/1-PC with a normal TEAC drive. I already identified the power supply on pins 3 (5V) and 6 (12V), shorted pin 6 (5.25"/3.5" switch) and inserted pullup resistors (2K2) on pins 8, 26, 28, 30, and 34. The computer doesn't complain about a missing FD, but the FD s light stays on all the time. The drive spins up o.k. when I insert a disk, but I can't access it. The TEAC works fine in a normal PC. Are there any points I missed? […] […] (안녕하세요. 저는 이미 성공 없이 national news 그룹에 시도했어요. 저는 친구의 일반 TEAC 드라이브가 있는 PS/1-PC의 본래 플로피 디스크를 교체했어요. 핀 3(5V)와 6(12V), 핀 6(5.25"/3.5" switch)에 있는 전원을 찾아내고 핀 8, 26, 38, 30, 34에 있는 레지스터 (2K2)를 넣었어요. FD가 없어져, 계속 불은 들어오지만 컴퓨터는 이상이 없어요. 디스크는 넣을 때 드라이브 스핀도 괜찮지만 읽지는 못해요. TEAC는 일반 PC에는 잘 작동해요. 내가 놓친 것이 있나요?)

흥미로운 점은 어떻게 게시물이 유사도 측정 값을 반영했을까이다. 첫 번째 게시물은 새로운 게시물과 핵심적인 단어를 모두 포함하고 있다. 두 번째 게시물은 하드 디스크와 관계가 많지만 포맷팅 같은 주제는 부족했다. 마지막으로 세 번째 게시물은 약간 관련이 있다. 그러나 모든 게시물은 새로운 게시물과 같은 분야domain 에 속한다고 할 수 있다.

노이즈의 또 다른 시각

군집화가 완벽하게 되었다고 예상할 수는 없다. 같은 뉴스 그룹이(이를테면 comp. graphics) 아닌 게시물과 함께 군집화되어 있다. 예제는 예상해야 하는 노이즈의 영향을 받았다.

```
>>> post_group = zip(train_data.data, train_data.target)
>>> all = [(len(post[0]), post[0], train_data.target_names[post[1]])
for post in post_group]
>>> graphics = sorted([post for post in all if
post[2]=='comp.graphics'])
>>> print(graphics[5])
(245, 'From: SITUNAYA@IBM3090.BHAM.AC.UK\nSubject:
test....(sorry)\nOrganization: The University of Birmingham, United
Kingdom\nLines: 1\nNNTP-Posting-Host: ibm3090.bham.ac.uk<...snip...>',
'comp.graphics')
```

이러한 게시물에 대해, 전처리 단계 후에 남겨진 단어를 고려하여, 게시물이 comp.graphics에 속하는 실제 단서는 없다.

```
>>> noise_post = graphics[5][1]
>>> analyzer = vectorizer.build_analyzer()
>>> print(list(analyzer(noise_post)))
['situnaya', 'ibm3090', 'bham', 'ac', 'uk', 'subject', 'test',
'sorri', 'organ', 'univers', 'birmingham', 'unit', 'kingdom', 'line',
'nntp', 'post', 'host', 'ibm3090', 'bham', 'ac', 'uk']
```

이는 토큰화, 소문자로 변경, 불용어 제거 다음이다. fit_transform에서 실행될 min_df와 max_df를 통해 제거된 이러한 단어를 뺀다면 더욱 곤란해진다.

```
>>> useful = set(analyzer(noise_post)).intersection
(vectorizer.get_feature_names())
>>> print(sorted(useful))
['ac', 'birmingham', 'host', 'kingdom', 'nntp', 'sorri', 'test',
'uk', 'unit', 'univers']
```

더 나아가, IDF 점수로 확인할 수 있듯이, 대부분 단어들은 다른 게시물에서도 빈번하게 나타난다. TF-IDF가 높으면 높을수록, 주어진 게시물에 대해 더 많은 구별적인 용어가 있다는 점을 기억하자. 여기서 IDF는 증가하는 요소다. IDF 값이 낮으면 일반적으로 좋은 값이 아니라는 의미다.

```
>>> for term in sorted(useful):
...     print('IDF(%s)=%.2f'%(term,
vectorizer._tfidf.idf_[vectorizer.vocabulary_[term]]))
IDF(ac)=3.51
```

```
IDF(birmingham)=6.77
IDF(host)=1.74
IDF(kingdom)=6.68
IDF(nntp)=1.77
IDF(sorri)=4.14
IDF(test)=3.83
IDF(uk)=3.70
IDF(unit)=4.42
IDF(univers)=1.91
```

그러면, 가장 구별력이 높은 용어는 `birmingham`과 `kingdom`이다. 명확히, 컴퓨터 그래픽과 관련되지 않았지만, 낮은 IDF 점수인 용어와 같다.

그러나, 우리의 목적을 위해서는 이것이 큰 문제가 아니다. 왜냐하면 새로운 게시물과 비교해야 하는 게시물의 수를 줄이는 데 관심이 있기 때문이다. 어쨌든, 훈련 데이터에서 나온 특정 뉴스 그룹은 특별한 흥미점이 없다.

매개변수 변경

다른 모든 매개변수는 어떠한가? 좋은 결과를 얻기 위해 모든 매개변수를 변경할 수 있는가?

물론이다. 당연히 군집의 개수를 변경하거나 `vectorizer`의 `max_features` 매개변수를 변경할 수 있다(반드시 시도해야 한다). 다른 군집 중심점 초기화를 변경할 수도 있다. K평균에 대한 대체는 좀 더 흥미롭다. 이를테면, 코사인Cosine 유사도, 피어슨Pearson, 자카드Jaccard 같은 유사도 측정을 사용하는 군집 접근법이 있다. 변경할 수 있는 흥미로운 부분이다.

그러나 적용하기 전에, '더 나은better'이 실제로 의미하는 바를 정의할 필요가 있다. scikit-learn에는 이 정의를 전적으로 담당하는 완벽한 패키지가 있다. 이 패키지는 sklearn.metrics이며, 군집의 질을 측정하기 위해 모든 범위의 다양한 측정법이 있다. 가장 먼저 해야 할 일은 metrics 패키지의 소스를 조사해보는 작업이다.

정리

지금까지 전처리를 시작으로 군집화를 거쳐 해결책까지 다룬 고된 작업이었다. 노이즈한 텍스트를 군집화할 수 있도록 의미 있는 정확한 벡터 표현으로 변환했다. 군집화할 수 있도록 들인 노력을 본다면, 전체적인 작업의 반 이상을 차지한다. 그러나 이런 와중에 텍스트 처리에 관해 꽤 많이 배웠고, 단순한 단어 세기가 노이즈한 실제 세계 데이터를 어떻게 변환하는지도 배웠다.

scikit-learn과 강력한 패키지 덕분에 고된 작업을 조금은 쉽게 넘어갔다. 그리고 좀 더 알아봐야 할 부분도 있다. 3장에서는 군집화의 능력을 수박 겉핥기식으로 살펴봤다. 4장에서 군집화의 강력함을 좀 더 살펴보기로 하자.

4
주제 모델링

이전 장에서는, 군집화를 활용해 텍스트를 그룹화했다. 이는 매우 유용한 툴이나 항상 최적의 선택은 아니다. 군집화는 각 텍스트를 정확하게 하나의 군집에 넣는다. 이 책은 기계 학습과 파이썬을 다룬다. 이 책을 파이썬 분야로 분류해야 할까, 기계 학습 분야로 분류해야 할까? 종이책 시대의 서점에서는 책을 배치할 때 이 결정을 해야했다. 하지만 인터넷 시대에, 이 책은 기계 학습과 파이썬을 둘 다 다루기 때문에 두 분야에 모두 올리면 된다. 물론 모든 분야도 아니며 빵 굽기 분야는 당연히 아니다.

4장에서는 문서를 완벽히 구별된 분류로 군집화하는 것이 아니라 몇 개의 주제 topic로 구분하는 기법을 다룬다. 이 주제도 문서 모음에서부터 자동으로 인식된다. 문서는 책, 블로그, 뉴스, 짧은 이메일도 될 수 있다.

가볍게 다루는 주제를 알 수도 있고, 문서간에 중심이 되는 주제를 추론할 수 있다. 이 책은 자주 도식화에 대해 자주 언급하지만 기계 학습만큼 중심적인 주제는 아니다. 이는 문서에는 중심 주제도 있고 부수적인 주제도 있다는 뜻이다. 이러한 주제를 다루는 기계 학습의 한 분야를 주제 모델링topic modeling이라고 한다.

잠재 디리클레 할당

LDA와 LDA. 유감스럽게도, 기계 학습에서 두 가지 기법이 같은 약어 LDA을 사용하는데, 바로 주제 모델링 기법인 잠재 디리클레 할당LDA, Latent Dirichlet Allocation과 분류 기법인 선형 판별 분석LDA, Linear Discriminant Analysis이다. 약어가 같다는 점을 제외하고는 전혀 상관이 없지만 혼란스러울 수 있다. scikit-learn에는 sklearn.lda라는 선형 판별 분석 부분 모듈이 있지만, 현재 잠재 디리클레 할당은 구현되어 있지 않다.

우리가 살펴 볼 주제 모델은 잠재 디리클레 할당이다. LDA 내부에서 작동하는 수학적 개념은 상당히 복잡하기에 여기서 자세히 다루지는 않겠다.

흥미가 있거나 좀 더 학습을 하고자 한다면, 위키피디아wikipedia의 http://en.wikipedia.org/wiki/Latent_Dirichlet_allocation에서 모든 식과 더불어 알고리즘을 볼 수 있다.

그러나 우리는 고수준에서 LDA를 직관적으로 이해할 수 있다. LDA는 데이터를 어떻게 생성하는지 설명할 수 있는 일종의 이야기fable를 모델을 가지기 때문에, 생성 모델generative model인 모델의 분류에 속한다. 물론, 기계 학습을 좀 더 쉽게 만들기 위해, 이 생성 문서generative story는 실제의 간소화simplification이다. LDA에서, 먼저 단어 확률 가중치를 지정하여 주제를 생성한다. 각 주제는 단어마다 다른 가중치를 부여한다. 이를테면, 파이썬 주제는 단어 '변수variable'에 높은 확률을 부여하고, 단어 '술에 취한inebriated'에 낮은 가중치 확률을 부여한다. 새로운 문서를 생성하고자 할 때, 주제를 먼저 선택하고 이러한 주제에 관련된 단어를 사용하여 섞는다.

이를테면, 이 책에 세 가지 주제가 있다고 하자.

- 기계 학습

- 파이썬

- 빵 굽기

각 주제는 주제와 관련된 단어 리스트가 있다. 이 책은 처음의 두 가지 주제가 50%씩 혼합되어 있을 것이다. 정확히 반반으로 혼합될 필요없이, 70/30으로 나눌 수도 있다. 실제 텍스트를 생성할 때, 단어, 단어를 생성한다; 주제에서 나온 단어가 나온 주제를 결정한다. 이는 주제 가중치을 기반인 무작위 결정이다. 일단, 주제가 선택되면, 단어의 주제 리스트로에서 단어를 생성한다. 좀 더 정확히, 주제에서 주어진 확률로 영어 단어를 선택한다.

이 모델에서, 단어의 순서는 중요하지 않다. 이는 이전 장에서 본 단어 주머니 모델이다. 언어의 대략적인 간소화이지만 충분히 잘 작동한다. 문서에서 사용하는 단어와 그 빈도를 아는 것만으로 기계 학습이 결정할 정도로 충분하다.

실제 모델에서, 주제를 무엇인지 알 수 없다. 우리의 작업은 텍스트를 모으고 주제가 무엇인지를 발견하기 위해 리버즈 엔지니어를 하고 동시에 각 문서에 사용하는 주제가 무엇인지 이해하는 것이다.

주제 모델 만들기

아쉽게도, scikit-learn은 잠재 디리클레 할당을 지원하지 않는다. 그러므로 파이썬 gensim 패키지를 사용하고자 한다. gensim은 영국의 기계 학습 연구자이자 컨설턴트인 라딤 레휴렉Radim Řehůřek이 개발했다. 설치를 하기 위해 다음 명령어를 실행한다.

```
pip install gensim
```

연합 통신사AP, Associated Press의 뉴스 리포트 데이터셋을 사용하겠다. 이는 표준 데이터셋이고 주제 모델에 대한 초기 작업에 잘 사용된다. 데이터를 내려받고 다음 코드를 실행하여 로드한다.

```
>>> from gensim import corpora, models
>>> corpus = corpora.BleiCorpus('./data/ap/ap.dat',
    './data/ap/vocab.txt')
```

corpus 변수에는 모든 텍스트 문서가 있으며 처리하기 쉬운 형태로 로드된다. 입력으로 이러한 객체를 사용하여 주제 모델을 만들 수 있다.

```
>>> model = models.ldamodel.LdaModel(
        corpus,
        num_topics=100,
        id2word=corpus.id2word)
```

이 생성자 호출은 corpus에 있는 주제를 확률적으로 추론한다. 다양한 방법으로 주제를 살펴볼 수 있다. 다음과 같이 model[doc] 구문을 사용하여 문서가 가리키는 주제 리스트를 볼 수 있다.

```
>>> doc = corpus.docbyoffset(0)
>>> topics = model[doc]
>>> print(topics)
[(3, 0.023607255776894751),
 (13, 0.11679936618551275),
 (19, 0.075935855202707139),
....
 (92, 0.10781541687001292)]
```

결과는 컴퓨터마다 다룰 수 있다. 학습 알고리즘은 매번 다른 무작위 수를 사용하고 같은 입력 데이터에 대해 새로운 주제 모델을 만들기 때문에 결과는 다르다. 데이터가 잘 정의되었다면, 모델의 질적인 특성 일부는 다른 실행에서도 안정적이다. 예를 들어, 문서를 비교하려고 주제를 사용한다면, 유사도는 안정적이며 약간만 변경된다. 반면, 주제 순서는 완전히 다르다.

결과 형태는 짝 리스트, 즉 (topic_index, topic_ weight)이다. 각 문서에 사용된 일부 주제를 볼 수 있다(이전 예제에서, 주제 0, 1, 2에 대한 가중치는 없다; 그러한 주제에 대한 가중치는 0이다). 주제 모델은 희소 모델sparse model이고, 각 문서에 대해 가능한 많은 주제가 있을 수 있으나 단지 일부만 사용한다. LDA 모델에서 엄격히 모든 주제는 0이 아닌 확률을 가지지만 일부 주제는 대략적으로 0에 가까운 낮은 확률을 가진다.

각 문서에 대한 주제 개수의 히스토그램을 그려 살펴 볼 수 있다.

```
>>> num_topics_used = [len(model[doc]) for doc in corpus]
>>> plt.hist(num_topics_used)
```

다음과 같은 그래프이다.

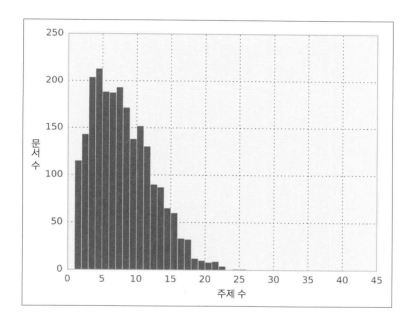

 희소(sparse)란 원칙적으로 대단히 큰 매트릭스나 벡터이지만, 실제로 대부분이 0인 값을 가짐을 의미한다(또는 근사치로 대부분 0으로 반올림할 수 있는 그렇게 작은 수다). 그러므로 특정 시간에 단지 몇 개만 관련된다.

풀기에는 너무 큰 문제처럼 보이지만 데이터가 희소적이기 때문에 실제로 풀 수 있다. 이를테면, 한 웹 페이지에서 다른 웹 페이지로 연결할 수 있지만 각 웹 페이지는 다른 모든 웹 페이지의 매우 작은 일부에 연결된 것과 같이, 링크 그래프는 매우 희소하다.

이전 그래프에서, 약 180개의 문서는 5개의 주제를 갖는다. 반면 대다수는 3~12개의 주제를 다룬다. 20개 이상의 주제를 가진 문서는 별로 없다.

좀 더 넓히기 위해, 함수의 매개변수인 알파_{alpha}를 사용한다. 알파의 정확한 의미는 약간 추상적이지만, 좀 더 큰 알파 값은 문서당 더 많은 주제를 만든다. 알파는 양수이어야 하나 일반적으로 작다. 보통 1보다 작다. 알파 값이 작을수록, 각 문서가 다루는 주제는 작아진다. 기본적으로, gensim은 알파의 기본 값을 1/num_topic으로 설정하지만 LdaModel 생성자에서 다음과 같이 변경할 수 있다.

```
>>> model = models.ldamodel.LdaModel(
        corpus,
        num_topics=100,
        id2word=corpus.id2word,
        alpha=1)
```

이 경우, 큰 알파 값이기에 문서당 더 많은 주제가 나온다. 다음에 주어진 혼합된 히스토그램에서 볼 수 있듯이 gensim은 예상대로 각 문서에 더 많은 주제를 할당했다.

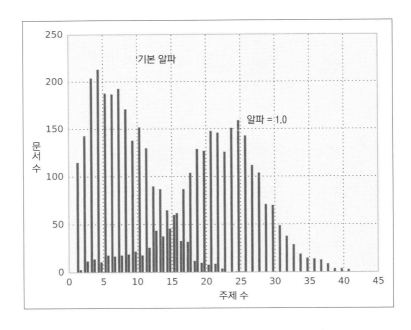

자, 많은 문서가 20~25개 주제를 갖는다. 낮은 값을 설정한다면, 반대로 관찰될 것이다(온라인 저장소에서 코드를 내려받아 이 값을 변경할 수 있다).

이러한 주제는 무엇인가? 기술적으로 주제들은 단어에 대한 다차원 분포다. 즉, 주제들은 어휘에서 각 단어마다 확률을 할당하는 것을 의미한다. 확률이 높은 단어는 낮은 확률의 단어보다 주제와 더 관련된다.

우리의 뇌는 확률 분포를 추론하는 데 뛰어나지 못하지만 단어의 리스트를 쉽게 이해할 수 있다. 그러므로 가장 높은 가중치 단어의 리스트로 주제를 요약하는 방법이 일반적이다. 첫 10개의 주제가 있다.

주제 번호	주제		
1	dress military soviet president new state capt carlucci states leader stance government		
2	koch zambia lusaka one-party orange kochs party i government mayor new political		
3	human turkey rights abuses royal thompson threats new state wrote garden president		
4	bill employees experiments levin taxation federal measure legislation senate president whistleblowers sponsor		
5	ohio july drought jesus disaster percent hartford mississippi crops northern valley virginia		
6	united percent billion year president world years states people i bush news		
7	b hughes affidavit states united ounces squarefoot care delaying charged unrealistic bush		
8	yeutter dukakis bush convention farm subsidies uruguay percent secretary general i told		
9	Kashmir government people srinagar india dumps city two jammu- kashmir group moslem pakistan		
10	workers vietnamese irish wage immigrants percent bargaining last island police hutton l		

언뜻 보기에는 주눅이 들지만, 주제가 단순히 무작위 단어들이 아닌 연결된 점임을 알 수 있다. 이러한 주제들은 소비에트 연방Soviet union이 아직 존재하고 고르바초프Gorbachev가 서기관이었을 시기인 약간 오래된 뉴스 아이템을 가리킴을 알 수 있다. 관련된 단어를 좀 더 크게 만드는 단어 클라우드word cloud로 주제를 나타낼 수도 있다. 이를테면, 다음은 동아시아와 정치를 다룬 주제의 시각화다.

정보적이지 않기 때문에 일부 단어(불용어)가 삭제되었음을 볼 수 있다(예를 들어, 단어 'I'). 주제 모델링에서 불용어를 걸러내는 작업은 중요하다. 그렇지 않으면 주제는 결국 정보력이 없는 불용어로 가득 찬다. 복수plurals와 동사verb 형태를 정규화하고자 어근을 추출하기 위해 텍스트를 전처리기길 바란다. 이 과정은 3장에서 다뤘기 때문에 이를 참조하자. 흥미롭다면, 책의 웹사이트에서 코드를 내려받고 다양한 그림을 그리기 위해 여러 가지 변형을 시도해보자.

 위 그림과 같은 단어 클라우드를 만드는 작업은 다른 소프트웨어로도 할 수 있다. 위 그림은, 파이썬 기반 pytagcloud를 사용했다. 이 패키지는 다른 패키지를 설치해야 하지만 기계 학습과 거리가 있어 여기서는 다루지 않았다. 그러나 단어 클라우드를 생성할 수 있는 코드가 온라인 저장소에 있다.

주제로 문서 비교

이전 그림처럼 단어로 작은 비네트$_{vignette}$[1]를 만들면 주제는 유용하게 될 수 있다. 이러한 시각화는 다수의 문서 모음을 처리하는 데 사용될 수 있다. 예를 들어, 웹 사이트는 사용자가 읽은 문서를 가지고 단어 클라우드로서 주제를 보여줄 수 있다. 사실, 이러한 기법은 대량의 문서를 분석하는 방법으로 사용되고 있다.

그러나 주제는 종종 다른 목적의 중간 툴이다. 각각의 주제에서 나온 문서를 추정하므로, 주제 공간에서 문서를 비교할 수 있다. 이는 각 단어와 단어를 비교하는 것이 아니라, 문서가 같은 주제를 이야기하고 있다면 문서는 유사하다고 할 수 있다.

이는 매우 강력하다. 몇 단어를 공유하는 두 텍스트 문서가 실제로는 같은 주제를 가리킬 수 있다. 문서는 다른 구조를 사용해서 주제를 가리킬 수도 있다(이를테면, 하나는 미합중국의 대통령으로 말할 수 있는 반면 다른 하나는 이름 버락 오바마$_{Barack\ Obama}$를 사용할 수 있다).

 주제 모델은 시각화하거나 데이터를 살펴보는 데 그 자체로 유용하며, 다른 작업의 중간단계로서도 역시 유용하다.

이쯤에서 이전 3장에서 수행했던 작업을 다시 할 수 있고, 유사도로 정의한 주제를 활용하여, 입력 질의에 대한 가장 유사 게시물을 찾을 수도 있다. 이전에는, 단어 벡터를 비교해 두 문서를 비교했지만, 이번에는 주제 벡터를 비교해 두 문서를 비교해보자.

이를 위해, 문서를 주제 벡터로 투사한다. 즉 문서를 요약한 주제 벡터를 구해야 한다. 일반적으로 차원 축소$_{dimensionality\ reduction}$의 이러한 형태를 어떻게 수행하는가는 그 자체로 매우 중요하다. 차후 우리는 이러한 주제를 다룬다. 지금은, 정확히 이 목적에 사용할 수 있는 주제 모델을 보도록 한다. 일단, 각 문서에 대해 주제를 계산하면, 주제 벡터에 대한 연산을 할 수 있기 때문에 원본 문서를 잊자. 주제

---

1 특정 상황 등을 보여주는 짤막한 글이나 행동 – 옮긴이

가 가치가 있다면, 문서 단어보다 더 잠재적인 정보력을 가진다. 더욱이, 계산 이 점도 생기는데, (수 천개의 용어를 포함한) 어휘 크기의 벡터보다 주제 100개 벡터를 비교하는 것이 훨씬 빠르다.

gensim을 사용해, 말뭉치에서 모든 문서에 해당하는 주제를 어떻게 계산하는 지 이전에 보았다.

```
>>> from gensim import matutils
>>> topics = matutils.corpus2dense(model[corpus],
    num_terms=model.num_topics)
```

자, topics는 주제 매트릭스다. 각 원소의 거리를 계산하기 위해, SciPy에 있는 pdist 함수를 사용할 수 있다. 즉, 한번의 함수 호출로, sum((topics[ti] - topics[tj])**2)의 모든 값을 계산한다.

```
>>> from scipy.spatial import distance
>>> pairwise = distance.squareform(distance.pdist(topics))
```

한 가지 편법을 사용해보자. 대각 원소에 가장 큰 값을 지정한다(매트릭스에서 다른 값보다 커야 한다).

```
>>> largest = pairwise.max()
>>> for ti in range(len(topics)):
...     pairwise[ti,ti] = largest+1
```

다 되었다. 각 문서에 대해, 쉽게 가장 가까운 원소를 찾을 수 있다(이는 최근접 이웃 분류기nearest neighbor classifi er의 한 형태다).

```
>>> def closest_to(doc_id):
...     return pairwise[doc_id].argmin()
```

 매트릭스의 대각선 요소에 큰 값을 설정하지 않으면 위의 코드는 실행되지 않는다. 이 함수는 항상 같은 원소를 반환한다(매우 드물지만 두 원소가 정확히 같은 주제 분포를 가진 이상한 경우를 제외한다).

예를 들어, 질의 문서가 있다(모음에서 두 번째 문서다).

From: geb@cs.pitt.edu (Gordon Banks)
Subject: Re: request for information on "essential tremor" and Indrol?

In article <1q1tbnINNnfn@life.ai.mit.edu> sundar@ai.mit.edu writes:

Essential tremor is a progressive hereditary tremor that gets worse
when the patient tries to use the effected member. All limbs, vocal
cords, and head can be involved. Inderal is a beta-blocker and
is usually effective in diminishing the tremor. Alcohol and mysoline
are also effective, but alcohol is too toxic to use as a treatment.
(환자가 영향받은 팔을 쓰고자 할 때, 본질적인 떨림은 계속 나빠지는 진행적인 유전적 떨림이다. 팔다리, 성
대, 머리까지 연관되어 있다. 인데랄은 베타 차단제로서, 떨림을 감소하는 데 효과적이다. 알코올과 마이솔린
도 효과적이지만 알코올은 약으로 사용하기에는 독소가 너무 많다.)
--

Gordon Banks N3JXP | "Skepticism is the chastity of the
intellect, and
geb@cadre.dsl.pitt.edu | it is shameful to surrender it too soon."

----

closest_to(1)으로 가장 유사한 문서를 찾으면, 다음 결과를 얻는다.

From: geb@cs.pitt.edu (Gordon Banks)
Subject: Re: High Prolactin

In article <93088.112203JER4@psuvm.psu.edu> JER4@psuvm.psu.edu
(John E. Rodway) writes:
>Any comments on the use of the drug Parlodel for high prolactin
in the blood?
(혈액에 높은 프로락틴에 대한 약물 브로모크립틴의 사용 예를 가지고 있나요?)
>

It can suppress secretion of prolactin. Is useful in cases of
galactorrhea.
Some adenomas of the pituitary secret too much.
(프로락틴에 분비를 억제할 수 있어요. 유루증에 유용해요. 뇌하수체의 일부 아데노마가 의심스러워요.)

--

```
----------------------------------------------------------------
----------
Gordon Banks N3JXP        | "Skepticism is the chastity of the
intellect, and
geb@cadre.dsl.pitt.edu    | it is shameful to surrender it too soon."
```

약물을 논의한 동일한 작성자의 게시물을 얻었다.

위키피디아 전체의 모델링

초기 LDA 구현물은 느렸던 반면, 현대 시스템은 매우 큰 데이터와 작동할 수 있다. gensim 사용법에 따라, 영문 위키피디아 전체로 주제 모델링을 해보자. 시간이 걸리긴 하지만, 노트북에서도 실행할 수 있다! 컴퓨터 클러스터로 훨씬 빠르게 할 수도 있다.

먼저, 위키피디아 전체 덤프를 http://dumps.wikimedia.org에서 내려받는다. 이 파일은 매우 크다(현재 10GB가 넘는다). 그래서 인터넷 연결이 매우 빠르지 않다면 시간이 꽤 걸린다. 그런 다음 gensim 툴로 인덱싱하자.

```
python -m gensim.scripts.make_wiki \
    enwiki-latest-pages-articles.xml.bz2 wiki_en_output
```

파이썬 셸이 아니라 명령어 셸에서 위 명령어를 실행한다. 몇 시간 후, 인덱싱은 끝나고 같은 디렉토리에 인덱스가 저장된다. 이 단계에서, 최종 주제 모델을 만들 수 있다. 이 과정은 이전에 AP 데이터 셋으로 했던 작업과 정확하게 같다. 먼저 몇몇 패키지를 임포트한다.

```
>>> import logging, gensim
```

자, 표준 파이썬 로깅 모듈을 사용하여(gensim은 상태 메시지를 출력한다) 로깅을 설정한다. 꼭 필요하지는 않지만 무엇이 일어나는지 알기 위해 출력을 보면 좋다.

```
>>> logging.basicConfig(
    format='%(asctime)s : %(levelname)s : %(message)s',
    level=logging.INFO)
```

자, 전처리한 데이터를 올린다.

```
>>> id2word = gensim.corpora.Dictionary.load_from_text(
                'wiki_en_output_wordids.txt')
>>> mm = gensim.corpora.MmCorpus('wiki_en_output_tfidf.mm')
```

마지막으로, 이전처럼 LDA 모델을 만든다.

```
>>> model = gensim.models.ldamodel.LdaModel(
                        corpus=mm,
                        id2word=id2word,
                        num_topics=100,
                        update_every=1,
                        chunksize=10000,
                        passes=1)
```

이는 또 몇 시간이 걸린다. 얼마나 기다려야 하는지 나타내는 정보를 콘솔에서 볼 수 있다.

일단 완료되면 다시 이 작업을 다시 하지 않도록 파일로 모델을 저장한다.

```
>>> model.save('wiki_lda.pkl')
```

세션을 끝내고 새 세션에서 다음과 같이 이전에 작업했던 모델을 다시 올릴 수 있다.

```
>>> model = gensim.models.ldamodel.LdaModel.load('wiki_lda.pkl')
```

model 객체는 문서 모음을 살펴보는 데 사용된다. 이전에 했듯이, topics 매트릭스를 생성한다.

이전에 사용했던 문서보다 많은 문서를 사용했지만(책을 집필할 때 문서는 4만 개 이상이다) 모델은 여전희 희소 모델이다.

```
>>> lens = (topics > 0).sum(axis=0)
>>> print(np.mean(lens))
6.41
>>> print(np.mean(lens <= 10))
0.941
```

평균 문서는 6.4개의 주제를 다루며, 94% 문서는 10개 미만의 주제를 다룬다.

위키피디아에서 가장 많이 다룬 주제에 대해 알아볼 수 있다. 먼저, 각 주제에 대한 총 가중치를 계산하고(모든 문서의 가중치 합) 가장 높게 가중된 주제에 해당한 단어를 검색한다.

```
>>> weights = topics.sum(axis=0)
>>> words = model.show_topic(weights.argmax(), 64)
```

이전에 사용했던 같은 툴을 사용해서 시각화를 만들 수 있다. 가장 많이 다룬 주제는 음악과 관련되며 일관된 주제들이다. 18%의 위키피디아는 이 주제과 연관된다(위키피디아의 5.5% 단어는 이 주제에서 부여되었다). 다음 그림을 보자.

 이러한 그림과 수치는 이 책을 집필할 시점에 생성한 결과다. 위키피디아는 계속 변경되기에, 독자의 결과와 다를 수도 있다. 전체 경향은 유사하지만, 세부 사항은 다를 수 있다.

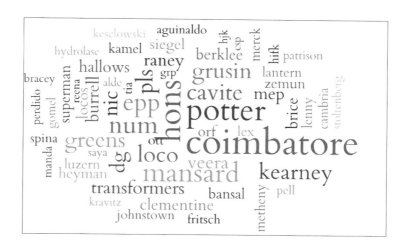

가장 다루지 않은 주제들은 해석하기 힘들지만, 상위 단어는 서유럽 나라들에 공항을 가리킨다. 1.6% 문서가 이와 관련되며, 0.1% 단어가 이를 나타낸다.

주제의 개수 고르기

지금까지는 주제의 개수를 100으로 고정해 사용했다. 주제의 개수는 순수하게 임의의 개수다. 마찬가지로 20개나 200개로 할 수 있다. 다행스럽게도, 많은 사용자에게 이 숫자는 중요하지 않다. 이전에 했듯이 중간 단계로 주제를 사용한다면 시스템의 마지막 작동은 정확한 주제 숫자에 민감하지 않다. 주제를 충분히 사용한다면, 주제를 100개 사용하든 200개 사용하든 진행 결과인 추천은 크게 차이가 없다는 뜻이다. 대부분의 경우 100은 괜찮은 숫자다(반면, 20은 텍스트 문서의 일반적인 모음에서 너무 적다). 알파(a) 값 설정도 마찬가지다. 반면, 개수에 대한 다양한 시도는 주제를 변경할 수 있고, 마지막 결과에는 이 변화가 영향을 크게 미치지 않는다.

주제 모델링이 목표의 마지막 단계인 경우가 종종 있다. 그런 경우, 사용한 매개변수가 중요한 건 아니다. 다른 주제 개수나 알파 같은 매개변수 값은 마지막 결과가 거의 동일한 시스템을 만든다.

반면, 주제를 바로 살펴보거나 주제를 시각화하는 도구를 생성할 때, 어떤 값이 가장 유용하고 매력적인 결과를 만드는지를 보아야 한다.

데이터에 따라 자동으로 주제의 개수를 결정하는 몇 가지 방법이 있다. 한 가지 인기 있는 모델은 계층적 디리클레 과정Hierarchical Dirichlet Process이다. 다시 말하지만, 전체적인 수학적 모델의 내부는 복잡하고 이 책의 범위를 벗어난다. 그러나 우리가 말할 수 있는 추상적인 설명은 LDA 생성 문서generative story에서처럼 고정된 주제를 가지는 대신, 주제 자체가 데이터에서 생성된다. 작가가 새로운 글을 언제 시작하든, 작가는 기존에 있던 주제나 새로운 주제를 선택할 수 있다. 더 많은 주제가 이미 만들어 졌을 때, 기존 주제를 다시 사용할 확률이 낮아지지만 새 주제를 생성할 확률은 그대로 있다.

더 많은 문서가 있으면 더 많은 주제가 나온다. 처음에는 직관적이지 않지만 완벽히 이해할 수 있다. 많은 예제를 가질수록 주제를 더 세부적으로 나눌 수 있다. 새로운 신문기사 몇 개가 있다면, 스포츠가 하나의 주제가 된다. 그러나 신문기사가 많아질수록 주제를 하키, 축구 등 세부적으로 나누기 시작한다. 거기에 더 많은 기사가 추가되면, 기사와 별개로 개별 팀, 개별 선수에 대한 미묘한 차이를 주제화할 수 있다. 사람들도 마찬가지다. 많은 다른 배경의 그룹에서, 몇몇 '컴퓨터 사람'을 이들을 같이 넣을 수 있다. 다소 큰 그룹에서 프로그래머와 시스템 매니저로 모임을 나눈다. 현실 세계에서, 파이썬과 루비 프로그래머의 다른 모임으로 나눈다.

주제의 개수를 자동으로 결정하는 기법 중 하나인 계층적 디리클레 과정HDP은 gensim에서 사용할 수 있다. 사용 방법은 간단하다. 다음과 같이, LDA에 관한 이전 코드에서 gensim.models.ldamodle.LdaModel 호출을 HdpModel 생성자 호출로 대체하면 된다.

```
>>> hdp = gensim.models.hdpmodel.HdpModel(mm, id2word)
```

이게 끝이다(계산하는 데 다소 시간이 걸리는 점은 제외하고 말이다. 공짜 점심은 없다). 주제의 개수를 명시할 필요가 없다는 점을 제외하고는, LDA 모델을 사용했던 만큼 이 모델을 사용할 수가 있다.

정리

4장에서는 문서 모델링을 다루었다. 이는 각 문서를 하나 이상으로 나타낼 수 있기 때문에 단순한 군집화보다 더 유연하다. 새로운 패키지 gensim을 사용해 기본적인 LDA 모델을 살펴보았다.

주제 모델링은 텍스트 처리를 위해 가장 먼저 개발되었고 이해하기도 좀 더 쉽다. 10장 '컴퓨터 비전'에서는 이러한 기술의 일부가 어떻게 이미지에 적용될 수 있는지를 알아보겠다. 주제 모델은 현대 컴퓨터 비전 연구 대부분에서 매우 중요하다. 사실 이전 3장과 달리, 이번 장의 내용은 기계 학습 알고리즘에서 최신 연구에 가깝다. 최초의 LDA 알고리즘은 2003년 과학 저널에 발표되었다. 그러나 위키피디아를 다룰 수 있는 gensim에서 사용하는 메소드는 2010년에 개발되었고, HDP 알고리즘은 2011년부터 나왔다. 연구는 계속되고 많은 변형과 인디언 뷔페 절차 Indian buffet process(중국 레스토랑 절차와 혼동하지 마라. 이는 다른 모델이다)나 파칭코 할당Pachinko allocation(파칭코는 일본 게임의 한 종류로, 슬롯 머신과 핀볼 게임의 중간 정도가 된다) 같은 놀라운 이름의 모델을 찾을 수 있다. 현재도 진행 중인 연구 영역으로, 몇 년 전에야 현실 세계로 들어왔다.

분류, 군집화, 주제 모델링 같은 주요한 기계 학습 모델의 일부를 살펴보았다.

5장에서 분류로 돌아가겠지만, 이번에는 좀 더 발전적인 알고리즘을 살펴보겠다.

5

분류: 형편없는 답변 감지

텍스트에서 유용한 속성을 추출할 수 있기 때문에 실제 데이터를 사용한 분류기를 만들어 볼 수 있다. 사용자가 질문을 올리고 대답하는 가상의 웹사이트를 다뤘던 3장 '군집화: 관련된 게시물 찾기'로 돌아가 보자.

Q/A 사이트 운영자의 업무 중 하나는 게시물 내용을 괜찮은 수준으로 유지하는 일이다. stackoverflow.com 같은 웹사이트도 질문과 답변에 배지badge와 보너스 점수를 주는 등 상당한 노력을 한다. 사용자도 꼭 알고 싶은 마음으로 질문하거나 공들여 답변하는 데 시간을 들이기에 양질의 콘텐츠가 된다.

한 가지 특별한 성공적인 자극제는 질문자가 질문에 대한 적당한 답변 하나를 채택할 수 있게 한 점이다(또한 질문자가 그런 답변을 채택하는 자극제이기도 하다). 채택된 답변의 답변자는 포인트를 더 받게 된다.

답변자가 답변을 쓰고 있을 때 그들의 답변이 괜찮은지 즉시 알게 된다면 사용자들에게 유용하지 않겠는가? 이는 웹사이트가 답변자의 답변을 계속해서 평가하고 답변이 괜찮은지 아닌지 조언을 제공한다는 뜻이다. 이런 시스템은 사용자가 답변을 할 때 좀 더 신경 쓰게 한다(예를 들어, 예제 코드를 제공하거나 이미지를 올리는 등). 결과적으로, 전체 시스템이 개선된다.

이번 장에서는 그런 시스템을 만들어보자.

큰 그림 그리기

노이즈가 심한 실제 데이터로 시스템을 만들겠다. 이번 장은 정확도가 100%인 분류기를 위한 '만능 해결책golden solution'을 만들고자 하지 않는다. 그 이유는 사람조차 해당 답변이 괜찮은지 아닌지 의견이 다르기 때문이다(stackoverflow.com 웹사이트에서 코멘트 일부만 보더라도 알 수 있다). 정반대로, 구현 도중에 최초 목적을 다시 고려할 정도로 어렵다는 점을 알 수 있다. 그렇지만 최근접 이웃nearest neighbor 접근법으로 시작하여, 왜 이런 문제 영역에는 잘 맞지 않는지 알아보고, 로지스틱 회귀logistic regression로 변경해본다. 그리고 일부 답변에 대해 좋은 예상이 가능한 해결책을 구한다. 마지막으로, 타깃 시스템target system에 배치할 최종 모델을 어떻게 뽑을지 알아보자.

세련된 답변 구별법 학습

무엇을 분류할 때는 주어진 데이터 인스턴스에 대해, 보통 라벨label이라고 하는 해당 범주를 찾고자 한다. 이를 성취하기 위해, 다음과 같은 두 가지 질문에 대답해야 한다.

- 데이터 인스턴스를 어떻게 표현하겠는가?
- 분류기는 어떤 모델이나 구조를 가져야 하는가?

인스턴스 개선

이번 예제에서 가장 단순한 형태로, 데이터 인스턴스는 답변의 텍스트이고 라벨은 이 텍스트가 답변으로 괜찮게 받아질 수 있는지 아닌지를 지시하는 이진 값이다. 그러나 원시 텍스트는 대부분 기계 학습 알고리즘에서 처리하기 매우 불편한 표현물이다. 기계 학습 알고리즘은 수치를 원한다. 원시 텍스트로부터 기계 학습 알고리즘이 올바른 라벨을 학습하는 데 사용할 수 있는 유용한 속성을 추출해야 한다.

분류기 개선

일단, 텍스트와 라벨 쌍을 충분히 모으거나 찾았다면 분류기를 훈련할 수 있다. 분류기의 기본 구조에 따라, 폭넓은 가능성이 있으며 각 분류기에 따라 장단점이 있다. 잘 알려진 선택권을 말하자면, 로지스틱 회귀logistic regression, 의사결정 나무decision tree, 서포트 벡터 머신SVM, support vector machine, 나이브 베이즈Naive Bayes가 있다. 이번 장에서는 모델 기반model-based인 로지스틱 회귀 기법과 3장에서 사용한 인스턴스 기반instance-based 기법을 비교해본다.

데이터 가져오기

다행스럽게도 stackoverflow 팀은 CC 위키 라이선스하에 있는 StackExchange의 대부분 데이터를 제공한다. 이 글을 쓰는 현재, https://archive.org/details/stackexchange에서 최근 데이터 덤프를 받을 수 있다. 덤프 데이터에는 StackExchange의 모든 Q&A가 있다. StackOverflow에 많은 파일이 있지만 5.2GB인 stackoverflow.com-Posts.7z만 필요하다.

파일을 내려받고[1] 압축을 풀면 XML 포맷으로, root 태그 posts 안에 각 row 태그에 모든 질문과 답변이 포함된 26GB의 데이터가 있다.

```
<?xml version="1.0" encoding="utf-8"?>
<posts>
```

---

1 wget https://archive.org/download/stackexchange/stackoverflow.com-Posts.7z으로 내려받는다. – 옮긴이

```
...
<row Id="4572748" PostTypeId="2" ParentId="4568987" CreationDate="2011-
01-01T00:01:03.387" Score="4" ViewCount="" Body="&lt;p&gt;IANAL, but
&lt;a href=&quot;http://support.apple.com/kb/HT2931&quot; rel=&quot;no
follow&quot;&gt;this&lt;/a&gt; indicates to me that you cannot use the
loops in your application:&lt;/p&gt;&#xA;&#xA;&lt;blockquote&gt;&#xA;
&lt;p&gt;...however, individual audio loops may&#xA; not be commercially
or otherwise&#xA; distributed on a standalone basis, nor&#xA; may
they be repackaged in whole or in&#xA; part as audio samples, sound
effects&#xA; or music beds.&quot;&lt;/p&gt;&#xA; &#xA; &lt;p&gt;So don't
worry, you can make&#xA; commercial music with GarageBand, you&#xA;
just can't distribute the loops as&#xA; loops.&lt;/p&gt;&#xA;&lt;/
blockquote&gt;&#xA;" OwnerUserId="203568" LastActivityDate="2011-01-
01T00:01:03.387" CommentCount="1" />
...
</posts>
```

이름	타입	설명
ID	Integer	유일 식별자
PostType	Integer	게시물의 카테고리를 나타낸다. 다음은 우리에게 흥미로운 값이다. • 질문 • 답변 그 밖의 값은 무시해도 좋다.
ParentId	Integer	해당 답변에 소속된 질문의 유일한 식별자(질문에는 없다)
CreationDate	DateTime	제출 날짜
Score	Integer	게시물의 점수
ViewCount	Integer	이 게시물을 본 사용자의 수
Body	String	HTML 텍스트로 인코딩된 완성된 게시물
OwnerUserId	Id	게시물의 유일한 식별자. 1이면 위키 질문이다.
Title	String	질문 제목(답변에는 없다)
AcceptedAnswerId	Id	채택된 답변의 아이디(답변에는 없다)
CommentCount	Integer	게시물의 코멘트 수

데이터를 의미 있는 뭉치로 잘라내기

실험 단계에서 속도를 올리기 위해, 매우 큰 XML 파일 전부로 분류 아이디어를 평가할 필요는 없다. 대신에, 빠르게 아이디어를 평가하면서, 게시물의 속성을 잘 유지하면서 데이터를 줄일 것을 고민해야 한다. 이를테면, row 태그 안에 CreationDate를 기준으로 2012 이후로 추출한다면, 6백만 개의 게시물을 얻을 수 있다(2,323,184개 질문과 4,055,999개 답변). 이는 현재로서 충분한 훈련 데이터다. XML 포맷도 속도를 낮추기 때문에 간단한 형태가 더 좋다. 이러한 이유로, 파이썬의 cElementTree를 사용해 XML을 파싱하여 탭 구분tap-separated으로 다시 작성한다.

속성의 사전 선택과 처리

형편없는 답변과 괜찮은 답변을 구별할 수 있는 분류기를 도울 수 있는 속성만을 추려보자. 그러나 여기에는 위험이 있다. 비록 일부 속성은 분류에 직접적인 영향을 주지는 않지만 유지할 필요가 있다.

예를 들어, ParentId 속성은 질문과 답변을 구별하는데 필요하다. 속성은 아니지만 데이터를 선별하는 데 필요하다.

CreationDate는 질문을 올린 시간과 개별 답변을 올린 시간 차time span를 알려주는 흥미로운 속성이기 때문에 필요하다. Score는 커뮤니티의 평가를 나타내는 중요한 속성이다.

반면, ViewCount는 작업에 별 도움이 되지 않는 속성이다. 분류기 성능을 구별하는데 도움이 된다고 하더라도, 답변을 올릴 때는 이 정보를 갖고 있지 않다. 이 속성을 무시하자.

Body는 명확하게 가장 중요한 정보를 가진 속성이다. HTML로 인코딩되어 있기 때문에 평문plain text으로 디코딩해야 한다.

OwnerUserId는 사용자 의존적인 속성을 사용자 계정과 연관시키면 매우 유용하지만 우리에게는 필요하지 않다. 여기서 사용하지 않지만 더 나은 분류기를 만들기 위해 사용할 것을 추천한다(아마도 stackoverflow.com-Users.7z과 연관해서).

Title은 질문에 대한 약간의 정보가 있지만 무시한다.

CommentCount는 무시한다. ViewCount와 유사하고, 이전에 올린 게시물로 분류기에 도움이 되겠지만(많은 코멘트=더 인기 있는 게시물), 답변을 올리는 시점에는 별 도움이 되지 않는다.

AcceptedAnswerId 속성은 Score 속성과 유사하다. 답변의 질을 나타낸다. 각 질문을 이로써 접근할 수 있기 때문에 이 속성을 유지하기보다는 IsAccepted라는 새로운 속성을 만든다. 0과 1로 답변을 나타내며 질문은 무시한다(ParentId=1).

이렇게 하여 다음과 같은 포맷을 만든다.

```
Id <TAB> ParentId <TAB> IsAccepted <TAB> TimeToAnswer <TAB> Score
<TAB> Text
```

구체적인 파싱 세부사항은 so_xml_to_tsv.py와 choose_ instance.py를 참고한다. 처리 속도를 높이고자 두 파일로 나누었다. meta.json에 딕셔너리를 저장하고, 적당한 포맷으로 정보를 읽기 위해 여타 데이터와 게시물의 Id를 연결한다. 이를테면, 게시물의 점수는 meta[Id] ['Score']에 있다. data.tsv에 다음 메소드로 쉽게 읽을 수 있도록 Id와 Text로 저장한다.

```
def fetch_posts():
    for line in open("data.tsv", "r"):
        post_id, text = line.split("\t")
        yield int(post_id), text.strip()
```

좋은 답변의 정의

괜찮은 답변인지 아닌지 구별하도록 분류기를 훈련하기 전에, 훈련 데이터를 만들어야 한다. 지금까지는 데이터만 만들었고 이제 라벨을 정의해야 한다.

물론 간단하게 IsAccepted 속성을 라벨로 사용할 수 있지만, 어쨌든 이는 질문에 답한 답변으로 표시될 수 있다. 이것은 단지 질문자의 선택이다. 당연히, 질문자는 빠른 답변과 더불어 가장 좋은 답변이 필요하다. 시간이 흐르면서 많은 답변이 올라올 경우, 일부는 이전에 채택된 답변보다 더 나아지는 경향이 있다. 그러나 질문 자는 좀처럼 질문 게재를 내리거나 마음을 변경하지 않는다. 그렇기 때문에, 결국 최고 점수를 받지 못한 답변이 채택된 질문들이 많다.

또 다른 극단적인 예는, 질문마다 양수로 최고 점수인 긍정적인 예제와 음수로 최 하 점수인 부정적인 예제를 가질 수 있다. 하지만 질문에 2점을 받은 답변과 4점 을 받은 답변처럼 모두 좋은 답변만 있다면 어떻게 해야 하는가? 2점을 받은 답변 을 부정적인 예제로 정해야 하는가?

이러한 극단적인 예를 해결해야 한다. 점수가 0이상이면 답변으로, 점수가 0 이 하이면 부정적인 답변으로 정한다. 결국 다음과 같이 꽤 합리적인 라벨을 얻을 수 있다.

```
>>> all_answers = [q for q,v in meta.items() if v['ParentId']!=-1]
>>> Y = np.asarray([meta[answerId]['Score']>0 for answerId in
all_answers])
```

첫 번째 분류기 만들기

3장에서 사용했던 단순하며 아름다운 최근접 이웃 기법으로 시작해보자. 여타 기 법처럼 고급스럽지는 않지만 매우 강력하다. 이는 모델 기반이 아니기 때문에 데 이터로 학습한다. 그러나 곧 알게 되겠지만 이 아름다움이 분명한 약점이다.

kNN으로 시작하기

이번엔 직접 구현하지 않고 sklearn 툴킷의 알고리즘을 사용하고자 한다. 분류기 는 sklearn.neighbors에 있다. 단순한 2-최근접 이웃 분류기로 시작해보자.

```
>>> from sklearn import neighbors
>>> knn = neighbors.KNeighborsClassifier(n_neighbors=2)
>>> print(knn)
KNeighborsClassifier(algorithm='auto', leaf_size=30,
metric='minkowski', n_neighbors=2, p=2, weights='uniform')
```

모든 에스터메이터estimator와 동일한 인터페이스를 갖는다. fit()를 사용해 훈련하고, predict()를 사용해 새로운 데이터 인스턴스의 범주를 예상할 수 있다.

```
>>> knn.fit([[1],[2],[3],[4],[5],[6]], [0,0,0,1,1,1])
>>> knn.predict(1.5)
array([0])
>>> knn.predict(37)
array([1])
>>> knn.predict(3)
array([0])
```

범주의 확률을 얻고자 하면 predict_proba()를 사용한다. 이번 경우에는 두 범주 0과 1이기 때문에 아래와 같이 두 원소 배열을 반환한다.

```
>>> knn.predict_proba(1.5)
array([[ 1., 0.]])
>>> knn.predict_proba(37)
array([[ 0., 1.]])
>>> knn.predict_proba(3.5)
array([[ 0.5, 0.5]])
```

속성 개선

그럼, 어떤 속성을 분류기에 넣어야 할까? 가장 큰 분별력은 무엇일까?

TimeToAnswer 속성은 이미 meta 딕셔너리에 있으나, 아마도 그 자체에서 많은 값을 제공하지 못할 것이다. Text가 있으나 원시 형태raw form여서, 속성이 수치 형태여야 하는 분류기에 적합하지 않다. 텍스트에서 속성을 뽑아내기 위해 건조한 작업을 해야 한다.

답변 적확성의 대리 값으로 답변의 HTML 링크 수를 확인할 수 있다. 여기서 우리의 가설은 답변 안에 하이퍼링크가 많으면 많을수록 더 나은 답변이고, 따라서 높게 투표되는 경향이 있다는 것이다. 물론, 코드 예제가 아닌 일반 텍스트에서 링크 수를 세고자 한다.

```
import re
code_match = re.compile('<pre>(.*?)</pre>',
                        re.MULTILINE | re.DOTALL)
link_match = re.compile('<a href="http://.*?".*?>(.*?)</a>',
                        re.MULTILINE | re.DOTALL)
tag_match = re.compile('<[^>]*>',
                        re.MULTILINE | re.DOTALL)

def extract_features_from_body(s):
    link_count_in_code = 0
    # 코드 안의 링크 수 세기. 후에 전체에서 코드 링크 수를 뺀다.
    for match_str in code_match.findall(s):
        link_count_in_code += len(link_match.findall(match_str))

    return len(link_match.findall(s)) - link_count_in_code
```

 실제시스템에서는 정규표현식으로 HTML 내용을 분석하지 않는다. 대신에, BeautifulSoup 같은 훌륭한 라이브러리를 사용한다. 이 라이브러리는 HTML에서 일어날 수 있는 모든 기이한 일을 강건하게 처리한다.

여기서, 답변마다 하나의 속성을 만들어낼 수 있다. 분류기를 훈련하기 전에, 분류기를 무엇으로 훈련하는지 살펴보자. 새로운 속성의 빈도 분산을 개괄적으로 볼 수 있다. 데이터에서 일어나는 값의 빈도 백분율을 그려보자. 다음 그래프이다.

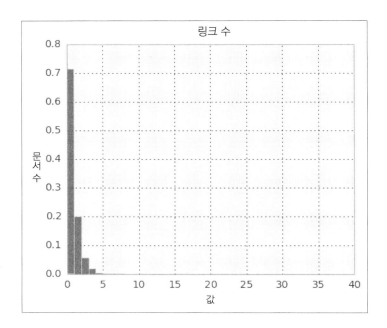

대부분의 게시물에는 링크가 전혀 없다. 이 속성으로 좋은 분류기를 만들 수 없다는 사실을 알 수 있다. 그렇지만, 우리가 어디에 있는지에 대한 첫 번째 추정을 해보자.

분류기 훈련

분류기를 얻기 위해 이전에 정의한 라벨 Y와 속성 배열을 함께 kNN 학습기에 입력하자.

```
X = np.asarray([extract_features_from_body(text) for post_id, text in
                fetch_posts() if post_id in all_answers])
knn = neighbors.KNeighborsClassifier()
knn.fit(X, Y)
```

표준 매개변수를 사용해, 데이터에 대해 5NN(k = 5인 Nearnest Neighbor)으로 고정한다. 왜 5NN일까? 데이터에 대해 현재 우리가 알고 있는 지식으로는, 적절한 k가 무엇인지 아무 실마리가 없다. 일단 통찰력을 더 높히면, k 값을 어떻게 설정할지 더 나은 생각이 나올 수 있다.

분류기의 성능 측정

무엇을 측정할지 명확히 하자. 좀 순박하고 쉬운 방법은 테스트셋에 대한 예상 값 평균을 구하는 방법이다. 결과 값은 예상이 맞지 않을 경우에는 0으로, 적중할 경우에는 1로 나타낸다. 정확도는 knn.score()로 구할 수 있다.

그러나 3장에서 배웠듯이, 단 한 번으로 결과 값을 얻지 않고, 여기서도 sklearn.cross_validation에 이미 구현되어 있는 KFold 클래스를 사용해 교차 검증을 적용하겠다. 마지막으로, 각 중첩fold의 테스트셋을 대상으로 점수들의 평균을 구하고, 표준 편차를 사용해 얼마만큼 다양한지를 알아보자.

```
from sklearn.cross_validation import KFold
scores = []

cv = KFold(n=len(X), k=10, indices=True)

for train, test in cv:
    X_train, y_train = X[train], Y[train]
    X_test, y_test = X[test], Y[test]
    clf = neighbors.KNeighborsClassifier()
    clf.fit(X, Y)
    scores.append(clf.score(X_test, y_test))

print("Mean(scores)=%.5f\tStddev(scores)=%.5f"\
     %(np.mean(scores), np.std(scores)))
```

아래는 결과 값이다:

Mean(scores)=0.50250   **Stddev(scores)=0.055591**

이 결과는 사용할 수 없다. 50%의 정확도는 동전 던지기만큼이다. 분명히 게시물에 있는 링크 수는 게시물의 질을 나타내지 못한다. 이 속성은 구별력이 별로 없다. 적어도, k = 5인 kNN에서는 아니다.

더 많은 속성 디자인하기

하이퍼링크 수와 더불어 코드 라인 수도 게시물의 질을 나타내는 값으로 선택할 수 있는 좋은 값이다. 적어도 게시물 작성자가 질문에 답변하는 데 관심이 있다는 좋은 지시 값이다. 우리는 <pre>...</pre> 태그 안에 포함된 코드를 찾을 수 있다. 일단 이를 추출하고 코드 라인 수를 무시하고 단어 수를 세어보자.

```python
def extract_features_from_body(s):
    num_code_lines = 0
    link_count_in_code = 0
    code_free_s = s

    # 소스 코드 제거하고 라인 수 세기
    for match_str in code_match.findall(s):
        num_code_lines += match_str.count('\n')
        code_free_s = code_match.sub("", code_free_s)

        # 때때로 소스 코드에 세지 않기로 한 링크가 포함되어 있다.
        link_count_in_code += len(link_match.findall(match_str))

    links = link_match.findall(s)
    link_count = len(links)
    link_count -= link_count_in_code
    html_free_s = re.sub(" +", " ",
        tag_match.sub('', code_free_s)).replace("\n", "")
    link_free_s = html_free_s

    # 단어 수 세기 전에 텍스트로 링크 제거
    for link in links:
        if link.lower().startswith("http://"):
            link_free_s = link_free_s.replace(link,'')

    num_text_tokens = html_free_s.count(" ")

    return num_text_tokens, num_code_lines, link_count
```

아래 그래프를 보면, 게시물의 단어 수가 높은 가변성이 있다는 점을 알 수 있다.

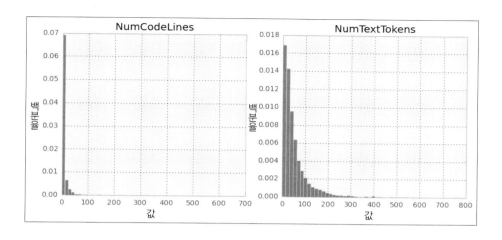

좀 더 많은 속성 공간에서 훈련은 정확도를 약간 더 높였다.

Mean(scores)=0.59800 Stddev(scores)=0.02600

그러나 아직도 대략 10개 중 4개가량이 잘못된 답변이다. 적어도 올바른 진행 방향으로 가고 있다. 더 많은 속성은 더 높은 정확도를 이끌기 때문에 더 많은 속성을 추가해야 한다. 그러므로 더 많은 속성으로 속성 공간을 넓히자.

- AvgSentLen: 이 속성은 문장의 평균 단어 수다. 좋은 게시물이라면 불필요한 긴 문장으로 읽는 사람에게 과부하를 주지 않는다.

- AvgWordLen: 이 속성은 AvgSentLen과 유사하다. 게시물에 포함된 단어의 평균 문자 수다.

- NumAllCaps: 이 속성은 나쁜 스타일로 고려할 수 있는 대문자로 쓰인 단어의 수다.

- NumExclams: 이 속성은 느낌표의 수다.

다음 차트는 문장의 평균, 단어의 길이, 대문자 단어의 수, 느낌표의 수다.

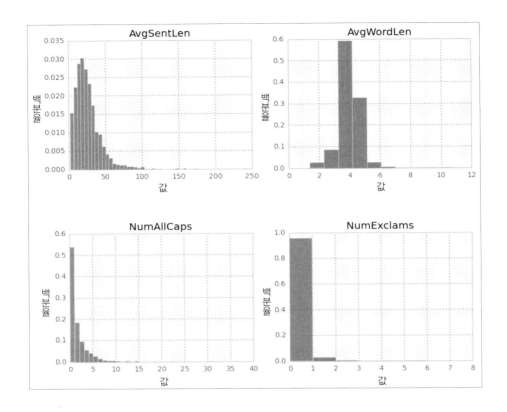

4개의 속성을 추가하여, 각 게시물을 7개의 속성으로 나타낸다. 얼마나 진척이 있는지 보자.

```
Mean(scores)=0.61400 Stddev(scores)= 0.02154
```

결과는 흥미롭다. 속성 4개를 더 추가했으나 결과는 별로 좋아지지 않았다.

어떻게 이런 일이 가능한가?

이를 이해하기 위해, kNN이 어떻게 수행되는지 다시 한 번 생각해보자. 5NN 분류기는 앞서 구성한 7개의 속성(LinkCount, NumTextTokens, NumCodeLines, AvgSentLen, AvgWordLen, NumAllCaps, NumExclams)을 계산해 새로운 게시물의 범주를 결정한다. 최대로 근접한 게시물 5개를 찾는다. 새로운 게시물의 범주는 최근접한 5개 게시물 범주의 다수결에 따라 결정된다. 근접한 게시물은 유클리드 거리를 계산해 결정한다. 명시하진 않았지만, 분류기는 기본 값인 p = 2로 설정되어 초기화됐다. 이 매개변수는 민코프스키Minkowski 거리가 된다. 이는 속성 7개를 모든 동일하게 다룬다는 의미다. 예를 들어, kNN은 실제로 NumTextTokens는 좋지만 NumLinks보다 덜 중요하다라고 학습하지 않는다. 속성이 2개인 두 게시물 A와 B를 생각해보자. 새로운 게시물과 비교해보자.

게시물	NumLinks	NumTextTokens
A	2	20
B	0	25
새로운 게시물	1	23

텍스트보다 링크가 좀 더 의미 있는 값이라고 생각하지만, 게시물 B가 게시물 A보다 더 유사하다고 고려된다.

분명히, kNN은 가용한 데이터를 사용해 정확히 추측하기에는 어렵다.

개선법 결정

이를 개선하는 데는 기본적으로 다음과 같은 방법이 있다.

- 더 많은 데이터 추가: 학습 알고리즘에 필요한 데이터가 충분하지 않거나, 단순히 훈련 데이터를 더 추가할 필요가 있다.

- 모델 복잡성 변경: 모델이 충분히 복잡하지 않거나 너무 복잡하다. 이 경우 최근접 이웃 데이터를 덜 고려하기 위해 k를 줄이고 평활화되지 않은non-smooth 데이터를 더 잘 예측하게 한다. 또는 이와 반대의 결과를 얻고자 k를 증가시킬 수 있다.

- 속성 공간 변경: 속성 수가 적당하지 않을 수 있다. 이를테면, 현재 속성의 범위를 변경하거나 새로운 속성을 고려한다. 또는 일부 속성이 다른 속성 과 유사할 경우 현재 속성 일부를 제거한다.

- 모델 변경: kNN이 일반적으로 우리의 경우와 맞지 않을 수 있다. 모델 복잡 성이나 세련된 속성 공간과 상관없이, 좋은 예상 성능에 도달하지 못한다.

실제 환경에서는 이쯤에서 사람들이 우연히 황금 설정golden configuration을 찾을 수 있다는 희망으로, 위의 선택사항을 임의로 선택하거나 특정 순서 없이 선택을 시도해 현재 성능을 올리고자 한다. 여기서도 그렇게 할 수는 있으나, 정보에 입각한 결정informed decision보다 시간이 더 걸린다. 세련된 경로를 취하기 위해 편향과 변화량의 균형bias-variance tradeoff을 소개할 필요가 있다.

편향과 변화량의 균형

1장 '기계 학습 파이썬으로 시작하기'에서는 데이터를 적합화하기 위해 차원 매개변수인 d를 변경해 다른 복잡한 다항식을 적합화하려고 했다. 2차원 다항식(직선)은 예제 데이터를 적합화하지 못했는데, 그 이유는 데이터가 본래 선형linear이 아니었기 때문이다. 적합화 과정을 어떻게 잘 처리하든 간에 2차원 모델은 모든 것을 직선으로 볼 수밖에 없다. 이러한 현상을 모델이 데이터에 대해 너무 편향되었다고 할 수 있다. 즉 과소적합화under-fitting다.

차원을 다뤘을 때 100차원 다항식은 훈련 데이터일 경우 실제로 데이터에 너무 잘 적합화됐다(그때에는 훈련 테스트 나누기를 알지 못했다). 그러나, 곧 너무 적합화됐음을 알게 되었다. 이는 과적합화over-fitting이고, 100차원 다항식은 다른 예제에서는 나쁜 영향이 있었다. 이 모델은 주어진 데이터에 대해 변화량variance이 너무 높았다. 이를 과적합화라 한다.

이는 대부분의 기계 학습 문제가 안고 있는 극단이다. 이상적으로는 편향과 변화량이 낮기를 바란다. 그러나 이 험난한 세상에서는 균형을 잘 잡아야 한다. 한쪽의 성능을 높이면 다른 쪽은 엉망이 될 수 있다.

고편향 고치기

고편향high bias에 빠져 있다고 생각해보자. 이 경우, 훈련 데이터를 추가해도 도움이 되지 않는다. 속성을 제거하는 작업 역시 모델이 이미 너무나 단순화되어 있기 때문에 도움이 되지 않는다.

이 경우 가능성은 더 많은 속성을 구하거나 모델을 더 복잡하게 하거나 아니면 모델을 변경하는 것이다.

고변화량 고치기

반대로 고변화량high variance에 빠져 있다면, 이는 모델이 데이터에 대해 너무 복잡하다는 의미다. 이 경우, 복잡성을 줄이거나 더 많은 데이터를 얻어야 한다. 즉 k를 늘려 더 많은 이웃을 구하거나 속성을 줄여야 한다.

고편향 혹은 저편향

실제 우리의 문제점을 찾기 위해서는 데이터 크기에 따라 훈련 오차와 테스트 오차를 그려봐야 한다.

고편향은 전형적으로 초기에는 테스트 오차가 줄어들면서 나타나지만, 데이터 셋 크기가 증가함에 따라 훈련 데이터와 함께 매우 큰 값으로 유지된다. 두 곡 선 간의 큰 차이로 고변화량을 인식할 수 있다.

5NN의 각기 다른 데이터 크기에 따른 오차의 도식화는 훈련과 테스트의 큰 오차를 보여주는데, 이는 고변화량에 대한 힌트다. 다음 그래프를 참고하자.

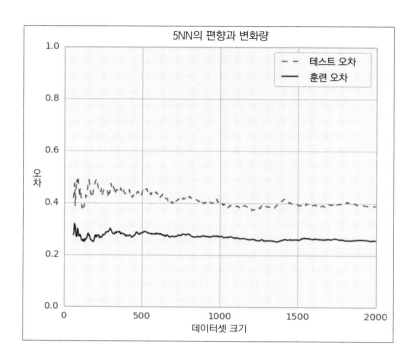

이 그래프를 보면 훈련 데이터를 더 추가한다고 해서 도움이 되지 않는다는 사실을 쉽게 파악할 수 있다. 점선에 해당하는 테스트 훈련 오차는 0.4 위에 있다. k를 증가시키거나 속성 공간을 감소시켜 복잡성을 내리는 선택을 할 수 있다.

여기서는 속성 공간을 줄이는 작업이 도움이 되지 않는다. 이는 LinkCount와 NumTextTokens의 속성 공간을 단순화한 그래프를 그려 쉽게 확인이 가능하다. 다음 그래프를 참고한다.

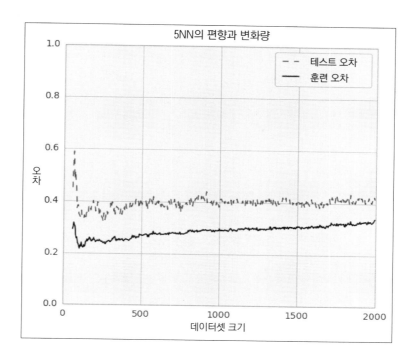

그 밖의 작은 속성 집합으로도 비슷한 그래프를 얻을 수 있다. 어떤 속성의 부분집합을 취하더라도 그래프에는 별 차이가 없다.

어쨌든 k를 증가시켜 모델 복잡성을 줄이면 약간의 긍정적인 영향은 얻을 수 있다. 아래 표로 설명된다.

k	평균(점수)	표준 편차(점수)
40	0.62800	0.03750
10	0.62000	0.04111
5	0.61400	0.02154

하지만 이는 충분하지 않다. 낮은 분류 실행 성능이 문제가 된다. 예를 들어, k=90이면 오차가 제일 낮다. 새로운 게시물을 분류하기 위해서는, 이 게시물이 괜찮은지 아닌지 판단하기 위해 40개의 최근접 게시물을 찾아야 한다.

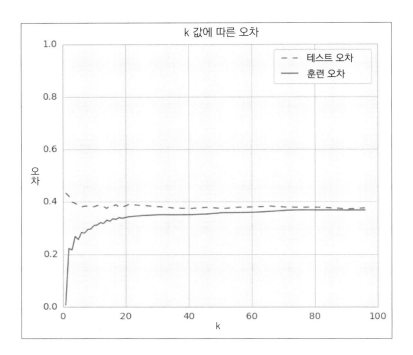

명확하게, 우리의 시나리오에 최근접 이웃 알고리즘을 사용하면 이러한 문제점에 직면한다. 또 다른 실제 단점도 있는데, 시간이 흐르면서 시스템에 게시물이 더 많이 쌓인다는 점이다. 최근접 이웃 알고리즘은 인스턴스 기반 접근 방법이기 때문에 모든 게시물을 시스템에 저장해야 한다. 게시물이 많아 질수록 예측은 점점 더 느려진다. 데이터로부터 모델을 유도하는 모델 기반 접근 방법은 차이점이 여기에 있다.

최근접 이웃 알고리즘 접근 방법을 포기해야 하는 이유와 함께 좀 더 나은 분류를 찾아보자. 물론, 생각지 못한 황금 속성이 있는지도 모른다. 그러나 지금은 텍스트 기반 분류 시나리오에 아주 적합하다고 알려진 또 다른 분류 기법으로 이동해보자.

로지스틱 회귀

이름과 달리, 로지스틱 회귀logistic regression는 분류 기법이다. 텍스트 기반 분류에 적용될 때 매우 강력하다. 이름의 유래와 같이 로지스틱 함수에 회귀를 수행해 이러한 결과가 성취된다.

간단한 예제와 약간의 수학

로지스틱 회귀의 작동 방법을 이해하기 위해 다음 예제를 보자. x축은 인위적인 속성 값이고, 그에 해당하는 범주 범위인 0과 1로 도식화했다. 그림과 같 이, 데이터는 좀 노이즈하여 범주는 속성 1에서 6까지의 구간에서 겹친다. 그 래서 바로 이산적인 범주로 모델화하기보다는 속성 값이 범주 1에 속한 확률 P(X)를 사용하는 편이 좋다. 일단 이런 모델을 가지면, P(X) > 0.5인 경우 범주는 1로, 그 외의 경우는 0으로 예상이 가능하다.

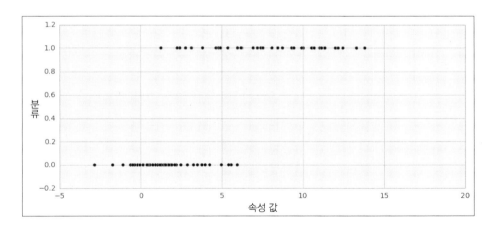

수학적으로, 유한 범위에서 이산적 라벨 0과 1로 된 모델을 찾는 작업은 쉽지 않다. 그러나 결과가 0과 1 사이에 머물도록 확률을 변경할 수 있는데, 오즈비odds ratio와 그에 대한 로그logarithm가 필요하다.

속성이 범주 1에 속할 확률은 0.9이고 P(y=1) = 0.9로 나타낸다. 이때 오즈비는 P(y=1)/P(y=0) = 0.9/0.1 = 9이다. 이 속성이 범주 1로 대응될 확률은 9:1이다.

P(y=0.5)라면 결과적으로 이 속성이 범주 1에 대응될 확률은 1:1이 된다. 오즈비의 범위는 0부터 무한대까지다(다음 그림에서 왼쪽). 이 결과 값에 로그를 취하면 0과 1 사이의 모든 확률은 음의 무한대부터 양의 무한대로 대응된다(다음 그림에서 오른쪽). 가장 훌륭한 부분은 확률이 높을수록 오즈의 로그 값이 높아지는 관계를 유지한다는 점이다. 더 이상 0 또는 1로 제한되지 않는다.

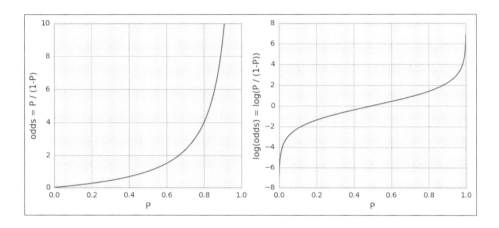

속성의 선형 조합으로 로그 값으로 적합화가 가능하다(자, 하나의 속성과 하나의 상수를 가지고 있지만 곧 변경한다). 다음과 같이 1장 '기계 학습 파이썬으로 시작하기'의 1차 방정식을 고려해보자. $y_i = c_0 + c_1 x_i$를 $log\left(\dfrac{p_i}{1-p_i}\right) = c_0 + c_1 x$로 변환 가능하다(y를 log(odds)로 대체).

p_i로 방정식을 풀면 $p_i = \dfrac{1}{1+e^{-(c_0+c_1x_i)}}$과 같은 공식을 얻는다.

이 공식이 (x_i, p_i)에 대해 가장 낮은 오차를 갖도록 적절한 계수를 찾으면 된다. scikit-learn으로 수행하면 된다.

적합화 한 후, 공식은 범주 1에 속하는 새로운 모든 데이터 점 x에 대해 범주 1에 속한 확률 값을 준다.

```
>>> from sklearn.linear_model import LogisticRegression
>>> clf = LogisticRegression()
>>> print(clf)
```

```
LogisticRegression(C=1.0, class_weight=None, dual=False,
fit_intercept=True, intercept_scaling=1, penalty=l2, tol=0.0001)
>>> clf.fit(X, y)
>>> print(np.exp(clf.intercept_), np.exp(clf.coef_.ravel()))
[ 0.09437188] [ 1.80094112]
>>> def lr_model(clf, X):
...     return 1 / (1 + np.exp(-(clf.intercept_ + clf.coef_*X)))
>>> print("P(x=-1)=%.2f\tP(x=7)=%.2f"%(lr_model(clf, -1),
lr_model(clf, 7)))
P(x=-1)=0.05 P(x=7)=0.85
```

scikit-learn은 특별 필드인 intercept_로 첫 번째 계수를 나타낸다.

적합화된 모델을 그려보면, 모델은 주어진 데이터를 잘 표현한다.

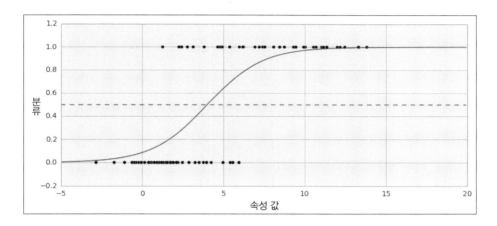

로지스틱 회귀를 게시물 분류에 적용

이전 절의 예제는 로지스틱 회귀의 아름다움을 보여주고자 만들어졌다. 그럼, 극단적으로 노이즈한 데이터에서는 어떻게 수행될까?

최적의 최근접 이웃 분류기(k=40)를 기준점으로 새로운 분류기와 비교해보면, 좀더 나은 수행을 보여주지만 상황이 크게 개선되진 않았다.

기법	평균(점수)	표준 편차(점수)
LogReg C=0.1	0.64650	0.03139
LogReg C=1.00	0.64650	0.03155
LogReg C=10.00	0.64550	0.03102
LogReg C=0.01	0.63850	0.01950
40NN	0.62800	0.03750

정규화 매개변수인 C의 값에 따라 정확도가 다르다. 이 값으로 모델의 복잡성을 조절할 수 있는데, 최근접 이웃 방법의 매개변수 k 값과 유사하다. C 값이 작을수록 모델 복잡성의 벌칙이 높아진다.

C = 0.1인 최적 후보자의 편향과 변화량을 보면 모델이 고편향되어 있다. 테스트 오차와 훈련 오차의 차이가 크지 않기 때문에 고변화량이라고 말할 수 없다. 이로써 로지스틱 회귀는 현재 속성 공간에서 미적합화되어 있고 모델이 데이터를 정확히 수집하지 못했다.

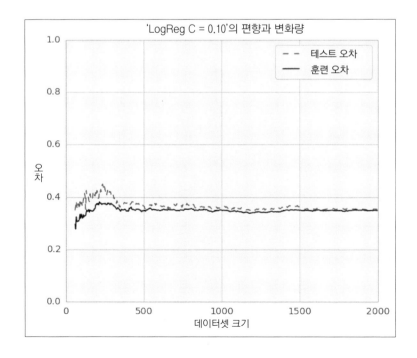

그럼 이제 와서 어떻게 하겠는가? 우리는 모델을 변경했고 현재 우리 지식 내에서 모델을 조율했으나 분류기를 받아들일 수 없다.

이 작업의 데이터가 너무 노이즈하거나, 속성 집합이 범주를 구분하기에 충분하지 않을 수 있다.

정확도 좀 더 보기: 정밀도와 재현율

이쯤에서 한 걸음 물러나, 성취하고자 하는 바를 다시 생각해보자. 실제로는, 정확도를 이용해 지금까지 모델을 측정했던 것처럼 분류기가 좋은 게시물과 형편없는 게시물을 완벽하게 예측할 필요는 없다. 분류기가 하나의 범주를 특별히 잘 예측하도록 조율한다면, 그에 맞춰 사용자에게 취할 피드백을 채택할 수 있다. 예를 들어 좋지 않은 답변을 예상할 때 항상 맞는 분류기가 있다면, 분류기가 좋지 않은 답변이라고 감지하기 전까지 피드백을 주지 않는다. 반대로, 분류기가 좋은 답변이 될 것을 성공적으로 예측한다면 시작 시 사용자에 게 좋은 코멘트를 보여줄 수 있고 답변이 좋다고 분류기가 말할 때 코멘트를 제거할 수도 있다.

우리의 상황이 어떤지 알기 위해서는 정밀도precision와 재현율recall의 측정 방법을 이해해야 하는데, 이를 이해하려면 다음 표에서 나눈 네 가지 분류 결과를 좀 더 봐야 한다.

		범주로서	
		긍정(Positive)	부정(Negative)
실제로서	참(Positive)	참 긍정(TP)	거짓 부정(FN)
	거짓(Negative)	거짓 긍정(FP)	참 부정(TN)

이를테면, 분류기가 긍정positive으로 인스턴스를 예측했고 실제로 인스턴스가 참이라면 참 긍정true positive 인스턴스다. 한편, 분류기는 잘못 예측했지만 실제에서는 참일 경우 거짓 부정false negative이라고 한다.

게시물이 괜찮거나 좋지 않다고 예측할 때는 높은 성공률을 원한다. 그러나 둘 다 필요하진 않다. 즉 가능한 한, 참 긍정이 많으면 좋다. 이 값은 정밀도로 나타난다.

$$정밀도 = \frac{TP}{TP + FP}$$

대신에 가능한 한, 괜찮거나 형편없는 답변 모두를 감지하려는 목적이라면 재현율에 더 관심이 갈 수 있다.

$$재현율 = \frac{TP}{TP + FN}$$

다음 그림은 좋은 답변으로 분류된 답변과 좋은 답변 모두를 보여준다.

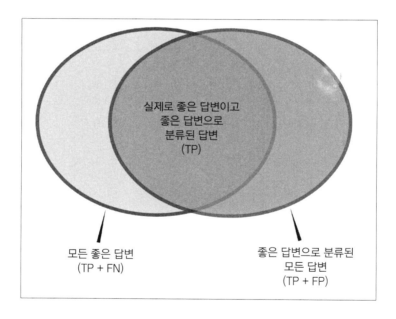

위 다이어그램의 관점에서, 정밀도는 오른쪽 원과 공집합의 일부이고 재현율은 왼쪽 원과 공집합의 일부가 된다.

그럼 정밀도를 어떻게 최적화할까? 지금까지는 답변이 좋은지 별로인지 판단 하는 경계를 0.5로 사용했다. 이제 이 경계를 0에서 1까지 변경해 TP, FP, FN 인스턴스의 수를 세는 작업을 할 수 있다. 이 개수로 정밀도와 재현율을 다시 도식화하자.

다음 코드처럼 metrics에 있는 precision_recall_curve()라는 편리한 함수가 모든 계산을 다 한다.

```
>>> from sklearn.metrics import precision_recall_curve
>>> precision, recall, thresholds = precision_recall_curve(y_test,
        clf.predict(X_test))
```

수용할 만한 성능으로 한 범주를 예측한다고 해서 그 밖의 범주에 대한 예측도 수용할 만하다고 말할 수는 없다. 다음은 별로인 답변의 범주(다음 그림의 왼 쪽)와 괜찮은 답변의 범주(다음 그림의 오른쪽)에 대한 정밀도/재현율 곡선을 그린 두 그래프다.

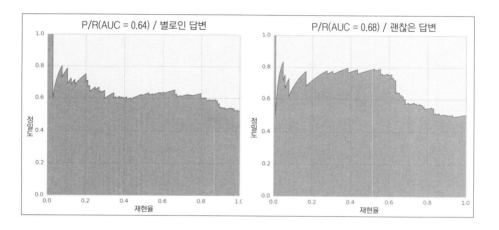

 위 그래프는 곡선 아래 면적(AUC, area under curve)으로 분류기의 성능을 더 잘 설명하고 있다. 분류기의 평균 정밀도로서 이해가 가능하며, 다른 분류기와 비교하는 좋은 방법이다.

별로인 답변의 예측에 대해서는 잊자(왼쪽 그림). 별로인 답변을 예측하는 정밀도가 급격하게 감소하고, 재현율 값이 매우 낮고, 수용하기 힘든 60% 이하의 상태가 되기 때문이다.

그러나 괜찮은 답변에 대한 예상은 80% 이상의 정밀도를 보이고, 이때 거의 40%

의 재현율을 얻을 수 있다. 이것에 필요한 경계값을 찾아보자. 다른 중첩에 대해 많은 분류기를 훈련했기 때문에, 실질적인 관점을 가지기 위해 너무 좋거나 나쁘지 않은 분류기를 찾아야 한다.

```
>>> medium = np.argsort(scores)[int(len(scores) / 2)]
>>> thresholds = np.hstack(([0],thresholds[medium]))
>>> idx80 = precisions>=0.8
>>> print("P=%.2f R=%.2f thresh=%.2f" % (precision[idx80][0],
                                    recall[idx80][0], threshold[idx80]
[0]))
P=0.80 R=0.37 thresh=0.59
```

경계를 0.59으로 설정하면, 80% 이상의 정밀도를 얻을 수 있고 37%라는 낮은 재현율을 받아들일 경우 좋은 답변을 감지할 수 있다. 이는 좋은 답변 3개 중 하나만을 찾아내지만, 발견한 좋은 답변은 참으로 좋은 답변이라고 합리적으로 확신할수 있다. 나머지에 대해서는, 일반적으로 답변을 향상할 수 있는 추가적인 힌트를 출력할 수 있다.

예측 과정에서 경계를 적용하기 위해서는 범주 자체를 반환하는 predict() 대신에 범주 확률을 반환하는 predit_proba()를 사용해야 한다.

```
>>> thresh80 = threshold[idx80][0]
>>> probs_for_good = clf.predict_proba(answer_features)[:,1]
>>> answer_class = probs_for_good>thresh80
```

classification_report를 사용해 원하는 정밀도/재현율을 나타낸다.

```
>>> from sklearn.metrics import classification_report
>>> print(classification_report(y_test, clf.predict_proba [:,1]>0.63,
target_names=['not accepted', 'accepted']))
```

	precision	recall	f1-score	support
not accepted	0.59	0.85	0.70	101
accepted	0.73	0.40	0.52	99
avg / total	0.66	0.63	0.61	200

경계 사용은 이전에 경계로 결정했던 위의 정밀도와 재현율을 항상 보장하지는 못한다.

분류기 군살 빼기

개별 속성의 실제 기여도는 살펴볼 만한 가치가 있다. 로지스틱 회귀에서 속성의 영향을 알기 위해 학습 계수learned coefficients(clf.coef_)를 직접적으로 구할 수 있다. 속성의 계수가 높을수록 답변이 괜찮은지 않은지를 결정하는 데 더 중요한 역할을 한다. 결과적으로, 음의 계수는 해당 속성의 값이 좀 더 높을수록 별로인 답변으로 분류된다는 강한 신호임을 보여준다.

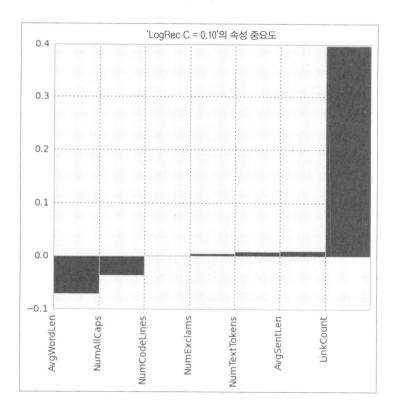

LinkCount나 NumExclams는 전체적으로 분류 결정에 가장 큰 영향을 미치는 속성이다. 반면, NumImages와 AvgSentLen은 다소 적은 역할을 한다. 중요도가 높은 속성은 이해할 수 있지만 NumImages가 본질적으로 무시되는 것은 좀 의아하다. 일반적으로 이미지가 포함된 답변은 높은 등급이 매겨진다. 실제로는 답변에 이미지는 별로 없다. 원칙적으로는 영향력이 매우 큰 속성이지만, 그 값이 너무 드물다. 이러한 속성을 과감하게 포기해도 비슷한 분류 성능을 유지할 수 있다.

배포

이제까지 만든 분류기를 사이트에 통합하려 한다고 가정하자. 분류 서비스를 시작할 때마다 훈련시키길 원하지 않는다. 대신에, 훈련시킨 분류기를 직렬화serialize한 후 사이트에서 역직렬화deserialize한다.

```
>>> import pickle
>>> pickle.dump(clf, open("logreg.dat", "w"))
>>> clf = pickle.load(open("logreg.dat", "r"))
```

축하한다. 분류기가 훈련이 되면 사용할 수 있는 준비된다.

정리

완성했다! 매우 노이즈한 데이터셋에 대해 우리 목적을 적당히 만족시키는 분류기를 만들었다. 물론, 현실적으로 성취할 수 있는 목표로 세웠어야 했다. 그러나 이 과정에서 최근접 이웃과 로지스틱 회귀 알고리즘의 장단점을 배웠다. 이를테면 LinkCount, NumTextTokens, NumCodeLines, AvgSentLen, AvgWordLen, NumAllCaps, NumExclams, NumImages 같은 속성을 어떻게 추출해야 하는지 알아봤고, 이들이 분류기 성능에 어떻게 영향을 미치는지 분석했다.

그러나 더 가치 있는 내용은 분류기에 좋지 않은 수행을 어떻게 찾아야 하는지 정보에 입각한 방법을 배웠다는 사실이다. 이는 미래에 좀 더 빠르고 유용한 시스템을 만드는 데 도움이 된다.

최근접 이웃과 로지스틱 회귀 알고리즘에 대해 알아봤으니, 다음 6장에서는 간단하지만 강력한 분류 알고리즘인 나이브 베이즈를 살펴보자. 이 과정에서 scikit-learn의 편리한 툴 사용법도 알아보겠다.

6

분류: 감성 분석

회사 입장에서는 새 제품 출시나 공보 같은 중요 이벤트에 대중의 반응을 주의 깊게 살피는 일이 필수적이다. 트위터Twitter에서는 사용자가 쓴 트윗tweet을 실시간으로 쉽게 접근할 수 있어 감성 분류를 할 수 있다. 이를 오피니언 마이닝opinion mining이라고 하는데, 몇몇 회사가 이미 관련 제품을 판매하고 있는 매우 활발한 연구 분야다. 높은 시장성은, 독립적인 감성 분류기를 만들기 위해 5장에서 만들었던 분류 기술을 사용할 충분한 동기가 된다.

큰 그림 그리기

트윗의 감성 분석은 특히 어렵다. 트위터 문자 수가 최대 140자이기 때문이다. 사용자들은 특수한 문법, 창조적인 약어, 잘 형식화되지well-formed 않은 문장을 많이 사용한다. 문단마다 감성 정보를 모으고 문서의 전체 감성을 계산하는 전형적인 문장 분석 접근법은 여기서는 제대로 통하지 않는다.

최신의 감성 분석기를 만들고자 하진 않는다. 다음에 초점을 두겠다.

- 나이브 베이즈Naïve Bayes 같은 또 다른 분류 알고리즘을 소개하는 도구로써 이번 시나리오를 사용한다.
- 품사POS, Part Of Speech 태깅이 어떻게 작동하고 도움이 되는지 설명한다.
- 이따금씩 편리한 scikit-learn 툴박스에 있는 쓸모 있는 기능을 사용한다.

트위터 데이터 가져오기

당연하게도, 트윗과 트윗이 부정적, 긍정적, 중립적인 감정인지를 알려주는 라벨이 필요하다. 6장에서는 5,000개 이상의 트윗에 수작업으로 라벨을 붙이고 사용을 허락한 닉 샌더스Niek Sanders의 말뭉치[1]를 사용하고자 한다.

트위터의 서비스 조건을 따라, 트위터의 어떠한 데이터도 제공하지 않고 트윗도 보이지 않게 한다. 대신에, 샌더스의 수작업 라벨 데이터를 사용한다. 이 데이터에는 트윗 ID와 수작업 라벨 감성이 있다. 그의 스크립트 install.py를 사용해 해당 트위터 데이터를 가져올 수 있다.[2] 이 스크립트는 트위터 서비스와 잘 작동하기 때문에 5,000개 이상의 트윗을 모두 가져오는 데 시간이 약간 걸린다. 지금부터 시작해보자.

데이터에는 네 가지 감성 라벨이 있다.

```
>>> X, Y = load_sanders_data()
>>> classes = np.unique(Y)
>>> for c in classes: print("#%s: %i" % (c, sum(Y==c)))
#irrelevant: 490
#negative: 487
#neutral: 1952
#positive: 433
```

---

1 http://www.sananalytics.com/lab/twitter-sentiment/에서 sanders-twitter-0.2.zip을 내려받을 수 있다. – 옮긴이

2 트위터의 API 변경으로 직접 데이터를 가져올 수 없다. https://dev.twitter.com/apps/new에서 새로운 애플리케이션을 만든 후 CONSUMER_KEY, CONSUMER_SECRET, ACCESS_TOKEN_KEY, ACCESS_TOKEN_SECRE 키를 ch06/twitterauth.py 파일에 넣은 후 커맨드라인에서 python install.py를 실행해 가져오길 바란다. – 옮긴이

관련이 없거나, 중립적이거나, 영어로 되어 있지 않은 트윗을 제외하면 총 3,362개가 남는다.

트윗이 삭제되거나 개인 설정으로 해 두면, 실제 위와 같은 수치와 다룰 수 있다. 이런 다른 수치와 트윗 관계로 인해 앞으로 할 실험 결과가 약간 달라질 수 있다. 이러한 트윗은 트위터가 제공하는 데이터를 사용해 쉽게 여과할 수 있다.

나이브 베이즈 분류기 소개

나이브 베이즈Naïve Bayes는 실제 사용에서도 가장 명쾌한 기계 학습 알고리즘 중 하나다. 그 이름에도 불구하고, 분류 성능을 보면 전혀 순박하지 않다. 상관없는 속성에 대해 꽤 강건하다고 증명되었다. 빠르게 학습하고 배운 대로 예측한다. 많은 저장 공간도 필요 없다. 그럼 왜 '순박하다naive'라고 불릴까?

'나이브naïve'는 베이즈가 최적으로 작동하는 데 필요한 하나의 가정, 즉 모든 속성은 서로 독립이다라는 가정을 설명하고자 붙여졌다. 그러나 이 가정은 실세계 애플리케이션에서 매우 드물다. 그럼에도 불구하고, 독립 가정이 유효하지 않을 때조차 실제로 매우 괜찮은 정확도를 만든다.

베이즈 정리

나이브 베이즈 분류의 핵심은, 분류의 관찰 값evidence을 고려해 속성을 파악하는 정도가 전부다. 속성을 고안한 방법이 학습에 사용한 모델을 결정한다. 베르누이Bernoulli 모델은 불린 속성만 다룬다. 즉, 트윗에서 한 단어가 한번 출현하든 여러 번 출현하든 상관없이 출현하면 참이고 출현하지 않으면 거짓이다. 대조적으로, 다항Multinomial 모델은 속성으로 단어 횟수를 사용한다. 여기서는, 나이브 베이즈로 감성 분석을 어떻게 할지 알아보기 위해 베르누이 모델을 사용하겠다. 차후, 다항 모델을 분류기로 설정하여 조율해보자.

나이브 베이즈를 설명할 다음 변수의 의미를 상정해보자.

변수	의미
C	트윗의 범주(긍정 또는 부정)
F_1	트윗에서 단어 'awesome'가 한번이라도 출현한다.
F_2	트윗에서 단어 "crazy"가 한번이라도 출현한다.

훈련하는 동안, 속성 F_1와 F_2를 알고 있을 때 범주 C에 대한 확률인 나이브 베이즈 모델을 만든다. 이 확률은 $P(C|F_1, F_2)$이다.

이 값을 바로 추정할 수가 없기 때문에 베이즈로 찾을 수 있는 약간의 편법을 적용한다.

$$P(A) \cdot P(B|A) = P(B) \cdot P(A|B)$$

A를 두 속성 F_1인 'awesome'과 F_2인 'crazy'의 확률로 대체하고 B를 범주 C로 대체하여, 데이터 인스턴스가 특정한 범주에 속할 확률을 구할 수 있는 관계식을 구한다.

$$P(F_1, F_2) \cdot P(C|F_1, F_2) = P(C) \cdot P(F_1, F_2|C)$$

$P(C|F_1, F_2)$를 위의 식을 변형하여 구한다.

$$P(C|F_1, F_2) = \frac{P(C) \cdot P(F_1, F_2|C)}{P(F_1, F_2)}$$

다음과 같이 나타낼 수 있다.

$$posterior = \frac{prior \cdot likelihood}{evidence}$$

(posterior=사후, prior=사전, likelihood=공산, evidence=관찰 값)

사전prior과 관찰 값evidence 값은 쉽게 결정된다.

- $P(C)$는 데이터에 대한 정보가 없는 C 범주의 사전 확률이다. 이 값은 특정 범주에 속한 모든 훈련 데이터 인스턴스의 비율로 구할 수 있다.

- $P(F_1, F_2)$는 관찰 값이거나 속성 F_1과 F_2의 확률이다.

교묘한 부분은 $P(F_1, F_2|C)$ 공산의 계산이다. 이 값은 데이터 인스턴스의 범주가 C일 때, F_1과 F_2가 나타날 수 있는 확률이다. 이 값을 추정하기 위해, 좀 더 생각해보자.

순박함

확률 이론으로부터, 다음의 관계식도 알 수 있다.

$$P(F_1, F_2|C) = P(F_1|C) \cdot P(F_2|C, F_1)$$

그러나 이 식 하나로는 그다지 도움이 되지 않는데, 하나의 어려운 문제($P(F_1, F_2|C)$ 추정하기)와 또 다른 문제($P(F_2|C, F_1)$ 추정하기)를 다뤄야 하기 때문이다.

그렇지만 F_1과 F_2가 서로 독립이라고 순박하게 가정한다면 $P(F_2|C, F_1)$를 $P(F_1, F_2|C)$로 단순화할 수 있고, 다음과 같이 나타낼 수 있다.

$$P(F_1, F_2|C) = P(F_1|C) \cdot P(F_2|C)$$

모두 합하면, 꽤 단정한 식이 구해진다.

$$P(C|F_1, F_2) = \frac{P(C) \cdot P(F_1|C) \cdot P(F_2|C)}{P(F_1, F_2)}$$

흥미롭게도, 가정을 단순히 살짝 변경해서 이론적으로는 맞지 않지만 실세계 문제에서는 놀랍게도 잘 작동한다.

나이브 베이즈를 사용한 분류

새로운 트윗을 고려해, 남은 부분의 확률을 계산해야 한다.

$$P(C = "pos"|F_1, F_2) = \frac{P(C = "pos") \cdot P(F_1|C = "pos") \cdot P(F_2|C = "pos")}{P(F_1, F_2)}$$

$$P(C = "neg"|F_1, F_2) = \frac{P(C = "neg") \cdot P(F_1|C = "neg") \cdot P(F_2|C = "neg")}{P(F_1, F_2)}$$

좀 더 높은 확률을 갖는 c_{best} 범주를 선택한다.

두 범주 모두 분모가 $P(F_1, F_2)$로 같기 때문에 단순히 이를 무시할 수 있다.

하지만 더 이상 어떤 실제 확률도 계산하지 않는다는 점을 참고하자. 대신, 관찰 값을 고려해 어떤 범주가 더 적합하지 추정하고 있다. 이것은 왜 나이브 베이즈가 강건한지를 보여준다. 실제 확률에 관심을 갖는게 아니라 범주가 될 법한 정보에 관심을 갖는다. 간략하게, 다음과 같은 식으로 나타낼 수 있다.

$$c_{best} = \underset{c \in C}{\operatorname{argmax}} \; P(C = c) \cdot P(F_1 | C = c) \cdot P(F_2 | C = c)$$

모든 C의 범주(우리의 경우 pos와 neg)에 대해 'argmax' 뒷부분을 계산하고 가장 큰 값이 되는 범주를 찾는다.

그러면, 다음 예제에서 실제 확률을 이용해 나이브 베이즈가 어떻게 작동되는지 계산을 해보자. 단순하게 하기 위해, 트위터는 이전에 이야기했던 단 두 단어('awesome'과 'crazy')만 취하고 일부 트윗은 이미 수동으로 분류했다고 가정하자.

트윗	범주
awesome	긍정적(pos) 트윗
awesome	긍정적 트윗
awesome crazy	긍정적 트윗
crazy	긍정적 트윗
crazy	부정적(neg) 트윗
crazy	부정적 트윗

이 예제에서 실제로 자주 볼 수 있는 일종의 애매성을 흉내내기 위해 긍정적, 부정적 트윗에 모두 'crazy'를 넣었다(예를 들어, 축구광being soccer crazy 대 미친녀석a crazy idiot).

이 경우 트윗은 모두 6개이며 이 중에서 4개는 긍정적, 2개는 부정적이다. 그 결과 다음과 같은 사전 확률을 알 수 있다.

$$P(C = "pos") = \frac{4}{6} \cong 0.67$$

$$P(C = "neg") = \frac{2}{6} \cong 0.33$$

이를 통해, 트윗에 대한 아무 정보가 없을 때 '트윗은 긍정적이다'라고 가정하면 현명하다.

범주 C일 때 속성 F_1일 확률 $P(F_1|C)$와 속성 F_2일 확률 $P(F_2|C)$에 대한 계산이 아직 빠져 있다.

이 값은 범주 C에 속하며 특정한 속성이 있는 트윗의 수를 범주 C에 속한 모든 트윗의 수로 나눈 값이다. '긍정적'인 범주로 알고 있는 트윗에서 'awesome'이 한 번이라도 나타날 확률을 얻고자 한다면 다음 식으로 구한다.

$$P(F_1 = 1|C = "pos") = \frac{\text{'awesome'이 포함된 pos 트윗의 수}}{\text{pos 트윗의 수}} = \frac{3}{4}$$

4개의 긍정적인 트윗 중에 'awesome'이라는 단어가 있는 트윗이 3개이기 때문에, 긍정적 트윗 중 'awesome'이 없을 확률을 역으로 구할 수 있다.

$$P(F_1 = 0|C = "pos") = 1 - P(F_1 = 1|C = "pos") = 0.25$$

나머지도 유사하다(트윗에 단어가 없는 경우는 생략한다).

$$P(F_2 = 1|C = "pos") = \frac{2}{4} = 0.5$$

$$P(F_1 = 1|C = "neg") = \frac{0}{2} = 0$$

$$P(F_2 = 1|C = "neg") = \frac{2}{2} = 1$$

다음 트윗 예제에서 실제 확률을 볼 수 있도록 나머지 결과도 계산해보자. F_1과 F_2의 구체적인 값에 대해 아래와 같이 관찰 값을 구할 수 있다.

$$P(F_1, F_2) = P(F_1, F_2|C = "pos") \cdot P(C = "pos") + P(F_1, F_2|C = "neg") \cdot P(C = "neg")$$

실제 값을 넣으면 다음 값으로 유도된다.

$$P(F_1 = 1, F_2 = 1) = \frac{3}{4} \cdot \frac{2}{4} \cdot \frac{4}{6} + 0 \cdot 1 \cdot \frac{2}{6} = \frac{1}{4}$$

$$P(F_1 = 1, F_2 = 0) = \frac{3}{4} \cdot \frac{2}{4} \cdot \frac{4}{6} + 0 \cdot 0 \cdot \frac{2}{6} = \frac{1}{4}$$

$$P(F_1 = 0, F_2 = 1) = \frac{1}{4} \cdot \frac{2}{4} \cdot \frac{4}{6} + \frac{2}{2} \cdot \frac{2}{2} \cdot \frac{2}{6} = \frac{5}{12}$$

자, 새로운 트윗을 분류하기 위한 모든 데이터를 갖고 있다. 이제 남은 부분은 트윗을 분석하고 속성을 부여하는 작업이다.

트윗	F_1	F_2	범주 확률	분류
"awesome"	1	0	$P(C = "pos"\|F_1 = 1, F_2 = 1) = \dfrac{\frac{3}{4} \cdot \frac{2}{4} \cdot \frac{4}{6}}{\frac{1}{4}} = 1$ $P(C = "neg"\|F_1 = 1, F_2 = 1) = \dfrac{\frac{0}{2} \cdot \frac{2}{2} \cdot \frac{2}{6}}{\frac{1}{4}} = 0$	긍정적
"crazy"	0	1	$P(C = "pos"\|F_1 = 0, F_2 = 1) = \dfrac{\frac{1}{4} \cdot \frac{2}{4} \cdot \frac{4}{6}}{\frac{5}{12}} = \frac{1}{5}$ $P(C = "neg"\|F_1 = 0, F_2 = 1) = \dfrac{\frac{2}{2} \cdot \frac{2}{2} \cdot \frac{2}{6}}{\frac{5}{12}} = \frac{4}{5}$	부정적
"awesome crazy"	1	1	$P(C = "pos"\|F_1 = 1, F_2 = 0) = \dfrac{\frac{3}{4} \cdot \frac{2}{4} \cdot \frac{4}{6}}{\frac{1}{4}} = 1$ $P(C = "neg"\|F_1 = 1, F_2 = 0) = \dfrac{\frac{0}{2} \cdot \frac{2}{2} \cdot \frac{2}{6}}{\frac{1}{4}} = 0$	긍정적

지금까지는 괜찮다. 간단한 트윗의 분류는 정확히 분류한 듯하다. 하지만, 질문이 생긴다. 훈련 말뭉치corpus에 없는 단어를 어떻게 처리해야 할까? 어쨌든, 이전 공식으로는 새로운 단어가 출현하면 확률은 항상 0이 된다.

못 보던 단어에 대한 해명과 다른 특이점

이전에 확률을 계산할 때, 사실 우린 자신을 속였다. 실제 확률을 계산하지 않고 한 부분으로써 근사치를 계산했다. 훈련 말뭉치로 실제 확률에 대한 전체적인 정확한 값을 구할 수 있다고 가정했지만, 그렇지 않다. 6개의 트윗 말뭉치는 사용자가 쓴 모든 트윗에 대한 단어를 보유할 수 없다. 이를테면, 'text'라는 단어가 포함된 트윗이 있고 이 단어는 이전에 본 적이 없다. 명백히, 이 근사치는 터무니 없고 이를 해결해야 한다. '1 더하기 평활화add-one smoothing'를 이용해 처리한다.

 1 더하기 평활화 기법은 가법 평활화(additive smoothing) 또는 라플라스 평활화(Laplace smoothing)라고도 한다. 참고로, 라플라스 평활화는 폴리곤 메시(polygon mesh)의 평활화와 관련된 라플라시안 평활화(Laplacian smoothing)와 관계없다. 1이 아닌, 1보다 작은 매개변수 알파로 평활화할 경우 리드스톤 평활화(Lidstone smoothing)라고 한다.

매우 단순한 기술은 모든 단어(속성) 빈도에 1을 더하는 방법이다. 전체 말뭉치에 없는 단어가 나올 수 있다는 가정이며 특정 단어가 없는 샘플 트윗이 있을 가능성이 있다. 그래서 1 더하기 평활화를 이용해 실제보다 한 번은 출현한 것처럼 여기게 한다. $P(F_1 = 1 | C = \text{"pos"}) = \frac{3}{4} = 0.75$는 다음과 같이 $P(F_1 = 1 | C = \text{"pos"}) = \frac{3 + 1}{4 + 2} = 0.67$로 새롭게 계산한다.

그럼, 왜 분모에는 2를 더하는가? 'awesome'과 'crazy'인 속성이 두 개이기 때문이다. 각 속성에 1을 더했기 때문에 그 결과 값을 다시 확률 값으로 만들기 위해서이다. 총 확률은 1이어야 한다.

$$P(F_1 = 1 | C = \text{"pos"}) + P(F_1 = 0 | C = \text{"pos"}) = \frac{3 + 1}{4 + 2} + \frac{1 + 1}{4 + 2} = 1$$

산술 언더플로 설명

또 다른 문제점이 아직 남아 있는데, 실제로는 간단한 예제에서 다룬 확률보다 훨씬 작다는 점이다. 현실적으로는, 2개보다 훨씬 많은 속성을 사용한다. NumPy가 더 이상 충분히 지원할 수 없는 정확도를 요구한다.

```
>>> import numpy as np
>>> np.set_printoptions(precision=20) # 숫자를 좀 더 표시하게 한다(기본 설정은 8).
>>> np.array([2.48E-324])
array([ 4.94065645841246544177e-324])
>>> np.array([2.47E-324])
array([ 0.])
```

2.47E-324 같은 값은 도대체 어떤 값인가? 그 대답은 조건 확률 값인 0.0001과 거기에 65번을 서로 곱해야 하는 수이다(이는 아주 작은 속성 값이 65개가 있다는 의미한다). 이때, 산술 언더플로arithmetic underflow가 발생한다.

```
>>> x=0.00001
>>> x**64 # 현재까지 괜찮다.
1e-320
>>> x**65 # 문제가 발생한다.
0.0
```

파이썬의 float는 일반적으로 C 언어의 double 형으로 구현됐다. 여러분의 플랫폼을 확인하려면 다음과 같이 입력한다.

```
>>> import sys
>>> sys.float_info
sys.float_info(max=1.7976931348623157e+308, max_exp=1024,
max_10_exp=308, min=2.2250738585072014e-308, min_exp=-1021,
min_10_exp=-307, dig=15, mant_dig=53, epsilon=2.220446049250313e-16,
radix=2, rounds=1)
```

이를 해결하기 위해, mpmath(http://code.google.com/p/mpmath) 같은 수학 라이브러리로 변경해도 좋다. 하지만 NumPy를 대체할 만큼 빠르지는 않다.

다행스럽게도, 이를 처리하는 가장 좋은 방법이 있다. 학교에서 배워 아직 알고 있을 법한 괜찮은 관계식으로 다루면 된다.

$$\log(x \cdot y) = \log(x) + \log(y)$$

우리의 경우에 적용하면 다음과 같다.

$$\log P(C) \cdot P(F_1|C) \cdot P(F_2|C) = \log P(C) + \log P(F_1|C) + \log P(F_2|C)$$

확률이 0과 1 사이에 있으므로, 확률의 로그 값은 $-\infty$와 0 사이에 놓인다. 약간 놀랄 수도 있다. 높은 수치들은 올바른 범주에 대한 강력한 지표다(지금 이 값들은 단지 음수다).

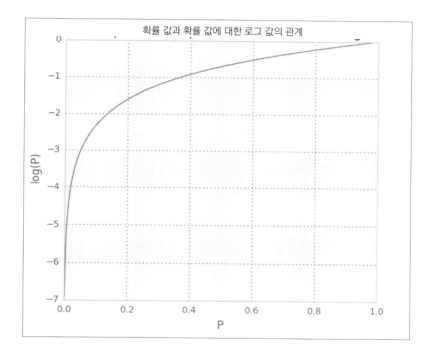

조심해야 할 사항이 하나 있는데, 식에는 실제로 $\log$가 없다(이전 분수 부분)는 점이다. 단지 확률의 곱을 갖는다. 우리의 경우, 실제 확률 값에는 관심이 없고 단순히 가장 높은 사전 확률을 갖는 범주를 알길 원한다. 운이 좋다. 왜냐하면 $P(C = "pos"|F_1, F_2) > P(C = "neg"|F_1, F_2)$을 구할 수 있으면 $\log P(C = "pos"|F_1, F_2) > \log P(C = "neg"|F_1, F_2)$도 구할 수 있다.

이전 그래프를 간략하게 보면, 곡선은 단순 증가하여, 왼쪽에서 오른쪽으로 가도 곡선은 절대 내려가지 않는다. 요약하면, 이전에 사용했던 식을 살펴보자.

$$c_{best} = \text{argmax}_{c \in C} \, P(C = c) \cdot P(F_1 | C = c) \cdot P(F_2 | C = c)$$

실제 환경에서 볼 데이터에 대한 가장 적합한 범주를 알려줄 두 속성에 관한 식을 찾았다.

$$c_{best} = \underset{c \in C}{\text{argmax}} (\log P(C = c) + \log P(F_1 | C = c) + \log P(F_2 | C = c))$$

물론, 단 2개의 속성으로는 꽤 성공적이지 않다. 임의의 속성 개수로 다시 식을 써 보자.

$$c_{best} = \underset{c \in C}{\text{argmax}} \left(\log P(C = c) + \sum_k \log P(F_k | C = c) \right)$$

이제 scikit-learn 툴킷에서 첫 번째 분류기를 사용할 준비가 되었다.

이전에 살펴보았듯이, 나이브 베이즈의 베르누이 모델에 대해 학습했다. 불린 속성 대신, 다항 모델로 알려진 단어 빈도를 사용할 수도 있다. 이는 좀 더 정보를 제공하기 때문에 더 나은 성능을 낼 수도 있다. 우리는 실제 문제 데이터에서 이 모델을 사용하겠다. 그러나 중심 공식을 좀 변경해야 하지만 걱정하지말자. 나이브 베이즈가 작동하는 방법은 마찬가지다.

첫 번째 분류기 만들고 조절하기

나이브 베이즈는 sklearn.naive_bayes 패키지에 있다. 패키지에는 몇 가지 나이브 베이즈 분류기가 있다.

- GaussianNB: 속성이 일반적인 분포(가우시안Gaussian)를 따른다고 가정한다. 특정한 사람의 키와 너비에 따라 성별을 구별하는 경우에 사용한다. 우리의 경우,

단어 수를 추출할 트윗 텍스트가 주어진다. 이는 명확하게 가우시안 분포를 따르지는 않는다.

- MultinomialNB: 속성이 일어나는 빈도라고 가정한다. 우리의 예제와 관련이 있는데, 트윗의 단어 빈도를 속성으로 사용하기 때문이다. 실제로 이 분류기는 TF-IDF 벡터와 잘 작동한다.

- BernoulliNB: MultinomialNB와 유사하나 단어 빈도가 아니라 단어가 있거나 없음(이진binary)을 사용할 때 더 적합하다.

단어의 빈도를 중심적으로 보기 때문에 우리 목적에는 MultinomialNB가 가장 적합하다.

쉬운 문제부터 해결하기

트윗 데이터를 보면 알 수 있듯이, 트윗은 그저 긍정적이거나 부정적이지만은 않다. 대부분 트윗은 아무 감정을 담지 않고 중립적 또는 무의미한, 이를테면 원시 정보(http://www.acornpub.co.kr/book/machine-learning-python-2e)를 담고 있다. 이는 네 가지 범주를 만들 수 있는데, 너무 복잡한 작업을 피하기 위해 단지 긍정적이거나 부정적인 트윗만을 중심으로 하겠다.

```
>>> # 먼저, 긍정적과 부정적 트윗만 true인 리스트 생성한다.
>>> pos_neg_idx = np.logical_or(Y=="positive", Y=="negative")

>>> # 데이터와 라벨을 선별하기 위해 인덱스를 사용한다.
>>> X = X[pos_neg_idx]
>>> Y = Y[pos_neg_idx]

>>> # 마지막으로 라벨을 불린으로 변환한다.
>>> Y = Y=="positive"
```

X는 원시 트윗 텍스트이고, Y는 이진 분류다. 0은 부정적인 트윗이고, 1은 긍정적인 트윗이다.

속성으로 단어 빈도를 사용하겠다. 원시 형태로 트윗을 사용하지 않겠다. 원시 트윗 텍스트를 TF-IDF 속성으로 변환하도록 TfidfVectorizer를 만들고 첫 번째 분류기를 훈련하기 위해 사용하겠다. 편의상, 벡터라이저와 분류기를 함께 연결하고 인터페이스를 제공하는 Pipeline 클래스를 사용한다.

```
from sklearn.feature_extraction.text import TfidfVectorizer
from sklearn.naive_bayes import MultinomialNB
from sklearn.pipeline import Pipeline

def create_ngram_model():
    tfidf_ngrams = TfidfVectorizer(ngram_range=(1, 3),
                                   analyzer="word", binary=False)
    clf = MultinomialNB()
    return Pipeline([('vect', tfidf_ngrams), ('clf', clf)])
```

create_ngram_model()은 일반 분류기처럼 fit()와 predict()를 사용할 수 있는 Pipeline 인스턴스를 반환한다.

데이터가 많지 않기 때문에 교차 검증을 사용해야 한다. 그러나 이번에는 연속적으로 데이터를 구분하는 KFold를 사용하지 않고, 대신에 ShuffleSplit를 사용하자. 이 함수는 데이터를 섞지만 여러 중첩 안에 같은 데이터 인스턴스를 넣지 않는다. 각 중첩에서 정밀도-재현율 곡선과 정확도를 기록한다.

기민한agile 실험을 유지하기 위해, 분류기를 매개변수로 갖는 train_model() 함수에 모든 것을 넣기로 하자.

```
from sklearn.metrics import precision_recall_curve, auc
from sklearn.cross_validation import ShuffleSplit

def train_model(clf_factory, X, Y):
    # 같은 결과를 만들기 위해 random_state을 설정한다.
    cv = ShuffleSplit(n=len(X), n_iter=10, test_size=0.3,
    random_state=0)

    scores = []
    pr_scores = []
```

```
for train, test in cv:
    X_train, y_train = X[train], Y[train]
    X_test, y_test = X[test], Y[test]

    clf = clf_factory()
    clf.fit(X_train, y_train)

    train_score = clf.score(X_train, y_train)
    test_score = clf.score(X_test, y_test)

    scores.append(test_score)
    proba = clf.predict_proba(X_test)

    precision, recall, pr_thresholds =
    precision_recall_curve(y_test, proba[:,1])

    pr_scores.append(auc(recall, precision))

    summary = (np.mean(scores), np.std(scores),
np.mean(pr_scores), np.std(pr_scores))
    print("%.3f\t%.3f\t%.3f\t%.3f" % summary)
```

모두 통합하고 첫 번째 모델을 훈련할 수 있다.

```
>>> X, Y = load_sanders_data()
>>> pos_neg_idx = np.logical_or(Y=="positive", Y=="negative")
>>> X = X[pos_neg_idx]
>>> Y = Y[pos_neg_idx]
>>> Y = Y=="positive"
>>> train_model(create_ngram_model, X, Y)
0.788    0.024    0.882    0.036
```

벡터화한 TF-IDF 트라이그램 속성에 대해 나이브 베이즈를 사용한 시도는 78.8%
의 정밀도와 88.2%의 P/R AUC 값을 얻는다. 다음 그림의 P/R 차트를 보면 이전
장에서 봤던 도표보다 훨씬 더 고무적이다.

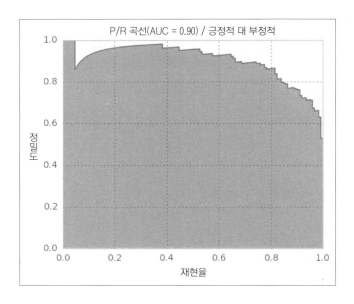

P/R 곡선(AUC = 0.90) / 긍정적 대 부정적

첫 시도로서 결과가 꽤 좋다. 이러한 결과는 감정 분류에서 100% 정확도가 절대 성취될 수 없다는 점을 감안할 때 좀 더 인상적이다. 일부 트윗의 경우 사람조차 같은 분류 라벨에 동의하지 않는다.

모든 범주 사용하기

다시 돌이켜 보면, 작업을 단순화했다. 왜냐하면 긍정적인 트윗이나 부정적인 트윗만 사용했기 때문이다. 이는 앞서 트윗에 감성 요소가 포함되어 있는지 분류하고, 감성이 포함된 트윗만 분류해 나이브 베이즈 분류기에 전달하는 완벽한 분류기가 있다고 가정했다.

그러면 트윗에 감성 요소가 포함되어 있는지 전혀 아닌지 분류하기 위해 어떻게 수행해야 하는가? 이를 알기 위해, 먼저 편리한 함수 하나를 작성하자. 이 함수는 감성 요소가 있다면 양성으로 감성 트윗의 범주를 반환한다.

```
def tweak_labels(Y, pos_sent_list):
    pos = Y==pos_sent_list[0]
    for sent_label in pos_sent_list[1:]:
        pos |= Y==sent_label
```

```
Y = np.zeros(Y.shape[0])
Y[pos] = 1
Y = Y.astype(int)

return Y
```

지금 두 가지 다른 positive[3]에 대해 이야기한 점을 상기하자. 감성 트윗은 훈련 데이터의 범주와 구별되는 양성이 된다. 예를 들어, 중립적인 트윗과 감성 트윗을 잘 구별할 수 있는 방법을 찾기 원한다면 다음과 같이 할 수 있다.

```
>>> Y = tweak_labels(Y, ["positive", "negative"])
```

Y에서 긍정적이거나 부정적인 트윗은 1(양성 범주)을 갖고, 중립적이거나 상관없는 트윗은 0(음성 범주)을 갖는다.

```
>>> train_model(create_ngram_model, X, Y, plot=True)
0.750    0.012    0.659    0.02
```

다음 도표를 보자.

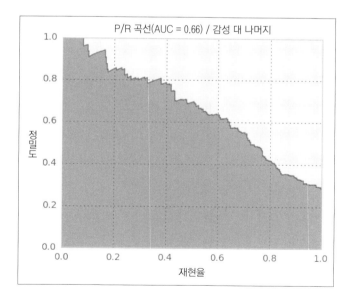

---

3 'positive'가 형용사로는 '긍정적인', 명사로는 '양성'으로 두 가지 의미가 있기 때문에 이렇게 말함. 정리하자면, 감성적인 트윗에 관해서는 '긍정적인'이라는 의미로, 감성과 중립을 나눌 때는 '양성'이라고 사용함. – 옮긴이

예상했듯이, P/R AUC는 66%로 상당히 떨어진다. 정확도는 아직도 높지만 이는 데이터셋이 불균형하기 때문이다. 총 3,362개의 트윗 중에서 920개만 긍정적이거나 부정적인 트윗이다. 이는 27%이다. 이는 분류기가 감성이 없는 트윗으로 분류한다면 73%의 정확도를 이미 확보한다는 의미다. 훈련 데이터와 테스트 데이터가 불균형하다면 정밀도와 재현율을 잘 살펴봐야 할 다른 이유이기도 하다.

그러면 긍정적인 트윗과 나머지 트윗, 부정적인 트윗과 나머지 트윗으로 분류하는 성능에 있어 나이브 베이즈는 어떠한가? 한 단어로, 나쁘다.

```
== 긍정적 대 나머지 ==
0.873 0.009 0.305 0.026
== 부정적 대 나머지 ==
0.861 0.006 0.497 0.026
```

결과는 좋지 않다. 아래의 그림에서 P/R 곡선을 보면, 이전 5장에서 할 수 있었던 것과 같이 사용할 만한 정밀도/재현율 균형은 아니다.

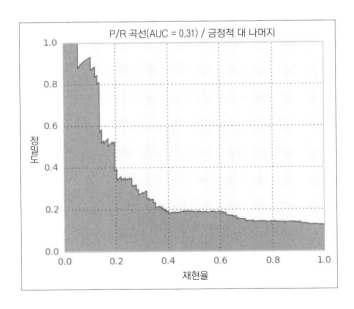

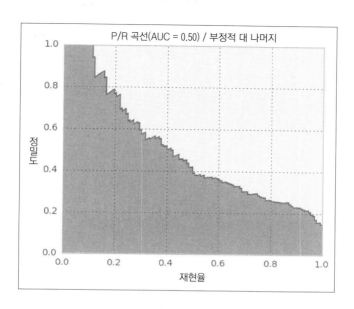

분류기의 매개변수 조절

분명히, 현재 매개변수 설정을 충분하게 살펴보지 않았고 좀 더 조사해야 한다. 대략 두 부분(TfdifVectorizer와 MultinomialNB)을 조절할 수 있다. 살펴봐야 할 두 부분에 관해 명확한 직관력을 갖고 있지 않으므로, 매개변수의 값을 구별해서 시도해보자.

TfidfVectorizer 매개변수를 살펴보자.

- N그램을 위한 다른 설정:
  - 유니그램(1, 1)
  - 유니그램, 바이그램(1, 2)
  - 유니그램, 바이그램, 트라이그램(1, 3)
- min_df 조절: 1이나 2
- use_idf와 smooth_idf를 사용해서 TF-IDF 내의 IDF 영향 변경: False나 True

- 불용어를 제거하거나, `stop_words`를 `english`나 `None`으로 설정 변경

- 단어의 빈도에 대해 로그를 사용하거나 사용하지 않는 실험(`sublinear_tf`)

- 단어 카운트를 추적 안 할지 또는 단순히 추적할지, 단어 빈도로 할지 아니면 `binary`를 `True`나 `False`로 설정할지 실험

다음은 `MultinomialNB` 분류기를 보자.

- `alpha` 값을 설정해 사용하기 위해 다음 평활화 메소드를 결정
  - 1 더하기 평활화 또는 라플라스 평활화: 1
  - 리드스톤 평활화: 0.01, 0.05, 0.1, 0.5
  - 평활화 사용하지 않음: 0

단순한 접근법으로, 가질 수 있는 모든 합리적인 값에 대해 여타 매개변수 상수를 그대로 유지하고 분류기의 결과를 체크하면서 분류기를 훈련할 수 있다. 이러한 매개변수가 어떻게 서로 상호작용하는지 알지 못하므로 가능한 모든 매개변수 값을 조합해 분류기를 훈련하는 작업이 필요할 수 있다. 분명 지루한 작업이다.

이러한 매개변수 탐험은 기계 학습 작업에서 자주 일어나기 때문에 scikit-learn은 `GridSearchCV`라는 클래스를 제공한다. `GridSearchCV`는 우리의 경우에서 파이프라인pipeline이 될 수 있는 인스턴스인 에스터메이터(분류기와 같은 인터페이스를 갖는 인스턴스)를 비롯해, 가능성 있는 값을 가진 매개변수 딕셔너리를 입력으로 받는다.

`GridSearchCV`는 특정 에스터메이터에 매개변수를 설정할 수 있도록 특정 형식으로 딕셔너리 키를 사용한다.

<에스터메이터>__<하위 에스터메이터>__ ··· __<매개변수 이름>

예를 들어, `TfidfVectorizer`의 매개변수 `min_df`를 살펴보기 위해, 원하는 여러 값을 명시해보자(`Pipeline`에서 `vect`로 이름을 지었다). 다음과 같이 하자.

```
Param_grid={"vect__ngram__range"=[(1, 1), (1, 2), (1, 3)]}
```

이는 TfidfVectorizer의 매개변수 ngram_range에 대해 유니그램, 바이그램, 트라이그램으로 시도하도록 GridSearchCV에게 알려준다.

그러면, 모든 조합의 매개변수로 에스터메이터를 훈련한다. 여기서는, 임의의 훈련/테스트의 반복자를 생성하는 ShuffleSplit을 사용하여 임의의 훈련 데이터로 훈련하도록 한다. 마침내, GridSearchCV은 best_estimator_ 멤버 변수로 최적의 에스터메이터를 알려준다.

반환된 최적의 분류기와 현재의 분류기를 비교하고자 할 때, 같은 방법으로 평가할 필요가 있다. 그러므로 CV라는 매개변수로 ShuffleSplit 인스턴스를 넘겨줄 수 있다(CV가 GridSearchCV에 있기 때문이다).

단지 하나 놓친 점은 GridSearchCV가 최적의 에스터메이터를 어떻게 결정할지를 정의하는 일이다. 이는 원하는 평가 함수를 score_func의 매개변수로 제공해 해결한다. 필요한 평가 함수를 작성할 수도 있고, sklearn.metrics 패키지의 평가 함수를 사용할 수도 있다. 불균형한 범주이기 때문에 metric.accuracy를 사용하지 않는다(중립적인 트윗이 감성 트윗보다 많다). 대신, 2개의 범주에 대해 정밀도와 재현율을 높이길 원한다. 2개의 범주는 감성 요소가 있는 트윗과 긍정적이나 부정적인 의견이 없는 트윗이다. 정밀도와 재현율 2개를 조합한 계량$_{\text{metric}}$이 F-measure이다. 이는 metrics.f1_score로 구현되어 있다.

$$F = \frac{2 \cdot 정밀도 \cdot 재현율}{정밀도 + 재현율}$$

모두를 정리하면 코드는 다음과 같다.

```
from sklearn.grid_search import GridSearchCV
from sklearn.metrics import f1_score

def grid_search_model(clf_factory, X, Y):
    cv = ShuffleSplit(
        n=len(X), n_iter=10, test_size=0.3,random_state=0)

param_grid = dict(vect__ngram_range=[(1, 1), (1, 2), (1, 3)],
    vect__min_df=[1, 2],
```

```
        vect__stop_words=[None, "english"],
        vect__smooth_idf=[False, True],
        vect__use_idf=[False, True],
        vect__sublinear_tf=[False, True],
        vect__binary=[False, True],
        clf__alpha=[0, 0.01, 0.05, 0.1, 0.5, 1],
        )

grid_search = GridSearchCV(clf_factory(),
        param_grid=param_grid,
        cv=cv,
        score_func=f1_score,
        verbose=10)
grid_search.fit(X, Y)

return grid_search.best_estimator_
```

다음 코드를 실행하고 조금은 참아야 한다.

```
clf = grid_search_model(create_ngram_model, X, Y)
print(clf)
```

왜냐하면 매개변수의 조합 $3 \cdot 2 \cdot 2 \cdot 2 \cdot 2 \cdot 2 \cdot 2 \cdot 6 = 1152$개만큼 매개변수를 변경하여, 각각을 10중첩에 대해 훈련해야 하기 때문이다.

```
... 몇 시간 지난 후 ...
Pipeline(clf=MultinomialNB(
alpha=0.01, class_weight=None, fit_prior=True),
clf__alpha=0.01,
clf__class_weight=None,
clf__fit_prior=True,
vect=TfidfVectorizer(
analyzer=word, binary=False,
    charset=utf-8, charset_error=strict,
dtype=<type 'long'>,input=content,
lowercase=True, max_df=1.0,
max_features=None, max_n=None,
min_df=1, min_n=None, ngram_range=(1, 2),
norm=l2, preprocessor=None, smooth_idf=False,
```

```
stop_words=None,strip_accents=None,
sublinear_tf=True,token_pattern=(?u)\b\w\w+\b,
token_processor=None, tokenizer=None,
use_idf=False, vocabulary=None),
vect__analyzer=word, vect__binary=False,
vect__charset=utf-8,
vect__charset_error=strict,
vect__dtype=<type 'long'>,
vect__input=content, vect__lowercase=True,
vect__max_df=1.0,vect__max_features=None,
vect__max_n=None, vect__min_df=1,
vect__min_n=None, vect__ngram_range=(1, 2),
vect__norm=l2, vect__preprocessor=None,
vect__smooth_idf=False, vect__stop_words=None,
vect__strip_accents=None, vect__sublinear_tf=True,
vect__token_pattern=(?u)\b\w\w+\b,
vect__token_processor=None, vect__tokenizer=None,
vect__use_idf=False, vect__vocabulary=None)
0.795 0.007 0.702 0.028
```

출력된 설정과 함께 최적의 에스터메이터는 거의 3.3% 올린 70.2%로 향상되었다.

찾은 매개변수로 벡터라이저와 분류기를 설정한다면 긍정적 트윗 대 나머지와 부정적 트윗 대 나머지에 대한 엉망인 결과도 향상될 수 있다.

```
== 긍정적 대 나머지 ==
0.889 0.010 0.509 0.041
== 부정적 대 나머지 ==
0.886 0.007 0.615 0.035
```

다음 도표를 보자.

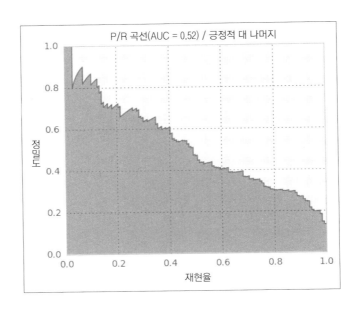

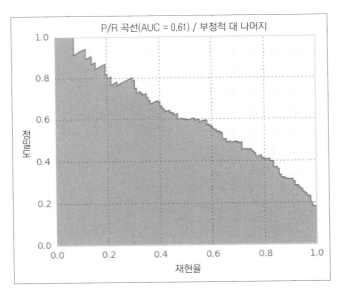

P/R 곡선은 훨씬 괜찮다(도표는 중첩 분류기의 중간값이기 때문에, AUC 값이 약간 다르다). 그렇지만, 이 분류기는 아직 사용하기가 어렵다. 완벽히 다른 무언가를 해야 할 시간이다.

트윗 정리

새로운 제약은 새로운 형태를 이끈다. 트위터도 이 점에 있어 예외는 아니다. 텍스트가 140자 이내이기 때문에, 사람들은 글자 수를 줄여 같은 효과를 내는 새로운 짧은 언어를 자연스럽게 만들었다. 지금까지는 다양한 감정 이모티콘과 단축어를 무시했다. 이를 세밀하게 조사해 얼마만큼 향상할 수 있을까 알아보자. 이를 위해 `TfidfVectorizer`의 `preprocessor()`를 구현해야 한다.

먼저, 감정 이모티콘 빈도 범위와 딕셔너리의 대체 단어를 정의한다. 긍정적이거나 부정적인 단어로 대체할 수 있는 이모티콘을 찾아 대체한다면 분류기에 도움을 준다.

```
emo_repl = {
    # 긍정적 이모티콘
    "&lt;3": " good ",
    ":d": " good ", # :D의 소문자
    ":dd": " good ", # :DD의 소문자
    "8)": " good ",
    ":-)": " good ",
    ":)": " good ",
    ";)": " good ",
    "(-:": " good ",
    "(:": " good ",

    # 부정적 이모티콘
    ":/": " bad ",
    ":&gt;": " sad ",
    ":')": " sad ",
    ":-(": " bad ",
    ":(": " bad ",
    ":S": " bad ",
    ":-S": " bad ",
    }

# 사전에 :dd는 :d로 대체함을 확인한다.
emo_repl_order = [k for (k_len,k) in reversed(sorted([(len(k),k) for k in
emo_repl.keys()]))]
```

그런 다음, 약어의 확장어와 함께 정규 표현식으로서 정의한다(\b는 단어 영역을 나타낸다).

```
re_repl = {
r"\br\b": "are",
r"\bu\b": "you",
r"\bhaha\b": "ha",
r"\bhahaha\b": "ha",
r"\bdon't\b": "do not",
r"\bdoesn't\b": "does not",
r"\bdidn't\b": "did not",
r"\bhasn't\b": "has not",
r"\bhaven't\b": "have not",
r"\bhadn't\b": "had not",
r"\bwon't\b": "will not",
r"\bwouldn't\b": "would not",
r"\bcan't\b": "can not",
r"\bcannot\b": "can not",
        }


def create_ngram_model(params=None):
    def preprocessor(tweet):
        tweet = tweet.lower()
        for k in emo_repl_order:
            tweet = tweet.replace(k, emo_repl[k])
        for r, repl in re_repl.items():
            tweet = re.sub(r, repl, tweet)

        return tweet

    tfidf_ngrams = TfidfVectorizer(preprocessor=preprocessor,
analyzer="word")
        # ...
```

여기에 사용한 단축어보다 많이 있지만 이 제한된 집합을 가지고, 감성 대 비감성은 70.7%까지 향상한다.

```
== 긍정적 대 부정적 ==
0.808 0.024 0.885 0.029
== 긍정적/부정적 대 관련 없음/중립 ==
0.793 0.010 0.685 0.024
```

```
== 긍정적 대 나머지 ==
0.890 0.011 0.517 0.041
== 부정적 대 나머지 ==
0.886 0.006 0.624 0.033
```

단어 종류 고려

지금까지, 단어 주머니 접근법으로 각각의 단어는 서로 독립이라고 여겼다. 그러나 직관적으로, 중립 트윗에는 많은 명사가 있는 반면, 긍정적 또는 부정적 트윗에는 형용사와 동사를 더 많이 있고 다양하다. 트윗의 언어적 정보를 사용한다면 어떨까? 트윗에 얼마나 많은 명사, 동사, 형용사 등이 있는지 알아낸다면, 분류기는 아마도 나아질 것이다.

단어 종류 판단

단어 종류를 판단하는 작업은 품사POS, part-of-speech를 붙이는 일이다. POS 태거 tagger는 전체 문장을 의존 트리dependence tree로 만들기 위해 문장을 파싱한다. 의존 트리의 각 노드는 단어와 의존성을 결정하는 부모와 자식 관계로 대응된다. 예를 들면, 이 트리를 이용해 'book'이 명사("This is a good book(이것은 훌륭한 책이다).")인지 동사("Could you please book the flight(비행기 표를 예약할 수 있을까요)?")인지 더 잘 결정할 수 있다.

NLTK는 이 영역에 제격이다. 모든 종류의 파서와 태거가 포함되어 있다. 사용할 품사 태거는 nltk.pos_tag()인데, 이 태거는 펜 트리뱅크 프로젝트Penn Treebank Project(http://www.cis.upenn.edu/~treebank)에서 수동으로 정보를 넣은 문장을 사용해 훈련시킨 잘 발달된 분류기다. 단어 토큰token의 리스트를 입력하면, 각 원소의 원 문장의 단어와 품사로 된 튜플 리스트를 반환한다.

```
>>> import nltk
>>> nltk.pos_tag(nltk.word_tokenize("This is a good book."))
[('This', 'DT'), ('is', 'VBZ'), ('a', 'DT'), ('good', 'JJ'), ('book',
```

```
'NN'), ('.', '.')]
>>> nltk.pos_tag(nltk.word_tokenize("Could you please book the
flight?"))
[('Could', 'MD'), ('you', 'PRP'), ('please', 'VB'), ('book', 'NN'),
('the', 'DT'), ('flight', 'NN'), ('?', '.')]
```

품사 태그 단축어는 펜 트리뱅크 프로젝트에서 가져왔다(http://americannational
corpus.org/OANC/penn.html).

품사 태그	설명	예
CC	등위 접속사(coordinating conjunction)	or
CD	기수(cardinal number)	2 second
DT	한정사(determiner)	the
EX	존재 there(existential there)	there are
FW	외래어(foreign word)	kindergarten
IN	전치사(preposition) / 종속 접속사(subordinating conjunction)	on, of, like
JJ	형용사(adjective)	cool
JJR	비교급 형용사(adjective, comparative)	cooler
JJS	최상급 형용사(adjective, superlative)	coolest
LS	표시물(list marker)	1)
MD	조동사(modal)	could, will
NN	단수 명사(noun, singular or mass)	book
NNS	복수 명사(noun plural)	books
NNP	단수 고유 명사(proper noun, singular)	Sean
NNPS	복수 고유 명사(proper noun, plural)	Vikings
PDT	전치 한정사(predeterminer)	both the boys
POS	소유격(possessive ending)	friend's
PRP	인칭 대명사(personal pronoun)	I, he, it
PRP$	소유 대명사(possessive pronoun)	my, his

(이어서)

품사 태그	설명	예
RB	부사(adverb)	however, usually, naturally, here, good
RBR	비교급 부사(adverb, comparative)	better
RBS	최상급 부사(adverb, superlative)	best
RP	불변화사(particle)	give up
TO	to	to go, to him
UH	감탄사(interjection)	uhhuhhuhh
VB	동사 기본형(verb, base form)	take
VBD	동사 과거형(verb, past tense)	took
VBG	동명사(verb, gerund/present participle)	taking
VBN	과거 분사(verb, past participle)	taken
VBP	현재 단수 동사(verb, singular, present, non-3D)	take
VBZ	3인칭 단수 동사(verb, third person singular, present)	takes
WDT	사물 한정사(wh-determiner)	which
WP	인칭 대명사(wh-pronoun)	who, what
WP$	소유격 대명사(possessive wh-pronoun)	whose
WRB	의문부사(wh-abverb)	where, when

이 태그로, `pos_tag()`의 결과로부터 원하는 품사를 구분하는 일은 매우 쉽다. 단순하게 NN는 명사, VB는 동사, JJ는 형용사, RB는 부사로 모든 단어를 센다.

SentiWordNet을 이용한 성공적인 편법

이전에 논의했던 언어적 정보는 많은 도움이 되지만, 좀 더 향상시키는 방법이 있는데, 바로 SentiWordNet(http://sentiwordnet.isti.cnr.it)이다. 내려받으면[4] 긍정적

---

4 제공되는 소스에는 이 파일이 없기 때문에 내려받고 tar xvf [내려받은 파일 이름]으로 압축을 푼 다음 ch06/data/에 옮겨 놓으면 된다. – 옮긴이

인 값과 부정적인 값이 부여된 대부분의 영어 단어가 13MB 파일에 있다. 각 단어에 대해 긍정적 값과 부정적 값이 둘 다 있으며, 좀 더 복잡한 단어로 서 모든 동의어synonym 집합도 있다. 다음은 예제다.

POS	ID	PosScore	NegScore	SynsetTerms	설명
a	00311354	0.25	0.125	studious#1(학구적인#1)	주의와 노력에 표시; "텔레비전 세트를 고치기 위해 학구적인 시도를 했다."
a	00311663	0	0.5	careless#1(부주의#1)	주의, 관심, 사전숙고, 철저함의 부족을 표시; 주의 없음
n	03563710	0	0	implant#1(심다#1)	피부에 영원히 인공물을 넣다.
v	00362128	0	0	kink#2(뒤틀림#2) curve#5(구부러짐#5) curl#1(곱슬곱슬 #1)	뒤틀림, 곱슬곱슬, 구부러짐의 형태; "담배 연기는 천장에 동그랗게 말려 올라간다."

POS 열의 정보로 'book'이 동사인지 명사인지 구별할 수 있다. PosScore와 NegScore 둘 다 단어의 중립성을 결정하는 데 도움이 된다. 단어의 중립성은 1-PosScore-NegScore로 나타낼 수 있다. SynsetTerms는 동의어인 집합에 있는 모든 단어를 열거한다. 우리의 경우 'ID'와 '설명'은 무시해도 괜찮다.

동의어 집합synset 용어에는 붙어 있는 숫자가 있다. 왜냐하면 일부는 다른 동의어 집합에서 중복적으로 나타나기 때문이다. 예를 들어, 'fantasize'는 두 가지 다른 의미가 있기 때문에 다른 점수를 갖게 된다.

POS	ID	PosScore	NegScore	SynsetTerms	설명
v	01636859	0.375	0	fantazize#2 fantasise#2 (상상하다#2)	내 마음을 묘사한다; "그는 이상적인 아내를 상상한다."
v	01637368	0	0.125	fantasy#1 fantasize#1 fantasise#1 (환상을 갖다#1)	환상에 빠지다; "그는 자신의 계획이 자기 회사를 창업하는 것이라고 말할 때 환상을 갖는다."

어떤 동의어 집합을 선택할지 알기 위해서는, 이 장에서 다루는 범위를 넘어 트윗의 진정한 의미를 이해해야 한다. 이 도전적인 연구 영역은 중의성 해소word sense disambiguation다. 우리의 작업에서는 용어가 발견된 동의어 집합 내 모든 원소 값의 평균을 구하는 쉬운 방법을 취하겠다. 'fantasize'의 경우 PosScore는 0.1875, NegScore는 0.0625가 된다.

아래의 함수 load_sent_word_net()은 이 모든 일을 처리하며, 키가 '단어 종류/ 단어' 형태의 문자열인 딕셔너리를 반환한다. 예를 들면 'n/implant'로, 그 값은 긍정적인 점수와 부정적인 점수다.

```python
import csv, collections

def load_sent_word_net():
    # 존재하지 않는 키를 접근할 때마다 빈 리스트를 자동으로 만든다.
    sent_scores = collections.defaultdict(list)

    with open(os.path.join(DATA_DIR, SentiWordNet_3.0.0_20130122.txt"),
"r") as csvfile:
        reader = csv.reader(csvfile, delimiter='\t', quotechar='"')

        for line in reader:
            if line[0].startswith("#"):
                continue
            if len(line)==1:
                continue

            POS, ID, PosScore, NegScore, SynsetTerms, Gloss = line
            if len(POS)==0 or len(ID)==0:
                continue
            for term in SynsetTerms.split(" "):
                # 모든 용어의 끝 수는 버린다.
                term = term.split("#")[0]
                term = term.replace("-", " ").replace("_", " ")
                key = "%s/%s"%(POS, term.split("#")[0])
                sent_scores[key].append((float(PosScore),
float(NegScore)))

    for key, value in sent_scores.items():
```

```
        sent_scores[key] = np.mean(value, axis=0)

    return sent_scores
```

첫 번째 에스터메이터

여기에 모든 기능을 다 넣어 하나의 벡터라이저를 만들어보자. 가장 편리한 방법
은 BaseEstimator로 상속받아 처리하게 하는 것이다. 이를 위해 다음과 같은 3개
의 메소드를 구현해야 한다.

- get_feature_names(): transform()에서 사용될 속성 이름 리스트를 반환한다.

- fit(document, y=None): 분류기를 구현하지 않기 때문에 이 메소드를 무시
  하고 self를 반환한다.

- transform(documents): (len(documents), len(get_feature_names))의
  형태인 numpy.array를 반환한다. documents의 모든 도큐먼트에 대해 get_
  feature_names에 있는 모든 속성의 값을 반환해야 한다.

다음 메소드를 구현하자.

```
sent_word_net = load_sent_word_net()

class LinguisticVectorizer(BaseEstimator):
    def get_feature_names(self):
        return np.array(['sent_neut', 'sent_pos', 'sent_neg',
        'nouns', 'adjectives', 'verbs', 'adverbs',
        'allcaps', 'exclamation', 'question', 'hashtag',
        'mentioning'])

    # 여기에는 fit 메소드가 필요 없지만 self를 반환할 필요가 있다.
    # fit(d).transform(d)와 같이 사용되기 때문이다.
    def fit(self, documents, y=None):
        return self

    def _get_sentiments(self, d):
        sent = tuple(d.split())
```

```
tagged = nltk.pos_tag(sent)

pos_vals = []
neg_vals = []

nouns = 0.
adjectives = 0.
verbs = 0.
adverbs = 0.

for w,t in tagged:
    p, n = 0,0
    sent_pos_type = None
    if t.startswith("NN"):
        sent_pos_type = "n"
        nouns += 1
    elif t.startswith("JJ"):
        sent_pos_type = "a"
        adjectives += 1
    elif t.startswith("VB"):
        sent_pos_type = "v"
        verbs += 1
    elif t.startswith("RB"):
        sent_pos_type = "r"
        adverbs += 1

    if sent_pos_type is not None:
        sent_word = "%s/%s" % (sent_pos_type, w)

        if sent_word in sent_word_net:
            p,n = sent_word_net[sent_word]

    pos_vals.append(p)
    neg_vals.append(n)

l = len(sent)
avg_pos_val = np.mean(pos_vals)
avg_neg_val = np.mean(neg_vals)
return [1-avg_pos_val-avg_neg_val, avg_pos_val, avg_neg_val,
nouns/l, adjectives/l, verbs/l, adverbs/l]
```

```
    def transform(self, documents):
        obj_val, pos_val, neg_val, nouns, adjectives, \
verbs, adverbs = np.array([self._get_sentiments(d) \
for d in documents]).T

        allcaps = []
        exclamation = []
        question = []
        hashtag = []
        mentioning = []

        for d in documents:
            allcaps.append(np.sum([t.isupper() \
            for t in d.split() if len(t)>2]))

        exclamation.append(d.count("!"))
        question.append(d.count("?"))
        hashtag.append(d.count("#"))
        mentioning.append(d.count("@"))

    result = np.array([obj_val, pos_val, neg_val, nouns, adjectives,
verbs, adverbs, allcaps, exclamation, question,
hashtag, mentioning]).T

    return result
```

모두 통합하기

그럼에도 불구하고, 단어 특성을 사용하지 않고 독립적으로 이러한 언어적 특징을 사용하는 방법은 좋은 성능을 내진 못한다. 그러므로 언어적 특징과 TfidfVectorizer를 통합해야 한다. 이는 scikit-learn의 FeatureUnion 클래스를 사용하면 된다. Pipeline과 같은 방법으로 초기화하면 되지만, 대신에 이전의 출력이 다음의 입력으로 전달되어 마지막으로 에스터메이터가 평가하는 Pipeline과는 달리 FeatureUnion은 병렬로 실행하고 결과 벡터를 모두 합한다.

```
def create_union_model(params=None):
    def preprocessor(tweet):
```

```
        tweet = tweet.lower()

        for k in emo_repl_order:
            tweet = tweet.replace(k, emo_repl[k])
        for r, repl in re_repl.items():
            tweet = re.sub(r, repl, tweet)

        return tweet.replace("-", " ").replace("_", " ")

    tfidf_ngrams = TfidfVectorizer(preprocessor=preprocessor,
    analyzer="word")
    ling_stats = LinguisticVectorizer()
    all_features = FeatureUnion([('ling', ling_stats), ('tfidf',
    tfidf_ngrams)])
    clf = MultinomialNB()
    pipeline = Pipeline([('all', all_features), ('clf', clf)])

    if params:
        pipeline.set_params(**params)

    return pipeline
```

통합한 특성기에 훈련과 테스트를 적용하면 긍정적 대 부정적에 대해 또 다시 0.4%가 향상된다.

```
== 긍정적 대 부정적 ==
0.810 0.023 0.890 0.025
== 긍정적/부정적 대 관련 없음/중립 ==
0.791 0.007 0.691 0.022
== 긍정적 대 나머지 ==
0.890 0.011 0.529 0.035
== 부정적 대 나머지 ==
0.883 0.007 0.617 0.033
time spent: 214.12578797340393
```

이러한 결과로 긍정적 대 나머지와 부정적 대 나머지에 대한 분류기를 사용하지 않고자 한다. 그 대신에 먼저, 트윗에 감성 요소가 포함되어 있는지 결정하는 분류기를 사용하고, 그 후 실제 감성을 결정하는 데 긍정적 대 부정적 분류기를 사용할 수 있다.

정리

마지막까지 달려온 것을 축하한다! 나이브 베이즈가 어떻게 작동하는지 알게 됐고, 왜 전혀 나이브하지 않은지도 알아봤다. 분류 확률 공간 안에 모든 경우에 맞는 충분한 학습 데이터가 없는 훈련 집합에서 나이브 베이즈는 일반화하여 잘 작동한다. 트윗에 적용하고 다양한 트윗 텍스트를 정리해서 도움이 될 수 있도록 배웠다. 마지막으로, SentiWordNet을 사용해봄으로써 분류기의 성능을 향상시키는 약간의 '편법'(할 수 있는 작업을 다 한 후)은 괜찮다는 걸 알았다.

7장에서는 회귀에 대해 살펴보겠다.

7

회귀

고등학교 수학 시간에 일반 최소 제곱OLS, ordinary least squares 회귀에 대해 배웠을 것이다. 200년이 된 이 기술은 실행 속도가 빠르고, 많은 실제 문제에 효과적으로 사용되고 있다. 7장에서는 OLS 회귀를 다시 살펴보고, NumPy와 scikit-learn에서 어떻게 사용하는지 알아보자.

그러나 일부 현대적 문제에 이 고전 기법은 한계를 부딪혀고, 속성이 많거나, 특히 예제 수보다 더 많은 속성을 가진 경우 더욱 그러했다. 이런 경우 좀 더 발전된 기법이 필요했다. 지난 10년 동안에 일어난 주요 발전으로 발전된 기법은 매우 현대적이다. 라소Lasso, 리지Ridge, 일래스틱넷ElasticNets이 대표적인 예이며, 자세히 살펴보겠다. scikit-learn에서도 모두 지원한다.

회귀를 이용한 주택 가격 예상

단순하게 보스턴의 주택 가격을 예상하는 문제로 시작해보자. 공개된 데이터를 사용하며 범죄 비율, 학생과 선생님 비율 같은 일부 인구 통계학적 속성, 지리학적 속성을 제공한다. 목적은 특정 지역의 주택 평균 값을 예상하는 것이다. 늘 그렇듯이 답이 있는 훈련 데이터가 있다.

scikit-learn의 메소드를 사용해 데이터를 구해보자. 기본적으로 scikit-learn에 있는 데이터셋 중 하나여서, 사용하기가 쉽다.

```
>>> from sklearn.datasets import load_boston
>>> boston = load_boston()
```

boston 객체에는 몇몇 어트리뷰트가 있는데 boston.data는 데이터 속성이며 boston.target 주택 가격이다.

1차원 회귀로부터 시작하자. 5번째 값인 주거지의 평균 방 개수에 따른 주택 가격을 예측해 보자(데이터의 세부적인 정보는 boston.DESCR이나 boston.feature_names를 참고하자).

```
>>> from matplotlib import pyplot as plt
>>> plt.scatter(boston.data[:,5], boston.target, color='r')
```

boston.target 속성은 평균 주택 가격이다(우리의 목적target 변수다). 고등학교 때 본 적 있을 듯한 표준 최소 제곱Standard Least Squares 회귀를 사용하자. 첫 시도는 다음과 같다.

```
>>> from sklearn.linear_model import LinearRegression
>>> lr = LinearRegression()
```

sklearn.linear_model 모듈에서 LinearRegression을 임포트하고 LinearRegression 객체를 생성한다. 이 객체는 이전에 사용한 scikit-learn 분류기 객체와 똑같이 작동한다.

```
>>> x = boston.data[:,5]
>>> y = boston.target
>>> x = np.transpose(np.atleast_2d(x))
```

```
>>> lr.fit(x, y)
>>> y_predicted = lr.predict(x)
```

이 코드에서 석연치 않은 부분은 np.atleast_2d를 호출하는 부분이다. 이 함수는
1차원 배열을 2차원 배열로 변환한다. fit 메소드는 첫 번째 매개변수로 2차원 배
열을 입력받기 때문에 이 변환은 반드시 필요하다. 마지막으로, 차원이 정확히 작
동하기 하기 위해, 이 배열을 전치transpose해야 한다.

회귀 기법을 사용하고 있지만, 이전에 사용한 분류기 객체를 사용하듯이
LinearRegression 객체에서 fit와 predict 메소드를 호출하는 점을 주목하자.
scikit-learn API의 이 규칙은 scikit-learn의 뛰어난 특성 중 하나다.

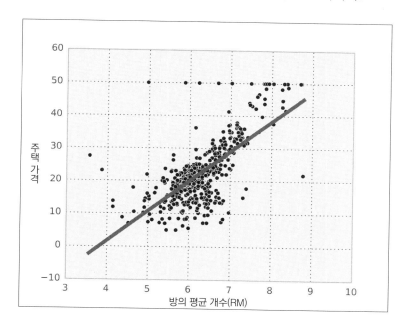

이 그래프는 모든 데이터(점으로)와 적합화(선으로)를 보여준다. 이상치를 제외하
고, 시각화가 잘 되었다.

이상적으로, 적합도를 정량적으로 측정하고자 한다. 다른 기법들과 비교하기 위
해 매우 중요하다. 이로써, 예측 값이 실제 값과 얼마나 가까운지 측정할 수 있다.
sklearn.mertics 모듈의 mean_squared_error 함수를 사용하자.

```
>>> from sklearn.metrics import mean_squared_error
```

이 함수는 두 개의 매개변수를 사용하는데, 하나는 실제 값이고 다른 하나는 예측 값이다.

```
>>> mse = mean_squared_error(y, lr.predict(x))
>>> print("Mean squared error (of training data): {:.3}".format(mse))
Mean squared error (of training data): 58.4
```

이 값은 종종 해석하기가 힘들다. 루트 제곱을 취해 평균 제곱근 오차RMSE, Root Mean Squared Error를 구한다.

```
>>> rmse = np.sqrt(mse)
>>> print("RMSE (of training data): {:.3}".format(rmse))
RMSE (of training data): 6.6
```

평균 제곱근 오차를 사용하는 장점은 오차에 2를 곱하여 매우 대략적인 추정을 빠르게 구할 수 있다는 점이다. 이 경우, 최대 13,000 달러 정도가 실제 값과 추정 값과 차이라고 예상할 수 있다.

평균 제곱근 오차와 예측

평균 제곱근 오차는 근사적으로 표준 편차에 대응된다. 대부분 데이터는 평균으로부터 표준 편차 2내에 있기 때문에, 대략적인 신뢰 구간(confident interval)을 얻기 위해 RMSE를 두 배로 한다. 이는 오차가 정규 분포라면 완벽히 유효하지만, 그렇지 않다고 해도 대략적으로 맞는다.

6.6이라는 수치도 별로 직관적이지 않다. 예측은 괜찮은가? 이 질문에 한 가지 가능한 대답은 가장 단순한 상수 모델인 기본치baseline와 비교하는 일이다. 입력에 대해 아무것도 모른다면, 우리가 할 수 있는 가장 좋은 방법은 항상 같은 y의 값의 평균을 예측하는 것이다. 그리고 이 모델의 평균 제곱근 오차와 널 모델null model 의 평균 제곱근 오차를 비교한다. 이 아이디어는 다음과 같은 결정 계수coefficient of determination로 공식화된다.

$$1 - \frac{\sum_i (y_i - \hat{y}_i)^2}{\sum_i (y_i - \bar{y})^2} \approx 1 - \frac{\text{MSE}}{\text{VAR}(y)}$$

이 공식에서, y_i는 인덱스 i의 원소를 나타내고 $\hat{y}_i$는 회귀 모델이 구한 같은 원소에 추정 값이다. $\bar{y}$는 y의 평균이며 항상 같은 값을 반환하는 널 모델을 나타낸다. 이는 평균 제곱근 오차를 결과 값의 분산으로 나눈 후 1에서 빼는 것과 대략적으로 같다. 이 방법으로 완벽한 분류기는 1인 반면 널 모델은 0이 된다. 음수 값이 나올 수 있는데, 이는 예측으로 평균으로 사용한 것보다 못한 예측력 없는 모델이다.

결정 계수는 sklearn.metrics 모듈의 r2_score로 구할 수 있다.

```
>>> from sklearn.metrics import r2_score
>>> r2 = r2_score(y, lr.predict(x))
>>> print("R2 (on training data): {:.2}".format(r2))
R2 (on training data): 0.31
```

이 측정 값을 R^2 점수라고 한다. 선형 회귀를 사용하고 훈련 데이터에 대해 오차를 구하면 상관 계수correlation coefficient인 R의 제곱에 해당한다. 그러나 이 측정 값이 일반적이며, 앞에서 언급했듯이 음수 값도 반환한다.

결정 계수를 구하는 다른 방법은 LinearRegression 객체의 score 메소드를 사용한다.

```
>>> r2 = lr.score(x,y)
```

다차원 회귀

지금까지는 예측을 위해 방의 개수, 변수 하나만 사용했다. 이제 다차원 회귀를 사용해 모델을 적합화하기 위해 모든 데이터를 사용하겠다. 다수의 입력 값으로 하나의 결과(평균 주택 가격)를 예측해보자.

코드는 이전 코드와 똑같다. 사실, boston.data를 fit 메소드에 그대로 입력하기 때문에 오히려 더 단순하다.

```
>>> x = boston.data
>>> y = boston.target
>>> lr.fit(x, y)
```

모든 입력을 사용하여, 평균 제곱근 오차는 4.7이며, 결정 계수 0.74에 해당하는 값이다. 이전보다 훨씬 좋아졌고 다른 변수들이 도움이 되었다는 점을 의미한다. 이전처럼 회귀선을 쉽게 그릴 수는 없다. 선 하나가 아닌 14차원 회귀 초평면이기 때문이다.

실제 값과 예측 값을 시각화해보자.

```
>>> p = lr.predict(x)
>>> plt.scatter(p, y)
>>> plt.xlabel('Predicted price')
>>> plt.ylabel('Actual price')
>>> plt.plot([y.min(), y.max()], [[y.min()], [y.max()]])
```

마지막 코드는 완벽한 예측에 해당하는 선을 그린다. 시각화의 장점이다. 결과는 다음 그림과 같으며, 직선은 대각선을 나타낸다(예측 값과 실제값이 완벽히 일치하다면 모든 점은 선위에 있다).

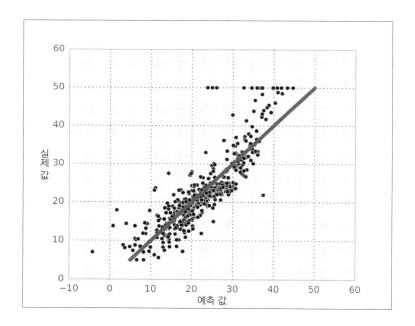

회귀를 위한 교차 검증

처음 분류를 소개할 때를 돌이켜 보면, 예측 결과에 대한 교차 검증의 중요성을 강조했다. 회귀에서는, 이것이 항상 적용되진 않는다. 사실, 이전에 훈련 오차 모델에 대해 이야기했었다. 일반화 능력을 추론하길 원한다면 이는 실수다. 일반 최소 제곱OLS은 꽤 단순한 모델이어서 대개는 심각한 실수는 아니다. 즉, 과적합화가 약간 생긴다. 그러나 지금껏 사용했던 scikit-learn을 사용해 경험적으로 테스트해야 한다.

KFold 클래스를 사용해 10중첩 교차 검증 반복을 만들고, 선형 회귀의 일반화 능력을 테스트하자.

```
>>> from sklearn.cross_validation import Kfold
>>> kf = KFold(len(x), n_folds=5)
>>> p = np.zeros_like(y)
>>> for train,test in kf:
...     lr.fit(x[train], y[train])
...     p[test] = lr.predict(x[test])
>>> rmse_cv = np.sqrt(mean_squared_error(p, y))
>>> print('RMSE on 5-fold CV: {:.2}'.format(rmse_cv))
RMSE on 5-fold CV: 5.6
```

교차 검증으로, 5.6이라는 좀 더 작은 추측값을 얻는다(즉 오차는 좀 더 크다). 분류의 경우처럼, 교차 검증 추정은 보지 못한 데이터에 대해 예측을 얼마나 일반화했는가를 추정하는 방법이다.

일반 최소 제곱은 학습 시간이 빠르고 예측 시간도 빠른 간단한 모델이다. 이러한 이유로 회귀 문제에서 자주 사용하는 첫 번째 모델이다. 그러면 이제 좀 더 발전된 모델을 보기로 하자.

벌점화 또는 정규화 회귀

이번 절에서는 벌점화 회귀Penalized regression 또는 정규화 회귀Regularized regression라고 불리는 중요한 회귀 기법에 대해 다룬다.

일반 회귀에서는 훈련 데이터에 대해 최적화된 적합도를 반환하는 데 과적합화된 상태다. 벌점화란 파라메터 값에 대한 과잉에 벌점을 준다는 의미다. 따라서, 좀 더 단순한 모델을 만들기 위해 조금은 부족한 적합도를 받아들인다.

기본적으로 입력 값과 결과 예측과 관계 없다고 생각될 수도 있다. 데이터가 있다면 이 생각을 바꾸자. 벌점을 부여하는 것은 이 관계가 강하다고 확신을 주는 좀 더 많은 데이터를 요구하는 것을 의미한다.

벌점화 회귀에서의 균형

벌점화 회귀는 편향–변화량 균형(tradeoffs)의 또 다른 예다. 벌점을 사용할 때, 편향(bias)을 추가하기 때문에 훈련 데이터에서 적합화는 잘 되지 않는다. 한편, 변화량(variance)을 줄이고 과적합화를 피하는 경향이 있다. 그러므로 전체적인 결과는 좀 더 나은 방향으로 일반화된다.

L1 벌점과 L2 벌점

이 개념에 대해 상세히 살펴보자. 수학식에 관심이 없는 독자는 scikit-learn로 정규화 회귀를 다루는 다음 절로 바로 넘어가도 좋다.

일반적으로, 문제는 훈련 데이터 매트릭스 X(행은 관찰 값이고 각 열은 속성이다)과 결과 값인 벡터 y를 가진다. 목표는 b*라는 가중치 벡터를 구하는 것이다. 일반 최소 제곱 회귀는 다음 공식으로 나타낼 수 있다.

$$\vec{b}^* = \arg\min_{\vec{b}} \|\vec{y} - X\vec{b}\|^2$$

즉, 목적 값 y에 제곱 거리를 최소로 만드는 b를 찾는다. 이러한 방정식에서, y의 평균이 0이 되도록 처리된 훈련 데이터를 가정하여 y 절편$_{intercept}$에 설정을 무시한다.

벌점을 주거나 정규화의 의미는 단순히 훈련 데이터에 최적화하는 것뿐만 아니라 $\vec{b}$를 어떻게 구성하는지 고민한다는 뜻이다. 전형적으로 회귀에 사용되는 두 가지 종류의 벌점이 있는데, 바로 L1과 L2 벌점이다. L1 벌점은 계수의 절대값의 합으로 회귀에 벌점을 주는 반면, L2는 제곱의 합으로 벌점을 준다.

L1 벌점 부여할 때, 이전 방정식 대신 다음을 최적화한다.

$$\vec{b}^* = \arg\min_{\vec{b}} \|\vec{y} - X\vec{b}\|^2 + \alpha \sum_i |b_i|$$

동시에, 오차를 줄이며, 계수의 값도 작게 한다(절대항). L2 벌점을 사용하면, 다음 식을 사용한다는 뜻이다.

$$\vec{b}^* = \arg\min_{\vec{b}} \|\vec{y} - X\vec{b}\|^2 + \alpha \sum_i b_i^2$$

차이점은 다소 미묘하다. 절대값이 아닌 상수의 제곱을 벌점으로 부여하나 그 결과의 차이는 매우 크다.

 리지, 라소, 일래스틱넷

이러한 벌점화 모델은 다소 흥미로운 이름에서 유래되곤 한다. L1 벌점화 모델은 라소 (Lasso)라고도 불리는 한편, L2 벌점화 모델은 리지(Ridge)라고 알려졌다. 물론 이 둘을 결합한 일래스틱넷(ElasticNet) 모델도 있다.

리지와 라소 두 모델은 비벌점unpenalized 회귀보다 작은 계수를 만든다(부호는 무시한 절대값으로 작다). 그러나 라소는 0이 되는 많은 계수를 만드는 추가적인 특성이 있다. 이는 최종 모델 이 입력 속성의 일부를 사용하지 않는다는 뜻으로, 그 모델은 희소sparse다. 모델은 속성 선택feature selection과 회귀를 모두 한번에 수행하기 때문에 이는 매력적인 특성이다.

벌점을 추가할 때마다 벌점을 제어하는 가중치 a도 더해진다. a가 0에 가까우면 비벌점 회귀에 매우 가깝다(즉, 0으로 설정하면 정확히 OLS를 수행한다). a가 클 경우비 벌점 회귀와 매우 다른 모델이 된다.

라소와 리지 모두 수동으로 계산하기는 어렵다. 그러나 현대 컴퓨터로 리지만큼 쉽게 라소를 사용할 수 있고, 심지어 이들의 합쳐진 형태인 일래스틱넷도 가능해 졌다. 일래스틱넷은 두 가지 절대값과 제곱값인 벌점을 갖는다.

$$\vec{b}^* = \arg\min_{\vec{b}} \|\vec{y} - X\vec{b}\|^2 + \alpha_1 \sum_i |b_i| + \alpha_2 \sum_i b_i^2$$

이 공식은 두 매개변수 a_1과 a_2로 이전 두 공식을 혼합한 것이다. 7장 후반에서 매개변수를 선택하는 방법에 대해 살펴보자.

scikit-learn에서 라소나 일래스틱넷 사용하기

일래스틱넷을 사용하기 위해 이전 예제를 다시 사용해보자. scikit-learn으로 이전에 사용했던 최소 제곱 회귀를 ElasticNet으로 변경하기는 매우 쉽다.

```
>>> from sklearn.linear_model import ElasticNet
>>> en = ElasticNet(alpha=0.5)
```

앞에서 lr을 사용했으니, 이번엔 en을 사용해보자. 변경할 부분은 이뿐이다. 그 결과는 예상과 정확히 같다. 훈련 오차는 5.0(이전에는 4.6)로 증가했고 교차 검증 오차는 5.4로 줄어들었다(이전에 5.6이었다). 훈련 데이터에서는 오차가 커졌지만 좀 더 일반화됐다. 같은 코드로 라소 클래스를 이용해 L1 벌점을 사용할 수 있고, 리지 클래스를 이용해 L2를 사용할 수 있다.

라소 패스 시각화

scikit-learn을 사용해, 정규 매개변수(알파)의 값을 변경하면 생기는 변화를 시각화해보자. 보스톤 데이터를 다시 사용하지만, 이제부터 Lasso 회귀 객체를 사용하겠다.

```
>>> las = Lasso(normalize=1)
>>> alphas = np.logspace(-5, 2, 1000)
>>> alphas, coefs, _= las.path(x, y, alphas=alphas)
```

알파의 각 값에 대해, Lasso 객체의 path 메소드는 매개변수 값으로 라소 문제를 해결한 계수를 반환한다. 결과는 알파를 부드럽게 변경하기 때문에, 매우 효과적으로 계산할 수 있다.

이 패스를 시각화하는 일반적인 방법은 알파가 감소함에 따라 계수 값을 그리는 것이다. 다음과 같다.

```
>>> fig,ax = plt.subplots()
>>> ax.plot(alphas, coefs.T)
>>> # 로그 크기로 설정
>>> ax.set_xscale('log')
>>> # 왼쪽에서 오른쪽으로 알파값 감소
>>> ax.set_xlim(alphas.max(), alphas.min())
```

결과는 다음 그래프와 같다(축 이름과 그래프 제목에 관련 코드를 뺐다).

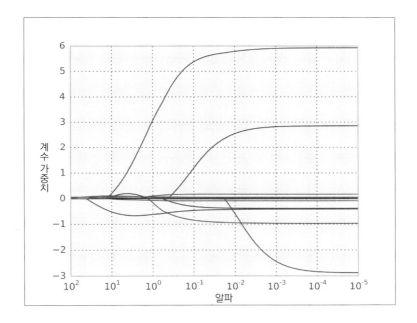

위 그래프에서, x축은 왼쪽에서 오른쪽으로 정규 총합이 줄어드는 것을 보인다(알파는 감소한다). 각 선은 알파가 변경함에 따라 계수가 변경됨을 보인다. 그래프는 매우 강한 정규를 사용할 때(왼쪽, 매우 높은 알파), 최적의 해결책은 모든 값은 정확히 0이 된다. 정규가 약해지면 하나씩 하나씩, 처음에는 튀어오르지만 나중에 안정적이 된다. 일부 점에서, 비벌점 해결책과 같게 모두 안정적이다.

P가 N보다 큰 시나리오

이번 절의 제목은 다소 전문 용어다. 1990년대 초, 초기 생물학 영역과 웹에서 P가 N보다 컸을 때 문제가 나타나기 시작했다. 속성의 개수 P가 예제의 개수 N보다 클 경우를 의미한다(이 문자들은 이러한 개념을 위한 편의상의 확률 약칭이었다). 이러한 문제는 'P가 N보다 큰 문제'라고 알려졌다.

예를 들어, 입력이 텍스트의 집합이라면 간단한 접근법은 사전에 있는 모든 단어를 속성으로 고려하고 이를 회귀에 적용하는 것이다(후에 이런 문제를 다뤄보겠다). 영어의 경우 2만단어가 넘는다(어근화하고 공통 단어를 고려한 경우다. 단어 그대로 유지한다면 10배 이상이 된다). 수백 혹은 수천 개의 예제가 있다면 예제보다 속성이 더 많다.

속성의 개수가 예제의 개수보다 클 경우, 훈련 데이터에 대한 완벽한 적합화가 가능하다. 이는 수학적 사실이다. 요컨대, 변수보다 더 적은 방정식을 푸는 시스템이라면 훈련 오차가 0인 회귀 계수 집합을 구할 수 있다(사실, 하나 이상 무한히 많은 완벽한 해결책을 구할 수 있다).

그러나 여기에 중요한 문제가 있다. 훈련 오차가 0이라고 해서 모델이 일반화가 잘 되었다는 뜻은 아니다. 사실, 일반화가 엉망일 수가 있다. 이전의 제약이 약간의 추가 값을 넣었지만 의미 있는 결과를 가져온다.

텍스트 기반의 예제

이제, 카네기 멜론 대학교 노아 스미스Noah Smith 교수의 연구 그룹이 수행했던 연구로 예제를 변경해보자. 이 연구는 미국 SECSecurities and Exchange Commission의 회사 파일인 '10-K 리포트'라고 불리는 마이닝을 기반으로 한다. 이 파일링은 상장된 모든 회사를 법적으로 관리하에 둔다. 공공 정보에 기반해 회사 주식의 미래 변동성이 무엇인지 예측하는 것이 목적이다. 과거에 일어난 일에 대한 역사적 데이터를 훈련 데이터로 사용한다.

사용 가능한 예제는 16,087개다. 속성은 단어에 해당하며, 총합이 150,360개로 이미 전처리되어 있다. 그러므로 예제보다 더 많은 속성을 갖게 된다. 소개에서 일반 최소 회귀는 이런 경우에 실패하는지 언급했다. 왜 그런지 보기 위해 우선 적용해 보겠다.

데이터셋을 책의 웹사이트를 포함한 다양한 출처에서 SVMLight 포맷으로 구할 수 있다. scikit-learn이 읽을 수 있는 포맷이다. SVMLight는 이름에서 알 수 있듯이, 서포트 벡터 머신support vector machine[1]에 관련된 파일이다. scikit-learn을 통해 사용할 수 있다. 여기서 흥미로운 부분은 파일 포맷이다.

```
>>> from sklearn.datasets import load_svmlight_file
>>> data,target = load_svmlight_file('E2006.train')
```

위 코드에서, data는 희소 매트릭스(즉 대부분이 0이기 때문에 0이 아닌 엔트리만 메모리에 저장한다)이고, target은 단순히 1차원 벡터다. 먼저 target 어트리뷰트를 살펴보면서 시작해보자.

```
>>> print('Min target value: {}'.format(target.min()))
Min target value: -7.89957807347
>>> print('Max target value: {}'.format(target.max()))
Max target value: -0.51940952694
>>> print('Mean target value: {}'.format(target.mean()))
Mean target value: -3.51405313669
>>> print('Std. dev. target: {}'.format(target.std()))
Std. dev. target: 0.632278353911
```

데이터가 -7.9에서 -0.5 사이에 놓인 걸 볼 수 있다. 데이터를 측정했기에 OLS를 사용해 예측할 때 무슨 일이 일어날지 확인할 수 있다. 참고로 이전에 사용했던 클래스와 메소드를 그대로 사용한다.

```
>>> from sklearn.linear_model import LinearRegression
>>> lr = LinearRegression()
>>> lr.fit(data,target)
>>> pred = lr.predict(data)
>>> rmse_train = np.sqrt(mean_squared_error(target, pred))
```

---

1 ch07/data/download.sh에 데이터를 사이트에서 내려받고 압축을 푸는 명령어가 있다. – 옮긴이

```
>>> print('RMSE on training: {:.2}'.format(rmse_train))
RMSE on training: 0.0025
>>> print('R2 on training: {:.2}'.format(r2_score(target, pred)))
R2 on training: 1.0
```

RMSE는 정확히 0은 아니지만 0에 가깝다. 결정 계수는 1이다. 즉, 모델은 훈련 데이터에 대해 완벽히 예측할 수 있다.

교차 검증을 사용할 때(코드는 이전 보스턴 예제에서 사용했던 것과 매우 유사하다)는 좀 다른 값인 0.75을 얻는다. 이는 -0.42라는 음의 결정 계수에 해당한다. 이는 항상 평균값인 -3.5로 '예측'한다면 회귀 모델을 사용하는 것보다 좋다는 뜻이다.

 훈련 오차와 일반화 오차

속성의 개수가 예제의 개수보다 많을 때, OLS에서는 항상 훈련 오차가 0이지만 그렇다고 해서 모델이 일반화 관점에서 잘 작동한다고 말할 수는 없다. 사실 훈련 오차가 0이더라도 아무 쓸모없는 모델이 만들어질 수도 있다.

당연히, 한 가지 해결책은 과적합화되지 않도록 규제를 사용하는 방법이다. 벌점 매개변수가 0.1인 ElasticNet 학습기로 똑같은 교차 검증을 시도하자.

```
>>> from sklearn.linear_model import ElasticNet
>>> met = ElasticNet(alpha=0.1)

>>> kf = KFold(len(target), n_folds=5)
>>> pred = np.zeros_like(target)
>>> for train, test in kf:
...     met.fit(data[train], target[train])
...     pred[test] = met.predict(data[test])

>>> # RMSE 계산하기
>>> rmse = np.sqrt(mean_squared_error(target, pred))
>>> print('[EN 0.1] RMSE on testing (5 fold): {:.2}'.format(rmse))
[EN 0.1] RMSE on testing (5 fold): 0.4

>>> # 결정 계수 계산하기
>>> r2 = r2_score(target, pred)
```

```
>>> print('[EN 0.1] R2 on testing (5 fold): {:.2}'.format(r2))
[EN 0.1] R2 on testing (5 fold): 0.61
```

평균을 예상하는 것보다 나은 0.4인 RMSE과 0.61인 R2를 얻을 수 있다. 이 해결책에는 한 가지 문제가 있다. 그것은 알파의 선택이다. 기본값 (1.0)을 사용할 때 결과는 매우 다르다(나빠진다).

이 경우에서, 이전에 좋은 결과를 얻기 위해 시도한 일부 값을 사용했다. 이는 효과적이지 않고 신뢰의 추정을 넘도록 만든다(어떤 매개변수 값을 사용하지 안 할지를 결정하기 위해 테스트 데이터를 본다). 다음 절에서는 이를 적절히 어떻게 처리할지와 scikit-learn이 어떻게 지원하는를 설명하겠다.

원칙적으로 하이퍼 매개변수 설정하기

이전 예제에서는 벌칙 매개변수를 0.1로 설정했는데, 0.7이나 23.9로도 설정할 수 있다. 당연히 결과는 매번 다르다. 지나치게 큰 값을 설정한다면 과소적합화가 된다. 극단적인 예로서, 학습 시스템은 모든 계수를 0으로 반환한다. 또는 너무 작은 값을 설정해 과적합화가 되어 일반화가 엉망인 OLS와 매우 가까워진다.

어떻게 좋은 값을 선택할까? 이는 기계 학습의 일반적인 문제인 '학습 기법에서 매개변수 설정하기'이다. 일반적인 해결책은 교차 검증이다. 가능한 값을 설정하고 교차 검증을 사용하고 가장 좋은 값을 고른다. 이러한 수행은 좀 더 많은 계산이 필요하지만(5중첩을 사용하면 5배가 된다) 항상 적용할 수 있고 편향적이지 않게 한다.

신중해야 한다. 일반화를 측정하기 위해서는 두 단계의 교차 검증two-levels of cross-validation을 사용해야 한다. 첫 번째 단계는 일반화에 대한 측정이다. 반면, 두 번째 단계는 괜찮은 매개변수를 구하는 것이다. 이를테면, 5중첩으로 데이터를 자른다. 첫 번째 중첩을 두고 나머지 4중첩으로 학습한다. 자, 매개변수를 고르기 위해 다시 이 데이터를 5중첩으로 나눈다. 일단 매개변수를 설정하면 첫 번째 중첩으로 테스트하고 4중첩에 대해 반복해서 테스트한다.

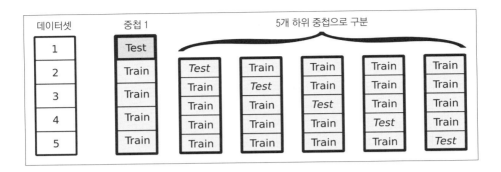

위 그림은 어떻게 하나의 훈련 중첩을 하위 중첩으로 나눌지를 보여준다. 그 밖의 중첩 모두에 대해 반복해야 한다. 이 경우에서는 5개의 외부 중첩과 5개의 내부 중첩을 볼 수 있으나, 외부와 내부 중첩 개수가 같을 필요는 없다. 데이터를 계속 나눈다면 어떤 수를 사용해도 무관하다.

이 작업은 많은 계산을 유발한다. 그러나 정확히 수행하기 위해서는 반드시 필요하다. 문제는 모델에 대한 어떤 결정을 내리기 위해 데이터 조각을 사용한다면(매개변수 설정을 포함해) 데이터는 오염되고(사용 가치가 떨어지고) 모델의 일반화 능력을 테스트하는데 더 이상 사용할 수 없다는 점이다. 이것은 미묘한 부분이어서 바로 이해하기 어려울 수도 있다. 사실 교차 검증을 정확히 수행하지 못하기 때문에 많은 기계 학습 사용자는 힘들어지고 시스템의 작동을 과측정하는 경우가 있다.

다행스럽게도 scikit-learn은 바르게 작동할 수 있도록 이를 매우 쉽게 만든다. 필요한 매개변수에 대해 최적화하기 위한 내부 교차 검증 체크를 압축한 LassoCV, RidgeCV, ElasticNetCV라는 클래스가 있다. 알파 값을 설정할 필요가 없다는 점을 제외하면 이 코드는 이전 코드와 100% 같다.

```
>>> from sklearn.linear_model import ElasticNetCV
>>> met = ElasticNetCV()
>>> kf = KFold(len(target), n_folds=5)
>>> p = np.zeros_like(target)
>>> for train,test in kf:
...     met.fit(data[train],target[train])
...     p[test] = met.predict(data[test])
>>> r2_cv = r2_score(target, p)
```

```
>>> print("R2 ElasticNetCV: {:.2}".format(r2_cv))
R2 ElasticNetCV: 0.65
```

이는 꽤 많은 계산을 유발하는데, 기다리는 동안 커피 한 잔을 해도 괜찮다(여러분의 컴퓨터 속도에 달렸다). 멀티프로세서의 장점으로 더 빨리 계산할 수도 있다. ElasticNetCV 생성자의 매개변수로 n_jobs를 사용할 수 있는 scikit-learn의 기본 특징이 있다. 4개의 CPU를 사용하려면 다음과 같이 입력한다.

```
>>> met = ElasticNetCV(n_jobs=4)
```

모든 CPU를 사용하려면 n_jobs에 -1을 지정한다.

```
>>> met = ElasticNetCV(n_jobs=-1)
```

ElasticNets은 L1과 L2 두 개의 벌점을 가지고 있는데, 알파 하나로 설정할 수 있는지 의아해 할 수 있다. 사실, 두 값은 알파와 l1_ratio(ell-1-underscore-ratio)로 별도로 명시된다. 다음과 같이 α_1와 α_2로 설정된다(p는 l1_ratio이다).

$$\alpha_1 = \rho\alpha$$

$$\alpha_2 = (1 - \rho)\alpha$$

직관적으로, 알파는 정규화의 전체적인 양을 설정하는 반면, l1_ratio은 L1과 L2 두 정규화간에 균형을 설정한다.

ElasticNetCV 객체를 다음 코드처럼 다른 l1_ratio 값으로 테스트할 수 있다.

```
>>> l1_ratio=[.01, .05, .25, .5, .75, .95, .99]
>>> met = ElasticNetCV(
                       l1_ratio=l1_ratio,
                       n_jobs=-1)
```

문서에서는 l1_ratio 값를 설정하길 추천한다. 이는 모델이 리지(l1_ratio이 0.01이나 0.05일 때)이거나 라소(l1_ratio이 0.95이나 0.99일 때)가 되는지를 테스트한다. 따라서, 다양한 범위 값으로 실험하도록 한다.

이런 유연성과 멀티 CPU 가용성 때문에, 회귀 문제에 있어 전체적으로 모델을 선택할 특별한 이유가 없다면 ElasticNetCV는 탁월한 기본 해결책이다.

정리하여, 이 큰 데이터에 대해 예측 값과 실제 값을 시각화해보자.

```
>>> l1_ratio = [.01, .05, .25, .5, .75, .95, .99]
>>> met = ElasticNetCV(
                       l1_ratio=l1_ratio,
                       n_jobs=-1)
>>> p = np.zeros_like(target)
>>> for train,test in kf:
...     met.fit(data[train],target[train])
...     p[test] = met.predict(data[test])
>>> plt.scatter(p, y)
>>> # 참고로, 대각선 추가(완벽한 예측을 뜻함)
>>> plt.plot([p.min(), p.max()], [p.min(), p.max()])
```

결과는 다음 그림과 같다.

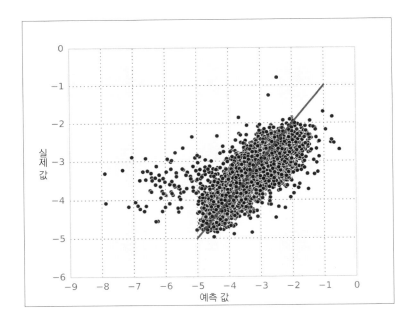

아래쪽 값이 잘 맞지 않는다. 아마도, 목적 범위의 끝쪽에 많은 소수가 있기 때문이다(이는 데이터 점의 작은 소수에 영향을 미친다).

마지막으로, 매개변수를 설정하기 위한 내부 교차 검증 접근법은 scikit-learn의 격자 검색grid search을 사용할 수 있다. 6장에서 사용했다.

정리

7장에서는 이 책에서 가장 오래된 기법인 일반 최소 제곱 회귀로 시작했다. 오래 됐지만 회귀에서 가장 훌륭한 기법이다. 더불어, 좀 더 현대적인 방법으로 아주 많은 속성이 있을 때, 과적합화를 피하고 좀 더 나은 결과를 내는 접근법인 최신의 회귀 기법인 리지, 라소, 일래스틱넷도 살펴봤다.

일반화를 측정하는 데 훈련 오차에 의존할 경우에 생기는 위험성도 알아봤다. 이는 모델의 훈련 오차가 0이 되는, 지나치게 최적화된 측정이 될 수 있으며, 전혀 쓸모없다는 점을 안다. 이러한 문제가 생각될 때, 두 단계 교차 검증을 이끌어냈는데, 중요한 건 아직도 이 분야에서 완벽히 잘 사용하지 못한다는 점이다.

7장 전체에 걸쳐, 정확한 교차 검증을 하는 쉬운 방법을 포함하여 모든 작업을 scikit-learn과 같이 했다. 매개변수 최적화에 대한 내부 교차 검증 반복을 하는 일래스틱넷(scikit-learn의 `ElasticNetCV`)은 회귀에 있어, 기본 기법으로 사용할 수 있을 것이다.

다른 해결책에 관심이 있다면 대안 기법을 사용할 수 있다. 이번 경우, 순수 라소 해결책은 많은 계수를 0으로 설정하기 때문에 좀 더 정확하다. 이는 데이터에서 결과에 중요한 영향을 미치는 적은 변수 개수를 발견하도록 한다. 이러한 기법의 차이점에 흥미를 느낄 수도 있고 더불어 좋은 회귀 모델을 구할 수도 있다.

8장에서는 다른 기계 학습 문제인 추천을 보겠다. 첫 번째 접근법으로 상품 평점을 예측하는 회귀를 사용한다. 그리고 추천을 생성하는 다른 모델을 살펴보겠다.

8
추천

추천은 온라인 서비스나 상업 서비스에서 주요한 기능이다. 자동화된 이러한 시스템은 개인화된 제안들(구매할 만한 상품, 사용 특성, 새로운 연결)을 각 개인에게 제공한다. 8장에서는 자동화된 추천 일반 시스템이 작동하는 방법을 살펴보겠다. 고객 입력에 기반한 추천 영역을 협업 필터링collaborative filtering이라 한다. 사용자가 서로가 원하는 최적의 아이템을 찾기 위해 시스템에서 협력한다.

이 장 전반부에서는 새로운 평점을 예측하기 위해 고객이 이전에 제품에 대해 매긴 평점을 어떻게 사용하는지 살펴보겠다. 도움이 되는 새로운 기법을 소개하고 이러한 기법을 결합해본다. 기법을 결합할 때, 기법을 결합하는 최적의 방법으로 회귀를 사용하겠다. 이를 통해 기계 학습 사용하는 일반적인 개념인 앙상블 학습 Ensemble learning을 살펴보겠다.

이 장 후반부에서는 다른 추천 학습인 장바구니 분석을 보겠다. 수치 평점과 달리, 장바구니 분석은 쇼핑 장바구니에 모든 정보가 있다. 즉, 구매한 목록이다. 목표는 추천에 대해 배우는 것이다. 'X를 구매한 고객은 Y도 구매했습니다'와 같은 온라인 쇼핑에서 보았을 법한 유사한 형태를 개발하겠다.

예측과 추천의 평점

지난 10년 사이에 상업 온라인 시스템을 사용해봤다면, 다음과 같은 추천을 본 적이 있을 것이다. 일부는 아마존의 'X를 구매한 고객은 Y도 구매했습니다'와 비슷할 것이다. 이는 8장 '장바구니 분석' 절에서 다룬다. 다른 추천은 영화와 같은 제품 평점을 예측하는 데 사용된다.

유명한 백만불 공개 기계 학습 도전인 넷플릭스 상Netflix Prize과 같이, 추천 학습의 문제는 과거 상품 평점을 기반으로 한다. 넷플릭스(미국, 영국을 중심으로 확장하고 있는)는 영화 대여 회사다. DVD를 우편으로 대여했지만 최근에는 온라인 스트림 영화나 TV쇼에 중점을 두고 있다. 초기부터 서비스의 구별된 특성으로 사용자가 자신이 본 영화에 평점을 매기도록 했다. 넷플릭스는 다른 사용자에게 이러한 평점을 이용한다. 이 기계 학습 문제에서, 사용자가 본 영화가 어떤 것인지, 사용자가 얼마나 평점을 주었는지에 대한 정보를 사용할 수 있다.

2006년 넷플릭스는 그들의 데이터베이스에 있는 엄청난 양의 영화 구매자 평점을 사용 가능하게 했는데, 그 목적은 평점을 예측하는 사내 알고리즘을 향상시키는 데 있었다. 10% 이상 향상시키는 사람에게 우승 상금 백만 달러를 주기로 했다. 2009년 'BellKor's Pragmatic Chaos'라는 국제 팀이 그 기록을 깨고 상을 거머쥐었다. 그들은 'The Ensemble'이라는 팀보다 20분 먼저 끝냈을 뿐만 아니라 10% 선도 넘겼다. 몇 년간 지속된 경쟁의 흥미로운 접전이었다.

실세계의 기계 학습

넷플릭스 상을 다룬 기록이 많이 있고, 이를 읽어봄으로써 많이 배울 수 있다(이 책은 이 사안을 충분히 이해할 수 있게 한다). 우승한 기술은 데이터에 많은 전처리를 수행했고, 더불어 고급 기계 학습을 결합했다. 예를 들어 모든 영화에 높은 평점을 부여하는 사용자가 있었고 항상 부정적인 사용자도 있었는데, 전처리에서 이를 처리하지 않으면 모델에 그대로 적용된다. 좋은 결과를 위해 정규화는 반드시 필요하다. 얼마나 오래된 영화인지, 얼마나 많은 평점을 받는지 등등. 좋은 알고리즘은 좋은 결과를 낸다. 그러나 '손을 더럽힐' 필요가 있다. 자신에게 있는 데이터의 속성에 맞춰 자기만의 기법으로 조절해야 한다. 전처리와 데이터 정규화는 기계 학습에서 시간이 많이 소요되는 작업이지만 최종 성능에 가장 큰 기여를 한다.

가장 먼저, 넷플릭스 상이 얼마나 어려운지 알아두자. 대략적으로, 넥플릭스에서 사용하는 내부 시스템은 추천이 없는 것보다 10% 더 좋았다(즉, 전체 사용자에게 각 영화 평균 값을 부여함). 목표는 여기에 10% 더 향상하는 것이었다. 전체적으로 우승 시스템은 개인화되지 않은 시스템보다 20% 향상되었다. 그러나 이를 달성하기 위해 많은 시간과 노력이 들었다. 20%는 커 보이지 않지만 실제 그 결과로 쓸모 있는 시스템이 되었다.

아쉽지만, 법적인 이유로 이 데이터셋은 더 이상 사용할 수 없다. 비록 데이터는 익명화되었지만, 영화 대여의 개인 정보와 고객이 노출될 가능성이 있다. 그러나 유사한 특징이 있는 학술적 데이터셋을 사용하겠다. 미네소타Minnesota 대학의 연구소인 GroupLens에서 제공하는 데이터다.[1]

넷플릭스 유형 평점 예측 질문을 어떻게 해결할 수 있을까? 두 가지 다른 접근법인 이웃 접근법neighborhood과 회귀 접근법을 사용하겠다. 하나의 예측을 얻고자 이 두 기법을 어떻게 결합하는지 알아보겠다.

훈련과 테스트 나누기

시스템 성능을 추정하기 위해 데이터셋을 훈련과 테스트 데이터를 나눈 것은 앞장에서와 같이 한다. 데이터를 일정하게 분활하고 테스트용으로 따로 보관한다.

1　ch08/data/download.sh에 데이터를 사이트에서 내려받고 압축을 푸는 명령어가 있다. – 옮긴이

나머지는 훈련용으로 사용한다. 그러나 여기서는 데이터가 구조적으로 좀 다르기 때문에 코드도 다르다. 먼저, 다음 함수를 사용해 데이터를 로드한다.

```
def load():
    import numpy as np
    from scipy import sparse

    data = np.loadtxt('data/ml-100k/u.data')
    ij = data[:, :2]
    ij -= 1      # 원 데이터는 1부터 시작한다.
    values = data[:, 2]
    reviews = sparse.csc_matrix((values, ij.T)).astype(float)
    return reviews.toarray()
```

이 매트릭스에서 0 값은 평점이 없는 값을 의미한다.

```
>>> reviews = load()
>>> U,M = np.where(reviews)
```

테스트용으로 나누기 위해 표준 랜덤 모듈을 사용한다.

```
>>> import random
>>> test_idxs = np.array(random.sample(range(len(U)), len(U)//10))
```

reviews와 같은 train 매트릭스를 만들고, 테스트는 모두 0으로 설정한다.

```
>>> train = reviews.copy()
>>> train[U[test_idxs], M[test_idxs]] = 0
```

마지막으로 test 매트릭스에는 테스트용 값이 있다.

```
>>> test = np.zeros_like(reviews)
>>> test[U[test_idxs], M[test_idxs]] = reviews[U[test_idxs],
                                               M[test_idxs]]
```

지금부터 훈련 데이터로 작업하며, 데이터셋에 없는 모든 값에 대해 예측하겠다. 다시 말해, 각 추천 짝(사용자, 영화)을 지정하는 코드를 작성하겠다.

훈련 데이터 정규화

앞에서 설명했듯이, 영화나 사용자에 관련된 명백한 특성을 제거하려면 데이터를 정규화하는 것이 최선의 방법이다. 이전에 본 매우 단순한 정규화의 한 종류인 z 점수z-score를 사용하겠다.

아쉽게도, 데이터에 있는 결측치를 다루어야 하기 때문에 scikit-learn의 정규화 객체를 바로 사용할 수 없다(모든 영화에 대해 모든 사용자가 평점을 주지 않았다). 그러므로 평균과 표준 편차로 정규화하고자 한다.

결측치를 무시하는 클래스를 작성하자. 이 클래스는 다음 scikit-learn 전처리 API를 사용한다.

```
class NormalizePositive(object):
```

정규화할 축axis을 선택한다. 기본적으로, 첫 번째 축을 정규화하지만 가끔은 두 번째 축을 정규화할 때 유용하다. 다음은 NumPy 관련 함수의 컨벤션을 따른다.

```
    def __init__(self, axis=0):
        self.axis = axis
```

가장 중요한 메소드는 fit 메소드다. 구현에서 0이 아닌 평균과 표준 편차를 계산한다. 0은 결측치missing value다.

```
    def fit(self, features, y=None):
```

축이 1이라면, 다음과 같이 전치 배열을 만든다.

```
        if self.axis == 1:
            features = features.T
            # 축 0에서 0보다 큰 속성을 센다.
        binary = (features > 0)
        count0 = binary.sum(axis=0)

        # 0으로 나누지 않기 위해, 0을 1로 설정한다.
        count0[count0 == 0] = 1.

        # 평균 계산은 쉽다.
        self.mean = features.sum(axis=0)/count0
```

```
# binary가 참일 때만 차이를 고려한다.
diff = (features - self.mean) * binary
diff **= 2

# 0.1을 추가해 std의 추정을 규정화한다.
self.std = np.sqrt(0.1 + diff.sum(axis=0)/count0)
return self
```

일부 샘플이 있을 때, 표준 편차를 과소 추정underestimate하는 것을 막기 위해 표준 편차에 0.1을 더한다. 이로써 모두 같게 된다. 사용된 정확한 값은 최종 결과와 정확하게 일치하지 않지만, 0으로 나누지 않는다.

transform 메소드는 다음과 같은 이진 구조를 유지해야 한다.

```
def transform(self, features):
    if self.axis == 1:
        features = features.T
    binary = (features > 0)
    features = features - self.mean
    features /= self.std
    features *= binary
    if self.axis == 1:
        features = features.T
    return features
```

축 1일 때, 입력 매트릭스를 전치했던 점을 상기하여 입력처럼 같은 형태의 값을 반환하기 위해 다시 원래대로 전치한다. inverse_transform은 다음과 같이 전치하기 위해 역 연산을 수행한다.

```
def inverse_transform(self, features, copy=True):
    if copy:
        features = features.copy()
    if self.axis == 1:
        features = features.T
    features *= self.std
    features += self.mean
    if self.axis == 1:
        features = features.T
    return features
```

마지막으로, fit와 transform을 둘 다 하는 fit_transform을 추가한다.

```
def fit_transform(self, features):
    return self.fit(features).transform(features)
```

정의한 메소드(fit, transform, transform_inverse, fit_transform)는 sklearn.preprocessing 모듈의 정의된 객체와 같다. 다음 절에서, 먼저 입력을 정규화하고 정규화된 예측을 실행하고 마지막으로 최종 예측을 구하기 위해 역 변환을 적용해야 한다.

추천에 대한 이웃 접근법

이웃 개념을 두 가지로 구현할 수 있다. 하나는 사용자 이웃이나 영화 이웃이다. 사용자 이웃은 매우 간단한 개념이다. 사용자가 영화에 얼마나 평점을 줄지를 알기 위해, 사용자와 유사한 다른 사용자를 찾고 그들의 평점을 참고하는 것이다. 당장은 사용자 이웃만 고려하자. 이 절 마지막에서, 영화 이웃를 계산하기 위해 코드를 어떻게 변경하는지 살펴보겠다.

우리가 살펴볼 흥미로운 기술 중 하나는 각 사용자가 평점을 준 영화만 참고하지, 몇 점을 주었는지는 참고하지 않는다. 사용자가 영화에 평점을 주었으면 1, 안 주었으면 0인 이진 매트릭스로 유용한 예측을 할 수 있다. 지나고 나서 보니, 이는 완벽한 방법을 만든다. 볼 영화를 완벽히 무작위로 선택하지 않고 이전에 좋아했던 영화를 기반을 선택한다. 영화 평점도 무작위로 주지 않고 받은 강한 느낌만큼 평점을 준다(자연스럽게, 예외는 있겠지만 이 평균은 참이다).

각 평점을 작은 사각 점인 이미지로 이 매트릭스를 시각화할 수 있다. 검은색은 평점을 주지 않는 것이고 회색은 평점을 준 것을 의미한다.

다음과 같이 데이터를 시각화하는 코드는 매우 단순하다(이 책에서 보는 것보다 더 큰 이율로 변경할 수 있다).

```
>>> from matplotlib import pyplot as plt
>>> # 위에 정의한 객체의 인스턴스를 만든다.
>>> norm = NormalizePositive(axis=1)
```

```
>>> binary = (train > 0)
>>> train = norm.fit_transform(train)
>>> # plot just 200x200 area for space reasons
>>> plt.imshow(binary[:200, :200], interpolation='nearest')
```

결과는 다음과 같다.

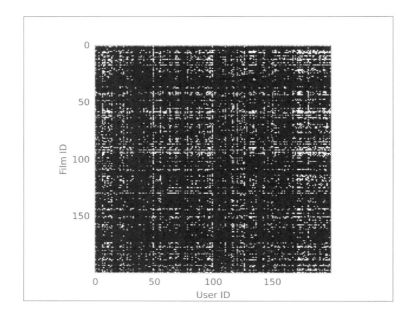

이 매트릭스는 희소다. 대부분 사각형은 블랙이다. 일부 사용자는 다른 사용자 보다 많은 평점을 주었고 일부는 다른 영화보다 많은 평점이 있다.

영화 평점을 예측하기 위해 이진 매트릭스를 사용하겠다. 알고리즘은 다음과 같다.

1. 각 사용자에 대해 가까움의 정도로 다른 사용자를 서열화한다. 이 단계에서, 이진 매트릭스를 사용하고 가까움의 정도로서 상관 계수correlation를 사용한다(0과 1로 이진 매트릭스에 대한 해석은 이 계산을 수행하도록 한다).

2. (사용자, 영화) 짝에 대한 평점을 추정하려고 할 때, 영화에 평점을 준 모든 사용자를 반은 가장 유사하고 반은 가장 다른 2개로 구분한다. 예측으로는 가장 유사한 그룹을 사용한다.

매트릭스에서 모든 사용자간의 거리를 구하기 위해 scipy.spatial.distance.pdist 함수를 사용한다. 이 함수는 상관 거리를 반환한다. 이 상관 거리는 값이 클수록 유사함이 덜하는 것을 의미하기 하기 때문에 이를 역수를 취해 상관 값을 변환한다. 수학적으로, 상관 거리는 $lift(X \rightarrow Y) = \dfrac{\hat{P}(Y \mid X)}{\hat{P}(Y)}$이며, $1-r$은 상관 계수 값이다. 코드는 다음과 같다.

```
>>> from scipy.spatial import distance
>>> # 모든 짝 단위 거리를 계산한다.
>>> dists = distance.pdist(binary, 'correlation')
>>> # dists[i,j]는 binary[i]와 binary[j]의 거리이며
>>> # squareform으로 변환한다.
>>> dists = distance.squareform(dists)
```

각 사용자의 가장 가까운 이웃을 선택하기 위해 다음 매트릭스를 사용한다.

```
>>> neighbors = dists.argsort(axis=1)
```

모든 입력에 대해 예측을 측정하기 위해 모든 사용자에 대해 반복한다.

```
>>> # 이 매트릭스에 결과를 넣는다.
>>> filled = train.copy()
>>> for u in range(filled.shape[0]):
...     # n_u는 사용자의 이웃이다
...     n_u = neighbors[u, 1:]
...     # t_u는 훈련 데이터다.

...     for m in range(filled.shape[1]):
...         # 관련 있는 reviews를 얻는다!
...         revs = [train[neigh, m]
...                     for neigh in n_u
...                         if binary [neigh, m]]
...         if len(revs):
...             # n은 이 영화의 리뷰 개수이다.
...             n = len(revs)
...             # 리뷰 개수의 1을 더한다.
...             n //= 2
...             n += 1
...             revs = revs[:n]
...             filled[u,m] = np.mean(revs )
```

이전 코드에서 약간의 편법은 영화에 평점을 준 이웃을 선택하기 위해 `right value`로 색인한 점이다. 그러면 우리는 사용자의 가장 가까운 절반만 선택하고 (`rev[:N]` 부분) 이에 대해 평균을 구한다. 일부 영화는 많은 리뷰를 가진 반면, 일부는 적다. 이는 모든 경우에 하나의 사용자를 찾기 힘들게 만든다. 절반의 데이터를 선택은 좀 더 일반적인 방법이다.

최종 결과를 얻기 위해 다음과 같이 예측을 정규화하지 않은 상태로 만든다unnormalize.

```
>>> predicted = norm.inverse_transform(filled)
```

7장에서 배운 같은 매트릭스를 사용한다.

```
>>> from sklearn import metrics
>>> r2 = metrics.r2_score(test[test > 0], predicted[test > 0])
>>> print('R2 score (binary neighbors): {:.1%}'.format(r2))
R2 score (binary neighbors): 29.5%
```

위 코드는 사용자 이웃을 계산하지만 입력 매트릭스를 단순히 전치하여 영화 이웃을 계산하기 위해 사용자 이웃을 사용한다. 사실, 코드는 입력 코드의 행이 무엇이든 이웃을 계산한다.

그러면 상단에 다음 코드를 넣어, 다음 코드를 반환할 수 있다.

```
>>> reviews = reviews.T
>>> # 이전 코드를 그대로 사용한다...
>>> r2 = metrics.r2_score(test[test > 0], predicted[test > 0])
>>> print('R2 score (binary movie neighbors): {:.1%}'.format(r2))
R2 score (binary movie neighbors): 29.8%
```

이와 같이 결과는 다르지 않다.

이 책의 코드 저장소에 있는 이웃 코드는 단순한 함수로 만들어서 사용하기 쉽다.

추천에 대한 회귀 접근법

이웃 접근법에 대안으로 회귀 문제로서 추천 공식을 만들고 7장에서 배운 기법을 적용한다.

분류 접근법은 적당한 적합화가 아니다. 5개 범주로 구별하는 분류기로 학습을 시도할 수 있는데, 이러한 접근법에는 두 가지 문제점이 있다.

- 오차는 모두 같지 않다. 이를테면, 별 4개짜리 영화를 별 5개짜리 영화로 잘못 구분한 경우는 별 1개짜리 영화를 별 5개짜리 영화로 잘못 구분한 경우와 그 심각성이 동일하지 않다.

- 중간 값이 있다. 입력이 모두 정수 값이지만, 예측 값이 4.3으로 나오더라도 의미가 있다. 둘다 반올림이 4이지만, 3.5와는 다른 예측이다.

이러한 두 요소는 분류 기법이 이 문제에 적합하지 않음을 뜻한다. 회귀 프레임워크가 좀 더 적당하다.

기본적으로 접근법으로 두 가지가 있는데, 영화에 중점을 둔 모델이나 사용자에 중점을 둔 모델을 만들 수 있다. 우리의 경우 사용자에 중점을 둔 모델을 먼저 만들어보겠다. 이는 각 사용자에 대해 영화를 정하고 타깃 변수는 평점이다. 입력은 다른 사용자의 평점이다. 대상 사용자와 유사한 사용자에게 높은 값을 부여한다 (또는 대상 사용자가 싫어하는 영화를 좋아하는 사용자에게 음의 값을 부여한다).

이전처럼 train과 test 매트릭스를 설정한다(정규화 과정을 포함하여). 따라서, 바로 학습 단계를 들어간다. 먼저, 다음과 같은 회귀 객체를 만든다.

```
>>> reg = ElasticNetCV(alphas=[
            0.0125, 0.025, 0.05, .125, .25, .5, 1., 2., 4.])
```

모든 (사용자, 영화) 짝에 대한 평점을 가진 데이터를 만든다. 훈련 데이터를 복사하여 초기화한다.

```
>>> filled = train.copy()
```

모든 사용자에 반복하고 각 사용자의 데이터를 기반으로 회귀 모델을 학습한다.

```
>>> for u in range(train.shape[0]):
...     curtrain = np.delete(train, u, axis=0)
...     # 평점이 있는지 없는지에 대한 이진 기록
...     bu = binary[u]
...     # 다른 사용자를 기반으로 현재 사용자에 대한 적합화
```

```
...        reg.fit(curtrain[:,bu].T, train[u, bu])
...        # 모든 결측 평점을 채워 넣는다.
...        filled[u, ~bu] = reg.predict(curtrain[:,~bu].T)
```

이전처럼 모델이 정확하게 할 수 있는지 평가한다.

```
>>> predicted = norm.inverse_transform(filled)
>>> r2 = metrics.r2_score(test[test > 0], predicted[test > 0])
>>> print('R2 score (user regression): {:.1%}'.format(r2))
R2 score (user regression): 32.3%
```

이전처럼, 전치 매트릭스를 사용하여 영화 회귀를 수행하도록 이 코드를 사용할 수 있다.

여러 기법 결합

이전 기법들을 결합해 하나를 예측하게 할 수 있다. 직관적으로 좋은 생각처럼 보이나 실제에서 어떻게 사용할 수 있을까? 아마도, 예측을 평균화할 수 있다. 괜찮은 결과를 얻을 수도 있지만, 모든 예측을 같다고 생각할 이유는 없다. 한 예측이 다른 예측보다 나을 수도 있다.

각 예측에 주어진 가중치를 곱한 후 모두 더함으로써 가중 평균weighted average을 이용할 수 있다. 그럼 어떻게 가장 최적화된 가중치를 구할 수 있을까? 물론 데이터에서 배운다!

앙상블 학습

앙상블 학습(ensemble learning)이라는 기계 학습의 일반적인 기법을 사용하는데, 이는 회귀에만 응용할 수 있는 건 아니다. 예측기의 앙상블(즉, 집합)을 학습한 후, 이들을 결합한다. 흥미롭게도, 각 예측을 새로운 속성으로 볼 수 있고, 줄곧 작업하던 훈련 데이터를 기반으로 속성들을 결합한다. 여기서는 회귀를 위해 사용하지만 분류에도 같은 논리로 적용 가능하다(다수의 분류기와 이 분류기들의 결과를 입력받아 마지막 예측을 출력하는 하나의 마스터 분류기를 어떻게 만드는지 알아본다). 앙상블 학습의 다른 형태들은 기본 예측기를 어떻게 결합하는지에 따라 달라진다. 우리는 예측기를 학습시킨 훈련 데이터를 다시 사용한다.

가중치를 학습하기 위해 계층stacked 학습기를 사용한다. 기본 개념은 예측기들이 학습하는데, 예측기가 예측한 결과를 다른 예측기의 속성으로 사용하는 것이다. 여러 층이 있고 각 층은 예측하기 위해 이전 층의 결과를 속성으로 사용하여 학습한다. 다음 도표를 보자.

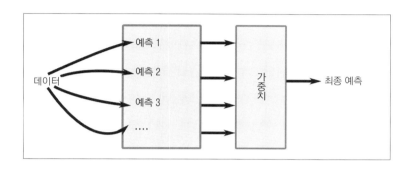

이 결합 모델을 적합화하기 위해, 훈련 데이터를 둘로 나눈다. 대안으로, 교차 검증을 사용할 수 있다(원본 계층 학습기 모델을 이처럼 작동한다). 하지만, 이번에는 좋은 추정을 하기 위해 일부를 둘 정도로 충분한 데이터가 있다.

초평면을 적합화할 때, 훈련/테스트로 나눌 필요가 있다. 다음과 같이, 첫 번째는 훈련, 두 번째는 계층 학습기를 적합화할 수 있다.

```
>>> train,test = load_ml100k.get_train_test(random_state=12)
>>> # 훈련 데이터를 다시 두 그룹으로 나눈다.
>>> tr_train,tr_test = load_ml100k.get_train_test(train,
        random_state=34)
>>> # 이전에 정의한 모든 메소드를 호출한다.
>>> # 이런 메소드는 함수로 구현되어 있다.
>>> tr_predicted0 = regression.predict(tr_train)
>>> tr_predicted1 = regression.predict(tr_train.T).T
>>> tr_predicted2 = corrneighbours.predict(tr_train)
>>> tr_predicted3 = corrneighbours.predict(tr_train.T).T
>>> tr_predicted4 = norm.predict(tr_train)
>>> tr_predicted5 = norm.predict(tr_train.T).T

>>> # 이러한 예측을 하나의 배열로 합한다.
```

```
>>> stack_tr = np.array([
...     tr_predicted0[tr_test > 0],
...     tr_predicted1[tr_test > 0],
...     tr_predicted2[tr_test > 0],
...     tr_predicted3[tr_test > 0],
...     tr_predicted4[tr_test > 0],
...     tr_predicted5[tr_test > 0],
...     ]).T
>>> # 단순 선형 회귀로 적합화한다.
>>> lr = linear_model.LinearRegression()
>>> lr.fit(stack_tr, tr_test[tr_test > 0])
```

자, 테스트와 평가를 위해 전체 과정을 적용해보자.

```
>>> stack_te = np.array([
...     tr_predicted0.ravel(),
...     tr_predicted1.ravel(),
...     tr_predicted2.ravel(),
...     tr_predicted3.ravel(),
...     tr_predicted4.ravel(),
...     tr_predicted5.ravel(),
...     ]).T
>>> predicted = lr.predict(stack_te).reshape(train.shape)
```

평가는 이전과 같다.

```
>>> r2 = metrics.r2_score(test[test > 0], predicted[test > 0])
>>> print('R2 stacked: {:.2%}'.format(r2))
R2 stacked: 33.15%
```

계층 학습 결과는 이전 개별 기법 결과보다 더 좋다. 약간 성능 개선을 얻는 방법으로 두 기법을 결합하는 게 일반적이지만 그 결과가 확실히 뛰어나지 않는다.

여러 기법을 결합하는 유연한 방법으로, 학습기를 결합하고 예측을 중첩적으로 하도록 한다. 이를테면, 이웃을 최근접 이웃으로 대체한다.

그러나 데이터셋에 대해 과적합화가 되지 않도록 주의해야 한다. 사실, 너무 많이 무작위로 시도한다면 일부는 이 데이터에 완벽히 잘 작동하지만 일반화되지 않는다. 데이터를 나눈다고 하더라도, 결정에 대해 엄격히 교차 검증을 하지 않는다.

좋은 추정을 하기 위해, 데이터가 충분하다면 마지막 예측을 위해 일부 데이터를 그대로 두어야 한다. 그러면 이렇게 나눈 데이터를 사용한 모델 테스트는 실제 작동이 어떠할지에 대한 편향되지 않은 예측을 알려준다.

장바구니 분석

지금까지 논의한 기법은 사용자가 제품을 얼마만큼 좋아하는지를 나타내는 수치적 평점이 있을 때 잘 작동한다. 이런 유형의 정보가 항상 유용한 건 아니다.

장바구니 분석은 추천을 학습하는 대안의 형태중 하나다. 이 형태의 데이터는 함께 구매한 물품들로 구성된다. 각 물품이 괜찮았는지 여부에 관한 어떤 정보도 담겨 있지 않다. 구매자들은 종종 자신이 산 물품에 대해 후회하기도 하고, 대략적으로 이러한 구매는 다른 구매자들에게 좋은 추천이 되는 충분한 정도를 제공한다. 평점 데이터보다 이 데이터를 구하기는 쉽다. 구매자가 평점을 주는 것이 아니라 쇼핑을 하면서 자연히 생산되는 정보다. 다음 화면은 톨스토이의 책 『전쟁과 평화 War and Peace』를 보여주는 아마존닷컴Amazon.com의 웹 페이지다. 이것은 이러한 결과를 사용한 일반적인 결과다.

Customers Who Bought This Item Also Bought

Anna Karenina
Leo Tolstoy
★★★★☆ (289)
Paperback
$10.35

The Brothers Karamazov
Fyodor Dostoevsky
★★★★☆ (248)
Paperback
$11.25

The Idiot (Vintage Classics)
Fyodor Dostoevsky
★★★★☆ (57)
Paperback
$10.88

물론 이 형태의 학습이 실제 쇼핑 장바구니에만 적용되는 건 아니다. 이는 어떤 것이든 추천을 필요로 하는 어떠한 환경에든 적용할 수 있다. 이를테면, 지메일Gmail에서 이메일을 쓰는 사용자에게 추가적인 수신자를 추천할 때도 유사한 기술을 사용해서 구현할 수 있다(지메일 내부에서 무엇을 사용하는지는 알 수 없다. 아마도 앞서 우리가 했듯이 여러 가지 기술을 결합했을 것이다). 또는 브라우징 이력browsing history을 기반으로 방문할 웹 페이지를 추천하는 애플리케이션을 개발하는 데 이러한 기법을 사용할 수도 있다. 구매를 다룰 때조차, 함께 구매했든 별도의 트랜잭션transaction으로 구매했든 상관없이 구매자가 구매한 모든 물품을 하나의 장바구니로 모으는 것도 타당하다. 이는 비지니스에 따르지만 다양한 환경에서 유용하고 유연한 기술임을 기억하자.

 맥주와 기저귀 이야기

장바구니 분석을 다룰 때 자주 언급되는 이야기 중 하나는 '기저귀와 맥주' 이야기다. 슈퍼마켓이 그들의 데이터를 처음 보기 시작했을 때, 기저귀가 맥주와 함께 구매된다는 사실을 발견했다. 추정상, 슈퍼마켓에 기저귀를 구매하러 온 아빠들이 맥주도 구매했다. 이 이야기가 신빙성이 있든 없든 꽤 많은 논의가 있어 왔다. 이 경우, 이 이야기는 진실로 보인다. 1990년대 초 오스코 드러그(Osco Drug)[2]에서 초저녁에 기저귀와 맥주가 함께 판매된다는 사실을 발견한 매니저는 이 두 제품이 유사하다고 생각해보지 않았기에 매우 놀랐다. 이로 인해 기저귀 판매대 가까이로 맥주 판매대가 옮겨졌다는 건 사실이 아니다. 또한 실제로 엄마(또는 조부모)보다 아빠가 더 맥주와 기저귀를 함께 구매하는지에 관한 정보도 없다.

유용한 예측 얻기

많은 온라인 소매자가 'X를 구매한 소비자는 Y도 구매했다'고 말하긴 하지만 (이전의 아마존닷컴 화면을 보자), 꼭 그렇진 않다. 실제 시스템은 이처럼 작동하지 않는다. 왜일까? 이러한 시스템은 매우 자주 구매되는 물품이나, 어떤 개인화도 없이 단순히 인기 있는 것을 추천하기 때문이다.

예를 들어, 슈퍼마켓에서 많은 소비자가 빵을 구매한다(구매자의 50%가 빵을 구매한

---

2 미국의 대형 약국 체인점 – 옮긴이

다고 하자). 그래서 어떤 특정 물품, 이를테면 세제에 관심이 있을 경우 세제와 함께 자주 구매된 것이 무엇인지 보면 세제와 빵이 자주 구매됐음을 알 수 있다. 사실, 누군가 세제를 구매한 횟수의 50%는 빵을 구매한다. 그러나 빵을 누구나 자주 구매하기 때문에 다른 어떤 물품과도 종종 함께 구매한다.

X를 구매한 구매자가 통계적으로 기준보다 Y를 더 구매하는지를 알고 싶다. 그래서 세제를 구매하면 빵도 구매하지만 기준선보다 더는 아니다. 마찬가지로, 당신이 어떤 책을 구매했었는지에 상관없이 단순히 베스트셀러를 추천한 서점은 개인화한 추천 작업을 하지 않는다.

슈퍼마켓 쇼핑 장바구니 분석

벨기에 슈퍼마켓에서 익명의 트랜잭션으로 구성된 데이터셋을 예제로 살펴보자. 이 데이터셋은 하셀트 대학교의 톰 브리즈Tom Brijs가 만들었다. 데이터는 익명성이 유지되므로, 각 제품의 번호와 장바구니 집합 번호로만 이뤄져 있다. 데이터 파일은 retail.dat로, 이 책의 웹사이트를 비롯한 몇몇 온라인 출처에서 이용 가능하다.[3]

데이터셋을 로드하면서 시작한다. 그리고 약간의 통계를 보자.

```
>>> from collections import defaultdict
>>> from itertools import chain
>>> # 파일은 압축된 채로 되어 있다.
>>> import gzip
>>> # 파일 형식은 '12 34 342 5...'와 같은 트랜잭션이 한 라인이다.
>>> dataset = [[int(tok) for tok in line.strip().split()]
...           for line in gzip.open('retail.dat.gz')]
>>> # set으로 작업하는 것이 좀 더 편하다
>>> dataset = [set(d) for d in dataset]
>>> # 얼마나 자주 각 제품이 소비됐는지를 센다.
>>> counts = defaultdict(int)
>>> for elem in chain(*dataset):
...     counts[elem] += 1
```

다음과 같은 표로 요약하여 센 결과를 볼 수 있다.

---

3 http://fimi.ua.ac.be/data/retail.dat.gz에서 내려받을 수 있다. - 옮긴이

구매 횟수	제품 번호
1회	2,224
2회나 3회	2,438
4~7회	2,508
8~15회	2,251
16~31회	2,182
32~63회	1,940
64~127회	1,523
128~511회	1,225
512회 이상	179

많은 제품이 단지 몇 회만 구매됐다. 예를 들어, 제품의 33%가 4번 아래다. 그러나 이는 구매의 단 1%를 나타낸다. 많은 제품이 단지 적은 횟수로 구매되는 현상을 '롱 테일long tail'이라 한다. 그리고 이는 인터넷이 제품을 싸게 만들고 틈새 제품을 팔게 됨에 따라 더 유명해졌다. 이러한 제품을 추천할 수 있으려면 더 많은 데이터가 필요하다.

장바구니 분석 알고리즘을 구현한 오픈소스가 있긴 하지만, scikit-learn이나 사용하고 있는 여타 패키지와 잘 어울리는 것은 없다. 그러므로 고전적인 알고리즘을 구현하겠다. 아프리오리Apriori 알고리즘이라는 약간 오래된 알고리즘이 다(1994년 라케시 아그라왈Rakesh Agrawal과 라마크리슈난 스리칸트Ramakrishnan Srikant가 발표했다). 그러나 잘 작동한다(물론 알고리즘은 절대 작동을 멈추지 않는다. 좀 더 나은 개념으로 대체될 뿐이다).

형식상 아프리오리는 집합 모음을 입력받고(즉 쇼핑 장바구니), 부분집합으로 매우 빈도수가 높은 집합을 반환한다(즉 많은 쇼핑 장바구니에 포함된 물품).

알고리즘은 상향식bottom-up 접근법에 따라 작동한다. 가장 작은 후보(하나의 요소로 구성된다)로부터 시작하여, 만들어지면서 한 번에 한 원소가 추가된다. 형식적으로,

알고리즘은 장바구니 집합과 고려해야 할 최소 입력(이 매개변수를 minsupport이라 한다)을 받는다. 첫 번째 단계는 최소 support로 하나 물품으로 모든 장바구니를 고려하는 것이다. 그리고 두 물품을 만드는 가능한 모든 방법을 결합한다. 이 결합은 최소 support를 유지하기 위해 선별된다. 가능한 모든 세 물품을 고려하고 최소 support를 유지하도록 한다. 아프리오리의 방법은 좀 더 큰 장바구리를 만들 때, 최소 물품으로 만든 장바구니를 고려해야 한다.

다음 그림은 알고리즘을 도식적으로 나타낸 것이다.

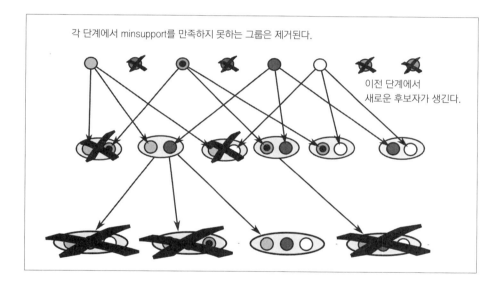

코드로 이 알고리즘을 구현해보자. 최소 support를 정의해야 한다.

```
>>> minsupport = 80
```

support는 함께 구매되는 물품 집합의 횟수다. 아프리오리의 목적은 높은 support를 갖는 아이템 집합을 찾는 데 있다. 논리적으로, 최소 support보다 큰 집합의 원소로 하나의 집합이 구성된다.

```
>>> valid = set(k for k,v in counts.items()
...             if (v >= minsupport))
```

최초 아이템 집합은 원소가 하나인 집합이다(한 원소의 집합). 특히, 적어도 최소 support를 넘는 원소를 가진 모든 집합은 빈도 아이템셋이다.

```
>>> itemsets = [frozenset([v]) for v in valid]
```

반복은 매우 단순하며 다음과 같다.

```
>>> freqsets = []
>>> for i in range(16):
...     nextsets = []
...     tested = set()
...     for it in itemsets:
...         for v in valid:
...             if v not in it:
...                 # 추가된 v와, 이전과 같은 새로운 가능한 집합을 만든다.
...                 c = (it | frozenset([v]))
...                 # 이전에 테스트하는지 체크
...                 if c in tested:
...                     continue
...                 tested.add(c)
...
...                 # 데이터셋을 반복하여 support 센다.
...                 # 이 단계는 느리다.
...                 # 더 나은 구현은 'apriori.py'을 참고한다.
...                 support_c = sum(1 for d in dataset if
...                 d.issuperset(c))
...                 if support_c > minsupport:
...                     nextsets.append(c)
...     freqsets.extend(nextsets)
...     itemsets = nextsets
...     if not len(itemsets):
...         break
>>> print("Finished!")
Finished!
```

이 작업은 정확하지만 매우 느리다. 좀 더 나은 구현을 위해서는, 개수(support_c)를 얻고자 모든 데이터셋에 대해 반복하는 일을 피할 수 있는 하부 구조가 필요하다. 특별히, 쇼핑 장바구니의 물품이나 빈번한 아이템 집합을 추적한다. 이로 인해 반복이 증가하거나 코드를 이해하기가 힘들어진다. 그러므로 여기서 보여주진 않

겠다. 여태껏 그랬듯이, 책의 웹사이트에서 두 가지 구현을 모두 볼 수 있다. 코드는 다른 데이터셋에도 적용할 수 있도록 함수로 새롭게 만들었다.

아프리오리 알고리즘은 빈도 아이템 집합, 즉 특정한 양 이상이 있는 장바구니를 반환한다(코드의 `minsupport`).

연관 룰 마이닝

빈도 아이템 집합은 그 자체로는 꽤 유용하지 않다. 다음 단계는 연관 룰association rule을 만드는 작업이다. 이 최종 목적 때문에, 장바구니 분석의 전체 영역을 연관 룰 마이닝association rule mining이라고 한다.

연관 룰은 '만약 X라면 Y이다' 형태의 표현이다(예: 소비자가 『전쟁과 평화』를 구매했다면, 그들은 『안나 카레니나』[4]를 구매하려 한다). 참고로 이 룰은 결정적이지deterministic 않다(X를 구매한 소비자가 항상 Y를 구매하는 것은 아니다). 그러나 이를 항상 설명하기는 다소 귀찮다. X를 구매한 소비자는 기준선에 따라 Y를 사는 경향이 있다. 그러므로 '만약 X라면 Y이다'라고 말하긴 하나, 여기엔 확률적 의미가 내포되어 있다.

흥미롭게도, 선례와 결과는 다수의 대상을 포함할 수 있다(X, Y, Z를 구매한 소비자 는 A, B, C 역시 구매한다). 다수의 선례는 하나의 물품에서 가능한 예측보다 좀 더 구체적인 예측을 할 수 있게 한다.

빈도 집합에서 X의 모든 가능한 조합은 Y를 시사하는 룰을 얻을 수 있다. 이런 룰 여러 개를 생성하는 건 쉽다. 그러나 가치 있는 룰이 필요하다. 그러므로 룰의 가치를 측정할 필요가 있다. 공통적으로 사용되는 측정은 리프트lift라고 한다. 리프트는 룰을 적용해 얻은 확률과 기준선 사이의 비율이다.

$$lift(X \rightarrow Y) = \frac{\hat{P}(Y \mid X)}{\hat{P}(Y)}$$

위 공식에서, P(Y)는 Y를 포함한 모든 트랜잭션의 일부이고, P(Y|X)는 X를 포함할 때 Y를 포함한 트랜잭션의 일부다. 리프트를 사용하면 베스트셀러를 추천하는

---

4 『전쟁과 평화』와 동일한 저재(톨스토이) - 옮긴이

문제를 피하는 데 도움이 된다. 베스트셀러의 경우 P(Y)와 P(Y|X)는 모두 커진다. 그러므로 리프트는 1에 가까워지고 룰은 매우 적절하지 않다고 생각된다. 실제로, 리프트의 값이 적어도 10, 아마도 100이길 바란다.

다음 코드를 참고하자.

```
>>> minlift = 5.0
>>> nr_transactions = float(len(dataset))
>>> for itemset in freqsets:
...     for item in itemset:
...         consequent = frozenset([item])
...         antecedent = itemset-consequent
...         base = 0.0
...         # acount: # 선례의 카운트
...         acount = 0.0
...
...         # ccount : 결과의 카운트
...         ccount = 0.0
...         for d in dataset:
...             if item in d: base += 1
...             if d.issuperset(itemset): ccount += 1
...             if d.issuperset(antecedent): acount += 1
...         base /= nr_transactions
...         p_y_given_x = ccount/acount
...         lift = p_y_given_x / base
...         if lift > minlift:
...             print('Rule {0} -> {1} has lift {2}'
...                 .format(antecedent, consequent,lift))
```

결과의 일부는 다음 표와 같다. 카운트는 결과를 포함한 트랜잭션의 수이고(즉, 상품을 산 기분 비율이다) 선례의 모든 물품과 결과와 선례에 모두 있는 물품이다.

선례	결과	결과 카운트	선례 카운트	선례와 결과 카운트	리프트
1,378, 3,791, 1,380	1,269	279(0.3%)	80	57	225
48, 41, 976	117	1026(1.1%)	122	51	35
48, 41, 16,011	16,010	1316(1.5%)	165	159	64

예를 들어, 80개의 트랜잭션에서 1,378, 1,379, 1380이 함께 구매됐음을 볼 수 있다. 57개에는 1,269도 포함되어 있다. 그래서 추정된 조건 확률은 57/80 ≈ 71%이다. 1,269를 포함한 트랜잭션이 단지 0.3%임을 비교해볼 때 리프트는 255가 된다.

상대적으로 단단한 추론을 만들기 위해서는 이러한 카운트에서 트랜잭션의 수가 적절해야 하므로, 우선 빈도 높은 아이템 집합을 선택해야 한다. 빈도 낮은 아이템 집합으로부터 룰을 생성한다면 해당 카운트는 매우 작다. 이 때문에 상대적인 값은 의미가 없어진다(또는 매우 큰 오차 막대error bar에 달렸다).

참고로 이 데이터셋으로부터 발견된 더 많은 연관 룰이 있다. 1,030개 데이터 셋은 최소 리프트 5와 적어도 최소 80개의 장바구니 지원을 필요로 하는데, 웹에서 지금 가능한 것에 비하면 아직도 작은 데이터셋이다(수백만 개의 트랜잭션이 실행될 때, 수천, 수백만 룰의 생성을 예상할 수 있다).

그러나 각 소비자에게는 주어진 시간에 일부 룰만이 적절하므로, 각 소비자는 일부 추천만을 받아들인다.

좀 더 발전된 장바구니 분석

현재, 아프리오리보다 빠른 장바구니 분석 알고리즘이 있다. 이전에 본 코드는 단순하고, 대략 10만 트랜잭션에 대해 꽤 괜찮다. 수백만 트랜잭션이 있다면 좀 더 빠른 알고리즘을 사용하는 편이 나을 수 있다. 연관 규칙 학습은 효율성이 큰 관심이 아니기 때문에 종종 오프라인에서 실행된다.

이미 구매한 주문을 고려하는 룰을 이끌어내는 임시 정보와 작동하는 기법도 있다. 이것이 유효한 이유를 보여주는 극단적인 예로, 큰 파티용 물품을 구매하는 사람은 쓰레기 봉투를 구매하러 다시 돌아올 수 있음을 고려해보자. 그러므로 첫 번째 방문에서 쓰레기 봉투를 제안하는 행위는 이해할 수 있다. 그러나 쓰레기 봉투를 사는 모든 사람에게 파티 물품을 제안하는 행위는 타당하지 않다.

정리

8장에서는 평점 예측에 대한 회귀로 시작했다. 이를 하고자 다른 기법을 살펴보았고 향상시킨 다른 기법들을 살펴봤고 가중치를 사용하는 방법을 학습해 모든 기법을 합한 하나의 예측기로 만들었다. 이러한 기법인 앙상블 또는 계층 학습은 회귀뿐만 아니라 다양한 상황에서 사용되는 일반적인 기법이다. 이를 이용하면 내부의 작동이 전혀 다르더라도 다른 개념들을 혼합할 수 있고, 이들의 최종 결과를 합하면 된다.

후반부에서는 분위기를 바꿔 쇼핑 장바구니 분석 또는 연관 룰 마이닝이라는 추천 기법을 살펴봤다. 이 기법에서는 'X를 구매한 소비자는 Y에 관심이 있다'라는 (확률) 연관 룰을 발견하고자 했다. 이는 사용자들이 물품에 대해 매긴 평점 없이 구매 자체에서 생성되는 데이터를 이용할 수 있다는 이점이 있다. scikit-learn에서 아직 지원하지 않아, 자체 코드를 만들었다.

연관 룰 마이닝은 모든 사용자에게 단순히 베스트셀러를 추천하지 않기 위해 주의가 필요하다(그렇지 않으면, 무엇이 개인화란 말인가?). 이를 위해, 룰의 리프트로 기준선과 관련해 룰의 가치를 평가하는 방법을 배웠다.

이쯤에서, 우리는 기계 학습의 중요한 기법인 분류를 살펴보았다. 9장과 10장에서는 특별한 형태의 데이터인 음악과 이미지를 다루는 기술을 살펴보겠다. 첫 번째 목표는 음악 장르 분류기를 만드는 일이다.

9

분류: 음악 장르 분류

지금까지는 모든 훈련 데이터 인스턴스는 속성 값 벡터로 쉽게 변환할 수 있는 호사를 누렸다. 이를테면, 아이리스 데이터셋에서는 꽃을 길이와 너비 값으로 이뤄진 벡터로 표현했다. 텍스트 기반 예제에서도, 텍스트를 단어 주머니로 변환해 텍스트의 특정 측면인 속성을 손으로 가공한다.

그러나 이번 장은 좀 달라진다. 노래를 장르별로 분류하고자 한다. 이를테면, 3분 길이의 노래를 어떻게 표현할 수 있을까? MP3를 개별 비트로 사용해야 하는가? 아마도 아닐 것이다. MP3를 텍스트처럼 다루고 '사운드 바이트 주머니bag of sound bites' 같은 무언가를 만드는 일은 너무 복잡하다. 어떻게든, 노래를 충분히 표현할 수 있는 수치로 변환해야 한다.

큰 그림 그리기

9장에서는 어떻게 익숙하지 않은 영역에서 괜찮은 분류기를 찾아내는지 보겠다. 이전에 사용했던 텍스트 기반 속성보다 좀 더 복잡한 소리 기반 속성을 사용해야 한다. 지금까지는 이진 분류 문제를 다뤘던 반면, 다중 분류를 어떻게 다룰지 배워야 한다. 더불어 분류 성능을 측정하는 새로운 방법도 알아보겠다.

하드 디스크에서 임의의 MP3 파일 몇 개를 찾았다고 하자. 우리가 할 일은 이 노래들을 재즈, 클래식, 컨트리, 팝, 록, 메탈 같은 폴더로 음악 장르에 따라 정리하는 작업이다.

음악 데이터 가져오기

음악 장르 분류 작업에 자주 사용되는 GTZAN 데이터셋을 사용하고자 한다. 본래 10개 그룹으로 구성되어 있으나, 간결하게 하고자 재즈, 클래식, 컨트리, 팝, 록, 메탈로 6개만 사용한다. 데이터셋에는 장르에 해당하는 100곡의 첫 30초 분량이 담겨 있다. http://opihi.cs.uvic.ca/sound/genres.tar.gz에서 데이터 셋을 내려받을 수 있다.[1]

 각 트랙은 WAV 형태의 22,050Hz(초당 22,050번 읽음) 모노로 녹음됐다.

---

1 geners.tar.gz를 풀면 .au 파일 포맷으로 되어 있다. 독자들이 쉽게 변경할 수 있도록 다음 코드를 추가한다.

```
import os
for base, dirs, files in os.walk('./ch09'):
for f in files:
    name, ext = os.path.splitext(f)
    if ext == '.au':
        s = os.path.abspath(os.path.join(base, f))
        d = os.path.abspath(os.path.join(base, name+'.wav'))
         os.system('sox %s %s' % (s, d))
```

WAV 형태로 변환

차후 우리가 가지고 있는 MP3로 분류기를 테스트하고자 한다면 많은 정보를 뽑을 수 없다. MP3는 사람이 들을 수 없는 영역의 음역을 잘라낸, 손실이 있는 음악 압축 형태이기 때문이다. 그로 인해 노래를 10배 정도 더 많이 장치에 저장할 수 있다는 게 장점이다. 그러나 이러한 노력이 꼭 좋은 것만은 아니다. 분류를 할 때는 scipy.io.wavfile 패키지로 바로 읽을 수 있는 WAV 파일이 좀 더 다루기 쉽다. 분류기에서 사용하고자 MP3를 변환해야만 한다.

 주로 쓰는 변환 툴이 없다면 SoX(http://sox.sourceforge.net)를 확인하기 바란다. 음향 처리 분야에 있어 스위스 군용 칼 정도 된다.

WAV 형태의 음악 파일을 사용할 때의 장점은 SciPy 툴킷에서 바로 사용할 수 있다는 점이다.

```
>>> sample_rate, X = scipy.io.wavfile.read(wave_filename)
```

여기서 X는 샘플이고, sample_rate는 읽은 파일의 비율rate이다. 데이터가 어떤지 개괄적으로 알기 위해 음악 파일을 엿볼 수 있는 정보를 사용하고자 한다.

음악 살펴보기

다양한 장르의 노래가 어떤지 대략적으로 알고자 할 때, 매우 편리한 방법은 장르에 해당하는 노래의 스펙트럼을 그려보는 것이다. 스펙트럼은 노래의 진동수를 시각적으로 표현한다. x축에 명시된 시간 간격에 대해 y축은 진동수의 강도를 보여준다. 즉 노래의 특정 시간 범위에서 색이 어두울수록 진동수는 더 강해진다.

matplotlib은 자동으로 계산과 도식화를 수행하는 편리한 함수 specgram()를 제공한다.

```
>>> import scipy
>>> from matplotlib.pyplot import specgram
>>> sample_rate, X = scipy.io.wavfile.read(wave_filename)
>>> print sample_rate, X.shape
22050, (661794,)
>>> specgram(X, Fs=sample_rate, xextent=(0,30))
```

방금 읽은 WAV 파일은 22,050Hz의 샘플링 비율로 샘플링됐고, 661,794개의 샘플이 있다.

다양한 WAV 파일의 처음 30초에 대해 스펙트럼을 그려보면 장르가 같은 노래들의 공통점을 엿볼 수 있다.

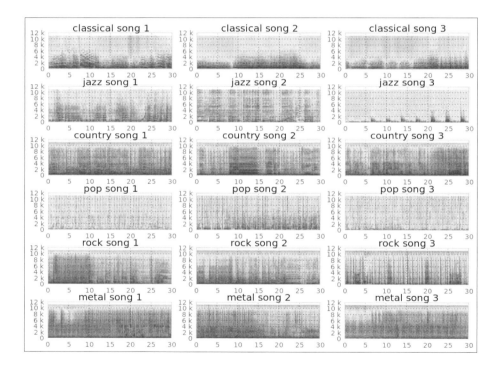

살짝 보자면, 메탈과 클래식의 스펙트럼 차이를 쉽게 알 수 있다. 메탈은 전반적으로 강도가 높은 반면, 클래식은 좀 더 다양한 형태를 보인다.

적어도 메탈과 클래식 간에는 꽤 높은 정확도로 분류기를 만들 수 있다. 컨트리와 록 같은 그 밖의 장르 조합은 좀 더 심도 있는 도전과제다. 두 가지만이 아니라 여섯 가지로 분류해야 하기 때문에 이는 진정한 도전과제처럼 보인다. 총 6개의 범주를 합리적으로 잘 구별해야 한다.

음악을 사인 곡선 요소로 분해하기

우리 계획은 원시 샘플을 읽어와(X로 저장하기 전에) 개별 진동수 강도를 뽑아내는 것이다. 이러한 진동수 강도는 고속 푸리에 변환FFT, Fast Fourier Transform을 적용해서 얻을 수 있다. FFT의 자세한 이론은 이번 장 범위를 벗어나므로, FFT가 무엇을 성취할 수 있는지에 대한 직관을 얻을 수 있는 예제를 살펴보겠다. 후에 블랙박스 속성 추출기로서 FFT를 다룰 예정이다.

예를 들어, 400Hz와 3,000Hz의 소리를 포함한 sine_a.wav와 sine_b.wav를 생성하자. 이전에 언급한 스위스 군용 칼 같은 SoX로 이를 생성할 수 있다.

```
$ sox --null -r 22050 sine_a.wav synth 0.2 sine 400
$ sox --null -r 22050 sine_b.wav synth 0.2 sine 3000
```

다음 그림의 차트는 처음 0.008초 간의 도식이다. 사인 곡선의 FFT를 볼 수 있다. 당연히, 사인 곡선에 해당하는 400Hz와 3,000Hz에서 급파spike가 있다.

주어진 400Hz 사운드와 3,000Hz 사운드를 반반 혼합한다.

```
$ sox --combine mix --volume 1 sine_b.wav --volume 0.5 sine_a.wav
sine_mix.wav
```

FFT 도식에 400Hz 급파와 거의 두 배 크기인 3,000Hz 급파가 혼합되어 있다.

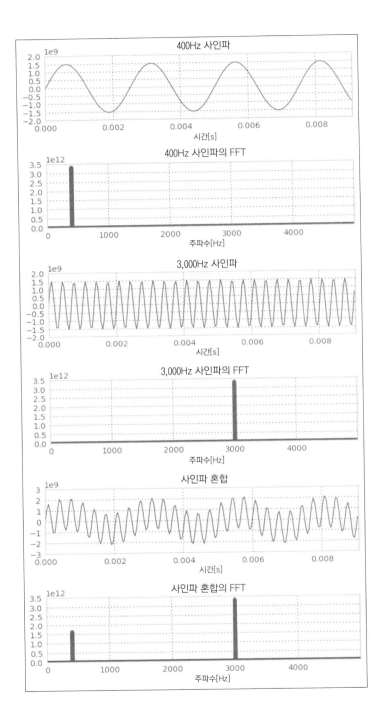

실제 음악의 FFT 형태는 위의 간단한 예제처럼 아름답진 않다.

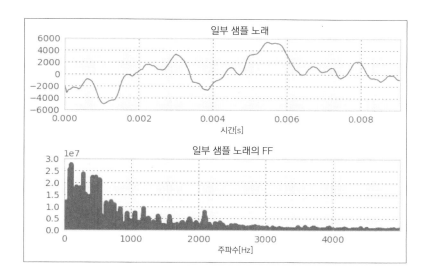

FFT를 사용해 첫 번째 분류기 만들기

FFT를 사용해서 일종의 노래 지문을 만들 수 있다. 일부 노래에 이를 적용해 장르에 해당하는 라벨을 수동적으로 지정한다면, 첫 번째 분류기에 적용할 수 있는 훈련 데이터셋을 얻게 된다.

실험 기민성 증대

분류기 훈련에 들어가기 전에, 먼저 실험의 기민성agility에 시간을 할애하고자 한다. FFT에 '고속'이라는 단어가 있더라도 텍스트 기반 장들에 비해 속성을 만드는 작업은 훨씬 느리다. 아직 실험 단계에 있기 때문에 전체 속성 생성 과정을 어떻게 빠르게 할 수 있을지 생각해보자.

물론, 각 파일의 FFT 생성은 분류기를 실행하는 시간과 같다. 그러므로 WAV 파일을 대신해 FFT 표현을 저장하고, 저장된 것을 읽을 수 있다. 이를 위해 scipy.

fft()를 사용해 FFT를 생성하는 create_fft() 함수를 만든다. 단순하게 하기(와 속도를) 위해, 이 예제에서는 FFT 요소의 개수를 처음의 1,000개로 고정하고자 한다. 현재 우리가 알고 있는 지식으로는 이것이 음악 장르 분류에 있어 가장 중요한 요소인지 여부는 알 수는 없다(단지 이러한 요소가 이전 FFT 예제에서 가장 높은 연관을 보였다). 나중에 FFT 요소를 계속 사용하고자 한다면, FFT 파일로 재생성해야 한다.

```python
import os
import scipy


def create_fft(fn):
    sample_rate, X = scipy.io.wavfile.read(fn)
    fft_features = abs(scipy.fft(X)[:1000])
    base_fn, ext = os.path.splitext(fn)
    data_fn = base_fn + ".fft"
    scipy.save(data_fn, fft_features)
```

파일 이름에 .npy를 항상 붙이는 NumPy의 save() 함수를 사용해 데이터를 저장할 수 있다. 훈련이나 예측에 필요한 모든 WAV 파일에 일단 이 작업을 해야 한다.[2]

해당 FFT를 읽는 함수는 read_fft()이다.

```python
import glob


def read_fft(genre_list, base_dir=GENRE_DIR):
    X = []
    y = []

    for label, genre in enumerate(genre_list):
        genre_dir = os.path.join(base_dir, genre, "*.fft.npy")
        file_list = glob.glob(genre_dir)

        for fn in file_list:
            fft_features = scipy.load(fn)
            X.append(fft_features[:1000])
```

2　모델을 훈련시키는 01_fft_based_classifier.py를 실행하기 전에 fft.py에서 create_fft()에 대한 주석을 풀고, 각 장르의 노래에 대한 .fft.npy 파일을 만들어줘야 한다. – 옮긴이

```
            y.append(label)

    return np.array(X), np.array(y)
```

정리되지 않은 음악 디렉토리에서, 다음과 같은 장르를 예측한다.

```
genre_list = ["classical", "jazz", "country", "pop", "rock", "metal"]
```

분류기 훈련

6장, '분류: 감성 분석'에서 효과를 발휘했던 로지스틱 회귀 분류기를 사용하겠다. 추가적인 난점은 지금까지처럼 두 가지 범주가 아닌, 다중 범주 분류 문제에 직면하고 있다는 점이다.

이진 분류에서 다중 분류로의 변경에서 놀라운 측면은 정확도 비율의 평가다. 이진 분류 문제에서는 무작위 추측으로도 성취할 수 있기 때문에 최악의 경우 정확도가 50%이다. 하지만 다중 범주 설정에서 50%는 매우 좋은 수치라 할 수 있다. 이를테면, 6개 장르에서 무작위 추측을 할 경우 정확도는 16.7%밖에 되지 않는다 (같은 범주 크기라는 가정하에).

다중 범주 문제의 정확도 측정을 위한 혼돈 매트릭스

다중 범주 문제에서는 어떻게 장르를 정확하게 분류할지에만 집중하자. 실제로 어떤 장르들을 혼동하는지도 봐야 한다. 이를 위해 혼돈 매트릭스confusion matrix를 이용할 수 있다.

```
>>> from sklearn.metrics import confusion_matrix
>>> cm = confusion_matrix(y_test, y_pred)
>>> print(cm)
[[26  1  2  0  0  2]
 [ 4  7  5  0  5  3]
 [ 1  2 14  2  8  3]
 [ 5  4  7  3  7  5]
 [ 0  0 10  2 10 12]
 [ 1  0  4  0 13 12]]
```

모든 장르에 대해 분류기가 테스트셋을 예측한 라벨의 분포를 보여준다. 대각선은 정확히 분류함을 의미한다. 장르가 총 6개이므로, 6×6 매트릭스가 된다. 매트릭스의 첫 번째 행은 총 31개의 클래식 노래(첫 번째 행의 총합)에 대해 26개는 클래식, 1개는 재즈, 2개는 컨트리, 2개는 메탈에 속한다고 예측했다. 대각선은 제대로 예측한 분류다. 첫 번째 행에서는 31개의 노래(26 + 1 + 2 + 2 = 31) 중 26개는 정확히 클래식으로 분류됐고 5개는 잘못 분류됐음을 볼 수 있다. 실제로 나쁘진 않다. 두 번째 행은 좀 더 정신이 들게 한다. 24개의 재즈 노래에서 단지 7개만이 올바르게 분류됐다. 즉 28%의 정확도다.

물론, 실제로 교차 검증 중첩마다 혼돈 매트릭스를 기록하려면 이전 장들에서 사용했던 훈련/테스트 분리 설정을 따른다. 0(모두 잘못된 분류)과 1(모두 맞는 분류) 사이로 범위를 놓고자 평균화와 정규화를 해야 한다.

시각화하면 NumPy 배열을 읽기가 좀 더 쉬워지곤 한다. matplotlib의 matshow()를 이용하자.

```python
from matplotlib import pylab

def plot_confusion_matrix(cm, genre_list, name, title):
    pylab.clf()
    pylab.matshow(cm, fignum=False, cmap='Blues',
                    vmin=0, vmax=1.0)

    ax = pylab.axes()
    ax.set_xticks(range(len(genre_list)))
    ax.set_xticklabels(genre_list)
    ax.xaxis.set_ticks_position("bottom")
    ax.set_yticks(range(len(genre_list)))
    ax.set_yticklabels(genre_list)

    pylab.title(title)
    pylab.colorbar()
    pylab.grid(False)
    pylab.xlabel('Predicted class')
    pylab.ylabel('True class')
```

```
pylab.grid(False)
```

```
pylab.show()
```

 혼돈 매트릭스를 만들 때, 흑백으로 시각화하기 위해 적절한 색상 순서화로 컬러맵(matshwo()의 cmap 매개변수)을 선택하자. 특히, matplotlib의 기본 설정 값인 'jet'이나 'Paired' 컬러맵 같은 무지개 컬러맵류의 그래프는 지양하자.

최종 그래프는 다음 그림과 같다.

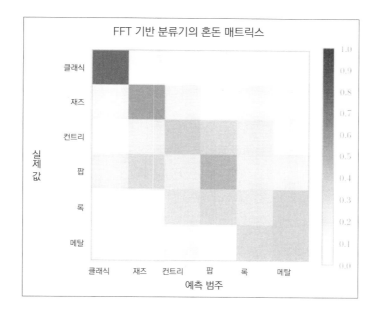

완벽한 분류기는 왼쪽 상단에서 오른쪽 하단까지의 대각선이 검정 사각이며 나머지 영역은 밝은 색이어야 한다. 그래프에서, FFT 기반 분류기는 완벽한 상태와는 거리가 있어 보인다. 클래식 노래만 적절히 예측했고(검정 사각), 예를 들어 록은 대부분 메탈로 예측했다.

FFT 사용이 올바른 방향이긴 하나(클래식 장르는 그렇게 나쁘지 않다), 괜찮은 분류기를 얻진 못했다. 물론 FFT 요소의 개수(1,000으로 고정했다)로 향상을 꾀할 수 있지만, 매개변수를 조절하기 전에 다른 연구를 해보자. FFT는 장르 분류를 위한 적절한 속성이다. 단지 충분히 정제하지 않았을 뿐이다. 간략하게 속성의 가공 버전을 사용해 어떻게 분류 성능을 높이는지 살펴보자.

그 전에, 분류 성능을 측정하는 다른 기법을 알아보자.

수용자 반응 특성을 이용한 분류기 성능 측정 대안

정확도 측정은 분류기를 측정하는 데 충분하지 않다는 사실을 알았다. 대신에, 분류기가 어떻게 수행되는지 좀 더 이해하기 위해 정밀도-재현율 곡선에 의존했다.

정밀도-재현율 곡선 같은 역할을 하는 수용자 반응 특성ROC, Receiver-Operator-Characteristic이 있다. 이는 성능의 유사도 측면을 측정하지만, 분류기 성능의 또 다른 시각을 제공한다. 주요 차이점은 P/R 곡선은 부정적인 범주보다 긍정적인 범주에 더 관심이 있는 작업이나 긍정적인 예제의 개수가 부정적인 예제의 개수보다 훨씬 적은 작업에 적합하다는 점이다. 정보 검색information retrieval이나 사기 탐지fraud detection가 전형적인 적용 분야다. 반면, ROC 곡선은 일반적으로 분류기가 얼마나 잘 작동하는지를 더 잘 보여준다.

차이점을 좀 더 이해하기 위해, 컨트리 노래를 올바르게 분류하는 데 있어 앞서 설명한 훈련된 분류기의 성능을 고려해보자.

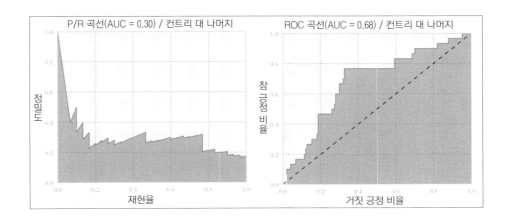

왼편 그래프는 P/R 곡선이다. 이상적인 분류기는 상단 왼쪽 모서리에서 상단 오른쪽, 그리고 하단 오른쪽 모서리로 그려지고 곡선 아래 면적AUC, area under curve이 1.0이 된다.

오른쪽 그래프는 해당 ROC 곡선이다. 거짓 긍정false positive에 대한 참 긍정true positive의 비율을 도식한다. 여기서 이상적인 분류기는 하단 왼쪽 모서리에서 상단 왼쪽 그리고 상단 오른쪽 모서리로 그려진다. 무작위 분류기는 AUC가 0.5인 점선 하단 왼쪽부터 상단 오른쪽 모서리로 직선이 된다. 그러므로 P/R의 AUC와 ROC의 AUC는 비교할 수 없다.

동일한 데이터셋으로 두 분류기를 비교할 때, 하나의 분류기에 대한 P/R의 AUC가 높으면 해당 ROC 곡선의 AUC도 높다고 가정하는 것이 항상 안전하다. 역도 마찬가지다. 그러므로 둘 다 생성할 필요는 없다. 이와 관련된 내용은 매우 통찰력 있는 논문 'The Relationship Between Precision-Recall and ROC Curves'(Jesse Davis & Mark Goadrich, ICML 2006)에서 찾아볼 수 있다.

두 곡선의 x축과 y축의 정의는 다음 표에 있다.

	x축	y축
P/R	재현율 = TP/(TP + FN)	정밀도 = TP / (TP + FP)
ROC	FPR = FP / (FP + TN)	TPR = TP / (TP + FN)

두 곡선의 x축과 y축의 정의를 보면, ROC y축의 긍정적 참 비율과 P/R 그래프 x축의 재현율이 같다.

거짓 긍정 비율FPR, False Positive Rate은 실제 거짓 예제(FP+TN)와 실제 거짓이나 긍정인 예제(FP 거짓 긍정)의 비율로 측정한다. 완벽한 경우(거짓 긍정이 없다) 0이고, 그렇지 않을 경우 1이다. 정확히 반대인 정밀도 곡선을 대조해, 실제 참인 예제(TP+FN)과 올바르게 분류된 참 긍정인 예제(TP참 긍정)의 비율이다 .

계속 진행하면서, ROC 곡선을 좀 더 이해하기 위해 분류기의 성능을 측정하는 데 사용하겠다. 다중 범주 문제의 유일한 도전과제는 ROC와 P/R 곡선이 둘 다 이진 분류 문제를 가정한다는 데 있다. 이를 보기 위해 분류기가 '하나 대 나머지'를 어떻게 분류하는지 보여주는 장르별 차트를 만든다.

```
from sklearn.metrics import roc_curve

y_pred = clf.predict(X_test)

for label in labels:
    y_label_test = scipy.asarray(y_test==label, dtype=int)
    proba = clf.predict_proba(X_test)
    proba_label = proba[:,label]

    # 거짓 긍정, 참 긍정, ROC 경계 값을 계산한다.
    fpr, tpr, roc_thres = roc_curve(y_label_test, proba_label)

    # fpr에 대한 tpr 그래프를 그린다.
```

결과는 다음과 같은 그림에서 볼 수 있듯이 총 6개의 ROC 그래프다. 앞서 이미 살펴봤듯이, 첫 번째 버전의 분류기는 클래식 노래만을 잘 분류했다. 개별 ROC 곡선을 보면 그 밖의 장르는 대부분 기대이하다. 재즈와 컨트리는 약간 희망적이나 나머지 장르는 사용할 수 없음이 명백하다.

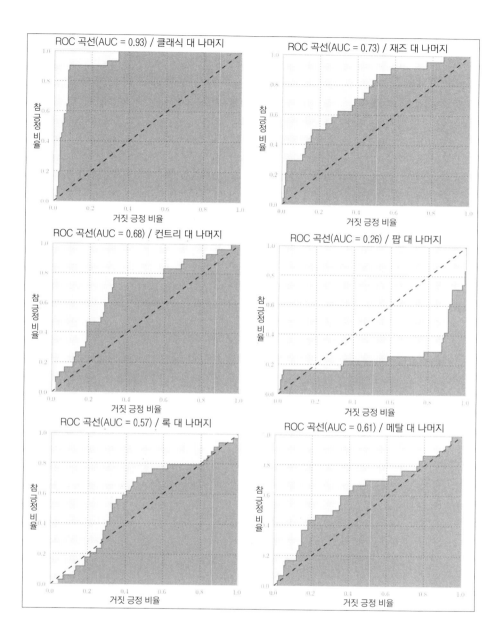

멜 주파수 켑스트럴 계수와 분류 성능 향상

FFT는 적절한 방향으로 나가고 있지만 여러 장르의 노래가 혼재된 디렉토리를 장르별 디렉토리로 정리할 수 있는 분류기를 만들기에는 충분하지 않다. 어떻게든 좀 더 발전된 버전이 필요하다.

이쯤에서, 더 연구해야 한다는 사실을 인정하자. 다른 사람들도 유사한 도전을 했을 테고 도움이 될 만한 새로운 방법을 발견했을 것이다. 국제 음악 정보 검색 학회ISMIR, International Society for Music Information Retrieval에서 조직한 회의가 있는데, 해마다 학회를 열어 음악 장르 분류 정보를 공유한다. 자동 음악 장르 분류AMGC, Automatic Music Genre Classification는 음악 정보 검색Music Information Retrieval의 하위 분야로 설립됐다. AMGC 논문을 잠시 보면, 자동 장르 분류를 목적으로 하는 도움이 될 만한 작업들이 있다.

이런 작업 중 성공적으로 적용할 수 있어 보이는 기술로, 멜 주파수 켑스트럴 계수MFC, Mel Frequency Cepstral Coefficients가 있다. MFC는 소리의 파워 스펙트럼을 부호화하고, 신호 스펙트럼의 로그 푸리에 변환하여 계산된다. 이러한 이야기가 너무 복잡하다고 생각되면 'spectrum'에서 그냥 첫 4개 문자의 역순인 'cepstrum'이라는 이름만 기억하자. 음성 화자 인식speech and speaker recognition에서 성공적으로 사용되고 있는 MFC가 우리의 경우에도 잘 적용되는지 보자.

다행스럽게도, 다른 사람이 우리가 정확히 필요로 하는 부분을 Talkbox SciKit로 구현해 공개했다. https://pypi.python.org/pypi/scikits.talkbox에서 설치할 수 있다.[3] 이후에 다음과 같이 MFC 계수를 계산하는 `mfcc()` 함수를 호출할 수 있다.

```
>>> from scikits.talkbox.features import mfcc
>>> sample_rate, X = scipy.io.wavfile.read(fn)
>>> ceps, mspec, spec = mfcc(X)
>>> print(ceps.shape)
(4135, 13)
```

---

3 pip install scikits.talkbox로 설치할 수 있다. – 옮긴이

분류기에 입력할 데이터를 ceps에 저장한다. ceps는 fn이라는 노래 파일 이름에 대해 4,135개의 프레임과 각 프레임에 대한 13개의 계수(mfcc() 함수의 매 개변수 ncepts에 대한 기본 값)를 포함한다. 데이터를 모두 입력해 실행하면 분류기는 역부족이 된다. 그 대신에, 모든 프레임에 대해 계수마다 평균화해야 한다. 각 노래의 시작과 끝이 중간 부분보다 장르의 특성이 덜하다고 가정하면 처음과 마지막 10%는 무시할 수 있다.

```
x = np.mean(ceps[int(num_ceps*0.1):int(num_ceps*0.9)], axis=0)
```

물론, 우리가 사용 중인 벤치마크 데이터셋은 각 노래의 첫 30초만을 담고 있으므로 마지막 10%를 자를 필요가 없다. 그렇긴 하지만 코드는 길이를 줄이지 않은 여타 데이터셋에도 잘 작동하도록 이렇게 한다.

FFT와 마찬가지로, 일단 MFCC로 생성된 속성을 저장해 분류기가 훈련할 때마다 재생성하기보다는 읽어오게 하자.[4] 적용된 코드는 다음과 같다.

```
def write_ceps(ceps, fn):
    base_fn, ext = os.path.splitext(fn)
    data_fn = base_fn + ".ceps"
    np.save(data_fn, ceps)
    print("Written to %s" % data_fn)


def create_ceps(fn):
    sample_rate, X = scipy.io.wavfile.read(fn)
    ceps, mspec, spec = mfcc(X)
    write_ceps(ceps, fn)


def read_ceps(genre_list, base_dir=GENRE_DIR):
    X, y = [], []
    for label, genre in enumerate(genre_list):
        for fn in glob.glob(os.path.join(
                            base_dir, genre, "*.ceps.npy")):
            ceps = np.load(fn)
            num_ceps = len(ceps)
            X.append(np.mean(
                    ceps[int(num_ceps*0.1):int(num_ceps*0.9)], axis=0))
```

---

4 02_ceps_based_classifier.py를 실행하기 전에 ceps.py를 실행해 .ceps.npy를 각 장르 노래마다 만들어야 한다. – 옮긴이

```
        y.append(label)
    return np.array(X), np.array(y)
```

다음 그림과 같이 유망한 결과가 나오는데, 노래마다 13개의 속성을 사용한 분류기의 도식이다.

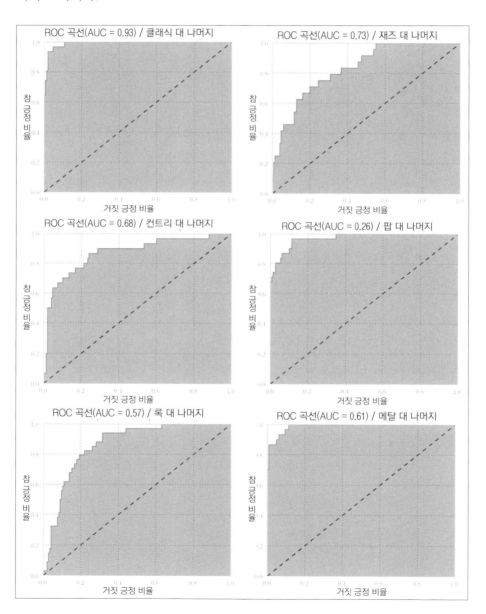

모든 장르의 분류 성능이 향상됐다. 클래식과 메탈은 AUC가 거의 1.0이다. 혼돈 매트릭스도 다음과 같이 훨씬 좋아졌다. 대각선은 분류기가 대부분의 경우에 정확하게 장르를 분류할 수 있음을 보여준다. 실제로 분류기는 초기 문제를 해결했기에 사용 가능하다.

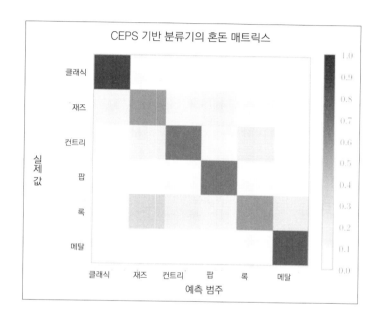

좀 더 향상시키고 싶다면, 이 혼돈 매트릭스는 집중해야 할 부분을 알려준다. 바로 대각선이 아닌 곳 중 하얗지 않은 부분이다. 이를테면, 고려할 만한 확률로 록을 재즈라고 잘못 예측한 좀 어두운 부분이다. 이를 해결하고자 노래와 추출할 요소, 즉 드럼 패턴과 장르 연관 특성을 좀 더 깊게 살펴볼 필요가 있다. 역시 ISMIR 논문을 살짝 보면, 특정 상황에서 MFCC 속성보다 나은 결과가 나오는 AFTE, Auditory Filterbank Temporal Envelope 속성에 관해 읽을 수 있다. 이것 또한 봐둬야 하지 않을까?

ROC 곡선과 혼돈 매트릭스를 갖춘 건 멋진 일이다. 내부의 작동은 완전히 이해하지 못했더라도, 속성 추출 관점에서 여타 전문가들의 지식을 사용해도 좋다. 측정 툴은 방향성이 유지 때와 변경해야 할 때를 알려준다. 물론, 좀 더 알고자 하는 기계 학습 학습자인 우리에겐 좀 더 나은 속성을 찾아야 하는 속성 추출기와 이를 이리저리 적용했던 알고리즘에 대한 희미한 느낌을 가질 수 있다.

정리

9장에서는 음악 장르 분류기를 만들면서 우리의 익숙한 영역에서 벗어났다. 음악 이론에 대한 깊은 이해 없이, 처음에는 FFT를 사용해 합리적인 정확도로 노래의 음악 장르를 예측하는 분류기를 훈련시키는 데 실패했다. 그러나 MFC 특성을 사용해, 쓸 만한 분류기를 만들었다.

두 경우 모두, 속성에 대한 깊은 이해 없이 적합할 것 같은 속성을 사용했다. FFT는 실패했으나 MFC는 성공적이었다. 둘의 차이는 두 번째 경우에는 음악 분야의 전문가가 만든 속성에 의존했다는 점이다.

전체적으로 괜찮았다. 결과 중심으로 본다면, 단순히 지름길을 취해야 할 때가 종종 있다. 특정 분야의 전문가로부터 이러한 지름길을 얻을 수 있다. 그리고 새로운 다중 범주 분류 문제에서 올바르게 성능 측정법을 배웠기에 자신감을 가지고 이러한 지름길을 취할 수 있었다.

10장에서는 배운 기술을 데이터의 특정 형태에 어떻게 적용하는지 살펴보자. 일반적인 이미지 처리 함수를 사용해 이미지 전처리를 위한 mahotas 컴퓨터 비전 패키지 사용법도 알아보겠다.

10
컴퓨터 비전

이미지 분석과 컴퓨터 비전은 산업/과학 애플리케이션에서 매우 중요하다. 인터넷 연결이 가능하며 강력한 카메라가 있는 휴대폰의 인기로 사람들은 점점 더 많은 이미지를 만들어내고 있다. 이미지 분석과 컴퓨터 비전으로 사용자 경험을 좀 더 높일 수 있다.

10장에서는 이제까지 배운 기술을 데이터의 이러한 특정 형태에 어떻게 적용하는지 살펴보겠다. 특히, 이미지에서 속성을 추출하기 위해 컴퓨터 비전 패키지 mahotas 사용법을 배워본다. 이러한 기술을 공공 사진 데이터에 적용해 보겠다. 다른 문제에 같은 특성을 어떻게 사용되는지도 보겠다. 즉, 비슷한 이미지를 찾는 문제 말이다.

마지막으로, 10장 후반부에서는 지역 속성local feature 사용에 대해서 학습하고자 한다. 이러한 기법은 상대적으로 새로운 기법SIFT, Scale-invariant feature transform(1999년에 소개된 새로운 군의 첫 번째 기법)으로 많은 작업에서 좋은 결과를 얻었다.

이미지 처리 소개

컴퓨터의 관점에서, 이미지는 큰 사각형 픽셀 값의 배열이다. 목표는 이미지를 다루어, 우리 애플리케이션을 위한 결정을 하도록 하는 것이다.

먼저 해야 할 작업은 PNG나 JPEG처럼 이미지에 특화된 포맷으로 저장된 이미지를 로드하는 일이다. PNG는 무손실 압축 포맷이고, JPEG는 각 사진의 특성에 따른 최적화된 손실 압축 포맷이다. 그런 다음, 이미지를 전처리하겠다(예를 들면, 조명 변화에 대한 이미지 정규화같은 작업).

10장에서는 분류 문제를 중심으로 살펴보겠다. 이미지로부터 학습할 수 있는 서포트 벡터 머신 같은 분류기를 학습하길 원한다. 기계 학습을 적용하기 전에 이미지에서 수치 속성을 추출한 중간 표현물을 사용하겠다.

이미지 로딩과 출력

이미지를 다루기 위해 mahotas 패키지를 사용한다. https://pypi.python.org/pypi/mahotas에서 내려받고 http://mahotas.readthedocs.org를 참고하여 설치한다. 이 패키지는 오픈소스 패키지(MIT 라이선스로, 어떤 프로젝트에서든 사용할 수 있다)이며, 이 책의 저자 중 한 사람이 개발하고 있다. 다행스럽게도 NumPy 기반이다. 지금까지 얻은 NumPy 지식을 이미지 처리에 그대로 사용할 수 있다. Scikit-image(Skimage), SciPy에 있는 ndimage(n차원 이미지) 모듈, OpenCV를 바인딩한 파이썬 같은 패키지도 있다. 이러한 모든 작업은 태생적으로 NumPy 기반이기 때문에, 나은 결과를 얻기 위해 다른 패키지에 있는 기능들을 선택하거나 섞어 사용할 수 있다.

mahotas를 임포트한 후, mh로 간략하게 하여 10장 전체에서 사용하자.

```
>>> import mahotas as mh
```

imread를 사용해 이미지 파일을 로드할 수 있다.

```
>>> image = mh.imread('scene00.jpg')
```

scene00.jpg 파일(책의 코드 저장소에 데이터셋에 있다)은 높이가 h, 폭이 w,인 컬러 이미지이다. (h, w, 3) 형태의 배열이 된다. 첫 번째 차원은 높이, 두 번째는 너비, 세 번째는 빨강/초록/파랑이 된다. 여타 시스템은 첫 번째 차원이 너비인데 비해 첫 번째 차원이 높이인 것은 수학적 관습으로, 모든 NumPy 기반 패키지에서 사용된다. 배열의 타입은 일반적으로 np.uint8(8비트의 부호 없는 정수)인데, 카메라로 직접 찍거나 모니터에 출력하는 이미지다.

과학이나 기술 분야의 일부 특화된 장비는 좀 더 선명한 이미지가 필요할 수도 있다(즉, 밝기에서 작은 변동에 매우 민감하다). 12 또는 16비트가 일반적이다. mahotas 는 부동소수점floating point 이미지를 지원한다. 많은 계산에서, 원본 데이터가 부호 없는 정수unsigned integer로 구성되어 있더라도 라운딩rounding이나 오버플로overflow 사안을 단순하게 다루기 위해서는 부동소수점 수로 변환하는 편이 유리하다.

 mahotas는 매우 다양한 입력/출력 뒷단(backend)을 사용할 수 있다. 아쉽게도 모든 이미지 포맷(수백 개가 있으며, 각각의 변종도 있다)을 로드하진 못하지만, PNG와 JPEG 이미지 로딩은 모두 지원한다. 이러한 일반적인 포맷에 초점을 맞추고, 일반적이지 않은 포맷에 대해서는 mahotas 문서를 참고한다.

이전에 몇 번 사용했던 도식 라이브러리인 `maplotlib`을 사용해 화면에 이미지를 출력할 수 있다.

```
>>> from matplotlib import pyplot as plt
>>> plt.imshow(image)
>>> plt.show()
```

다음 이미지처럼, 이 코드는 첫 번째 차원이 높이고 두 번째 차원이 폭인 관습을 사용하여 이미지를 보여준다. 색상도 정확하게 출력한다. 수치 계산용 파이썬을 사용할 때, 모두가 잘 작동하는 에코시스템의 이점이 있다. mahotas는 NumPy 배열과 잘 작동하고, 이는 matplotlib로 출력된다. 차후에 scikit-learn을 사용하여 이미지에서 속성을 계산한다.

경계 짓기

경계 짓기thresholding는 매우 단순한 작업이다. 일정 경계 값보다 큰 모든 픽셀 값을 1로 하고 아니면 0으로 변환한다(불Booleans을 사용해 True와 False로 변환한다). 경계 값에 대한 중요한 질문은 경계로 사용할 값을 선택이다. mahotas에서 경계 값을 고르는 기법들 중, 개발자의 이름을 따라 오츠Otsu라고 불리는 기법이 있다. 먼저 할 작업은 이미지를 rgb2gray를 사용해 흑백 톤 grayscale으로 변환하는 일이다. rgb2gray 대신에, image.mean(2)를 호출해 빨강, 초록, 파랑 채널의 평균값을 얻을 수 있지만 결과는 동일하지 않다. rgb2gray는 주관적으로 만족스러운 결과를 내기 위해 색상마다 다른 가중치를 사용하기 때문이다. 사람 눈은 세 가지 기본 색상에 동일하게 반응하지 않는다.

```
>>> image = mh.colors.rgb2grey(image, dtype=np.uint8)
>>> plt.imshow(image) # 이미지 출력
```

기본적으로 matplotlib은 높은 값을 빨강, 낮은 값을 파랑으로 하여 위색 이미지 false color image[1]로 단일 채널 이미지를 출력한다. 자연스러운 이미지를 위해 흑백 톤이 좀 더 적당하다. 다음과 같이 이를 선택할 수 있다.

```
plt.gray()
```

이제 그림은 흑백 톤으로 보인다. 참고로, 픽셀 값을 해석해서 보이는 방법은 변경 됐으나 그림은 그대로다. 경계 값을 계산해서 처리를 계속할 수 있다.

```
>>> thresh = mh.thresholding.otsu(image)
>>> print('Otsu threshold is {}.'.format(thresh))
Otsu threshold is 138.
>>> plt.imshow(image > thresh)
```

이전 그림에 적용했을 때, 다음 그림과 같이 하늘과 땅을 구별하는 경계 값으로 138을 찾았다.

---

1 실제 색과 다른 색으로 사물을 묘사하는 사진을 뜻한다. – 옮긴이

가우시안 블러링

이미지를 흐리게 하는 가우시안 블러링Gaussian blurring 좀 의아해 보인다. 그러나 추가적인 처리에 도움을 주는 노이즈를 제거하고자 자주 사용된다.

```
>>> im16 = mh.gaussian_filter(image, 16)
```

어떻게 흑백 그림을 부호 없는 정수로 변환하지 않았는지 주목하자. 부동소수 점수를 그대로 사용하게 했다. gaussian_filter 함수의 두 번째 입력 값은 필터 크기다(필터의 표준 분산). 다음 그림에서 볼 수 있듯이(필터의 크기는 8, 16, 32이다) 값이 클수록 더 흐릿해진다.

위에 있는 사진을 사용하여, 이를 오츠로 경계를 지어보자(이전 코드를 사용한다). 다음 그림과 같이 경계는 부드러워지고 삐죽삐죽한 가장자리가 없어졌다.

중앙에 초점 맞추기

마지막 예제는 흥미로운 결과를 얻기 위해 작은 필터와 함께 NumPy 연산자를 어떻게 혼합하는지 보여준다. 레나Lena 이미지를 색 채널로 구별하겠다.

```
>>> im = mh.demos.load('lena')
```

이미지 처리 데모로 자주 사용되는 이미지다.

빨강색, 녹색, 파랑색 채널을 구별하기 위해, 다음 코드를 사용한다.

```
>>> r,g,b = im.transpose(2,0,1)
```

우선, 3개 채널로 각각 구별하고 mh.as_rgb로 이미지를 합성한다. mh.as_rgb 함수는 3차원 배열을 입력받고, 각각의 8비트 정수 배열을 만들기 위해 명도 대비 늘이기contrast stretching를 실행한 후 다 함께 쌓는다.

```
>>> r12 = mh.gaussian_filter(r, 12.)
>>> g12 = mh.gaussian_filter(g, 12.)
>>> b12 = mh.gaussian_filter(b, 12.)
>>> im12 = mh.as_rgb(r12, g12, b12)
```

두 이미지를 중앙에서 멀리 가장자리로 혼합한다. 먼저 가중치가 필요한데, 이 가중치는 중앙에서 각 픽셀의 거리가 정규화된 값을 포함한다.

```
>>> h, w = r.shape # 높이와 너비
>>> Y, X = np.mgrid[:h,:w]
```

x, y축 각각에 해당하는 값인 (h, w) 배열 크기를 반환하는 np.mgrid 오브젝트를 사용한다.

```
>>> Y = Y - h/2. # h/2의 중심
>>> Y = Y / Y.max() # 정규화, -1에서 +1까지

>>> X = X - w/2.
>>> X = X / X.max()
```

중앙 영역에 가장 높은 값을 부여하는 gaussian 함수를 사용한다.

```
>>> C = np.exp(-2.*(X**2+ Y**2))

>>> # 다시 정규화, -1에서 +1까지
>>> C = C - C.min()
>>> C = C / C.ptp()
>>> C = C[:,:,None] # W에 무의미한 세 번째 차원을 추가
```

이러한 모든 조작을 mahotas의 특수 함수가 아닌 NumPy의 배열을 사용해서 수행하는 점을 주목하자. 마지막으로, 선명한 중앙과 부드러운 외곽을 가진 두

이미지를 혼합할 수 있다.

```
>>> ringed = mh.stretch(im*C + (1-C)*im12)
```

기본 이미지 분류

이 책에서 사용하고자 모은 작은 데이터셋으로 시작해보자. 건물, 자연 풍경, 문자 이미지 3개 범주이다. 각 범주에는 30개의 이미지가 있고 이 이미지들은 휴대폰으로 찍은 이미지다. 이미지들은 일반 사용자들이 찍어 웹사이트에 올린 이미지와 유사하다. 이 데이터셋은 책의 웹사이트나 깃허브 코드 저장소에서 내려받는다. 이번 장 후반에서, 더 많은 범주와 이미지가 있는 어려운 데이터셋을 사용하겠다.

이미지를 분류할 때는 수치(픽셀 값)들로 이뤄진 큰 사각형 배열로 시작한다. 오늘날 수백만 개의 픽셀은 일반적이다. 학습 알고리즘에 이러한 수치들을 모두 속성으로 입력하려는 건 좋은 생각이 아니다. 각 픽셀(또는 각각의 작은 픽셀 그룹)과 예측 결과는 별 관계가 없다. 적은 예제 이미지는 매우 어려운 통계적 학습 문제가 된다. 이는 7장, '회귀'에서 다룬 P가 N보다 큰 문제의 극단적인 예다. 대신에 일반적인 접근법은 이미지로부터 속성을 만들고 분류를 위해 이러한 속성을 이용하는 방법이다.

픽셀 값을 직접 다루는 몇 가지 기법이 있다. 이러한 기법들은 패키지 내부에 속성을 계산하는 하위 모듈이 있다. 심지어 좋은 속성이 무엇인지 자동으로 배우기까지 한다. 이는 현재 연구 중인 주제이며, 아주 큰 데이터셋(수만개의 이미지)과 아주 잘 작동한다.

앞에서는 예제로 풍경 범주를 사용했고, 다음은 텍스트와 건물 범주의 예다.

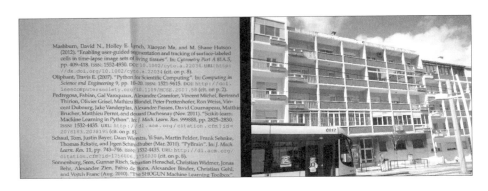

이미지로부터 속성 계산

mahotas를 사용해 이미지로부터 속성을 계산하기는 매우 쉽다. mahotas. features라는 하위 모듈에 사용할 수 있는 속성 계산 함수들이 있다.

일반적으로 사용되는 속성 집합은 하라릭 텍스처Haralick texture 속성이다. 이미지 처리에 많은 기법들이 있기 때문에 이 기법은 창안자의 이름을 따랐다. 이 속성은 텍스처 기반이다. 이 속성 집합은 매끄러운 이미지와 패턴이 있고 또 다른 패턴을 가진 이미지를 구별한다. mahotas로 이를 계산하기는 매우 쉽다.

```
>>> haralick_features = mh.features.haralick(image)
>>> haralick_features_mean = np.mean(haralick_features, axis=0)
>>> haralick_features_all = np.ravel(haralick_features)
```

mh.features.haralick 함수는 4×13 배열을 반환한다. 첫 번째 차원은 속성을 계산해야 하는 네 가지(수직, 수평 대각, 반-대각) 가능한 방향성을 말한다. 방향성에 관심이 없다면 전체의 방향성을 평균해 사용할 수 있다(위 코드의 haralick_

features_mean). 그렇지 않으면, 모든 속성을 개별로 사용할 수 있다(haralick_
features_all). 이 결정은 데이터셋의 속성을 결정할 수 있다. 이 경우, 수직과 수평
방향성을 개별적으로 보관한다. 그러므로 haralick_features_all을 사용한다.

mahotas에 구현된 그밖의 속성 집합들이 있다. 선형 이진 패턴linear binary pattern은
빛 변화에 매우 강건한 또 다른 텍스처 기반 속성 집합이다. 이번 장 후반부에 이
야기할 지역 속성local feature을 포함한 다른 종류의 속성도 있다.

이러한 속성으로, 다음과 같은 로지스틱 회귀 같은 표준 분류 기법을 사용한다.

```
>>> from glob import glob
>>> images = glob('SimpleImageDataset/*.jpg')
>>> features = []
>>> labels = []
>>> for im in images:
...     labels.append(im[:-len('00.jpg')])
...     im = mh.imread(im)
...     im = mh.colors.rgb2gray(im, dtype=np.uint8)
...     features.append(mh.features.haralick(im).ravel())

>>> features = np.array(features)
>>> labels = np.array(labels)
```

3개 범주에는 매우 다른 텍스처가 있다. 건물은 날카로운 외각선과 색상이 유사한
큰 사각형 덩어리들로 이뤄져 있다(픽셀 값은 정확하게 같은 경우가 드물지만 분산은 경
미하다). 텍스트는 넓은 흰색 영역에 작고 검은 영역들이 있는데, 날카로운 어둡고/
밝은 변화가 많다. 자연 풍경은 프랙탈fractal 같은 변동과 함께 좀 더 부드러운 변
동이 있다. 그러므로 텍스처 기반 분류기는 잘 작동할 것으로 예상된다.

분류기로서, 다음과 같은 속성의 전처리와 로지스틱 회귀 분류기를 사용하겠다.

```
>>> from sklearn.pipeline import Pipeline
>>> from sklearn.preprocessing import StandardScaler
>>> from sklearn.linear_model import LogisticRegression
>>> clf = Pipeline([('preproc', StandardScaler()),
                    ('classifier', LogisticRegression())])
```

데이터셋이 작기 때문에, 다음과 같이 단일 잔류leave-one-out 회귀를 사용할 수 있다.

```
>>> from sklearn import cross_validation
>>> cv = cross_validation.LeaveOneOut(len(images))
>>> scores = cross_validation.cross_val_score(
...      clf, features, labels, cv=cv)
>>> print('Accuracy: {:.1%}'.format(scores.mean()))
Accuracy: 81.1%
```

3개 범주에 대해 81%는 나쁘지 않다(무작위 예측은 약 33%의 정확도다). 우리만의 특성을 작용하여 좀 더 성능을 높일 수 있다.

속성 작성

속성은 마술적이지 않다. 이미지에서 계산한 단순한 숫자다. 문헌에 이미 정의된 몇몇 속성이 있다. 중요하지 않은 많은 요소에 불변하도록 연구되고 고안된 속성도 있다. 이를테면, 선형 이진 패턴은 모든 픽셀 값에 상수를 곱하거나 더해도 완전히 변화하지 않는다. 이는 속성을 이미지의 빛 변화에 강건하게 만든다.

그러나 특별한 경우에는 일부 특별히 디자인된 속성으로부터 취할 이득일 수도 있다.

mahotas이 제공하지 않는 기능 중 하나는 컬러 히스토그램이다. 다행스럽게 이 기능은 구현하기 쉽다. 컬러 히스토그램은 색상 공간을 구간bin으로 나누고 각 구간에 얼마나 많은 픽셀이 있는지 센다.

이미지는 RGB 형태로 각 픽셀은 세 가지 값이 있다. 빨간색은 R, 녹색은 G, 파랑색은 B다. 이러한 각 요소는 8비트 값이 때문에 총 17만 개의 색이 있다. 이 숫자를 구간으로 색상을 그룹화하여 64색상으로 줄인다. 다음과 같은 함수를 작성하자.

```
def chist(im):
```

색상을 나누고, 다음과 같은 먼저 이미지를 64로 나누고 픽셀 값을 자른다.

```
im = im // 64
```

이는 픽셀 값이 0에서 3의 범위로 만들고 총 64개 색상이 되도록 한다.

다음과 같이 빨간색, 녹색, 파랑색으로 나눈다.

```
r,g,b = im.transpose((2,0,1))
pixels = 1 * r + 4 * b + 16 * g
hist = np.bincount(pixels.ravel(), minlength=64)
hist = hist.astype(float)
```

다음 코드처럼 로그 범위로 변환한다. 꼭 필요하진 않지만 더 나은 속성을 만든다. $\log(h+1)$를 계산하기 위해 np.lop1p를 사용하고 이로써 반드시 0보다 큰 값이 된다(수학적으로, 0의 로그는 정의되지 않는다. NumPy는 이러한 계산할 경우 경고를 출력한다).

```
hist = np.log1p(hist)
return hist
```

이 함수는 매우 사용하기 쉽다.

```
>>> features = []
>>> for im in images:
...     image = mh.imread(im)
...     features.append(chist(im))
```

이전에 사용한 같은 교차 코드를 사용하여, 90%의 정확도를 얻었다. 그러나 최상의 결과는 다음 구현과 같이 모든 속성을 다 사용하여 만들어졌다.

```
>>> features = []
>>> for im in images:
...     imcolor = mh.imread(im)
...     im = mh.colors.rgb2gray(imcolor, dtype=np.uint8)
...     features.append(np.concatenate([
...             mh.features.haralick(im).ravel(),
...             chist(imcolor),
...             ]))
```

이러한 속성을 모두 사용하고 다음 코드로 95.6%의 정확도를 구했다.

```
>>> scores = cross_validation.cross_val_score(
...     clf, features, labels, cv=cv)
>>> print('Accuracy: {:.1%}'.format(scores.mean()))
Accuracy: 95.6%
```

좋은 알고리즘은 쉬운데서 시작한다는 원칙의 완벽한 예다. scikit-learn의 최신 분류기를 사용할 수 있다. 진짜 비밀과 추가된 값은 속성 디자인과 엔지니어링에서 비롯된다. 데이터에 대한 지식은 가치가 높다.

유사한 이미지를 찾는 속성 사용하기

상대적으로 적은 속성 개수로 이미지를 나타내는 기본적인 개념은 분류보다 더 많이 사용된다. 이를테면, 주어진 이미지 쿼리에서 유사한 이미지를 찾는데 사용할 수 있다(이전에 텍스트 문서를 처리했듯이).

중요한 하나의 차이로, 이전처럼 같은 특성을 계산하겠다: 이미지의 테두리를 무시한다. 그 이유는 초보자들의 이미지 구성에서 외곽에는 불필요한 요소가 들어있다. 전체 이미지에서 속성을 계산할 때, 이러한 요소를 고려하여 무시하면 속성은 조금 더 좋아진다. 지도 학습 예제에서, 속성이 좀 더 정보적이고 그에 따라 가중치를 더 주어, 학습하는 학습 알고리즘보다 중요하지는 않다. 비지도 학습에서는, 데이터의 중요한 요소를 찾는 것을 신중해야 한다. 다음과 같이 구현한다.

```
>>> features = []
>>> for im in images:
...     imcolor = mh.imread(im)
...     # 테두리에 가까운 200 픽셀 안에 있는 모든 것을 무시한다.
...     imcolor = imcolor[200:-200, 200:-200]
...     im = mh.colors.rgb2gray(imcolor, dtype=np.uint8)
...     features.append(np.concatenate([
...             mh.features.haralick(im).ravel(),
...             chist(imcolor),
...         ]))
```

다음과 같이 거리 매트릭스를 계산하고 속성을 정규화한다.

```
>>> sc = StandardScaler()
>>> features = sc.fit_transform(features)
>>> from scipy.spatial import distance
>>> dists = distance.squareform(distance.pdist(features))
```

다음처럼, 쿼리를 위에, 아래의 반환된 '최근접 이웃'을 놓도록 데이터 일부(매 10번째의 이미지들)를 그려보자.

```
>>> fig, axes = plt.subplots(2, 9)
>>> for ci,i in enumerate(range(0,90,10)):
...     left = images[i]
...     dists_left = dists[i]
...     right = dists_left.argsort()
...     # right[0]는 left[i]와 같고, 다음 가장 가까운 것을 선택한다.
...     right = right[1]
...     right = images[right]
...     left = mh.imread(left)
...     right = mh.imread(right)
...     axes[0, ci].imshow(left)
...     axes[1, ci].imshow(right)
```

결과는 다음과 같다.

시스템은 완벽하지 않지만 적어도 쿼리와 시각적으로 유사한 이미지를 찾는다. 한 경우만 제외하고, 쿼리와 같은 범주의 이미지를 찾았다.

좀 더 어려운 데이터셋의 분류

이전 데이터셋은 텍스처 속성을 사용해서 분류하기가 쉬웠다. 사실, 비즈니스 관점에서 흥미로운 많은 문제는 상대적으로 쉽다. 그러나 간혹 해결하기 어려운 문제에 좋은 결과를 얻고자 할 때 최신 기술이 필요하다.

구조가 동일한 같은 구조를 가진 공공 데이터셋으로 테스트하겠다. 일부 사진은 몇몇 범주로 나눈다. 범주는 동물, 자동차, 공공 교통 수단, 자연 풍경이다.

이전에 논의한 3개 범주 문제와 비교해서 이러한 범주는 구별하기가 더 어렵다. 자연 풍경, 건물, 텍스트는 모두 다른 텍스처를 갖고 있다. 그러나 이 데이터셋에서 텍스처는 범주의 분명한 표시점marker이다.

다음은 동물 범주의 예다.

다음은 자동차 범주의 예다.

둘 다 자연스러운 배경과 달리 내부에 크고 매끄러운 영역이 있다. 이는 단순한 데이터셋보다 좀 더 어려운 문제이다. 그래서 좀 더 발전적인 기법이 필요다. 첫 번째 향상요소는 좀 더 강력한 분류기 사용이다. scikit-learn에서 지원하는 로지스틱 회귀는 매개변수 C를 변경할 수 있는 벌점 로지스틱 회귀다. 기본적으로 C = 1.0이지만 변경할 수 있다. 다음과 같이 이 매개변수에 대한 최상의 값을 찾기위해 grid search를 사용할 수 있다.

```
>>> from sklearn.grid_search import GridSearchCV
>>> C_range = 10.0 ** np.arange(-4, 3)
>>> grid = GridSearchCV(LogisticRegression(), param_grid={'C' : C_range})
>>> clf = Pipeline([('preproc', StandardScaler()),
...                  ('classifier', grid)])
```

데이터셋 내부에서 무작위로 데이터를 정렬되어 있지 않다. 유사한 이미지끼리 같이 있다. 그러므로 각 중첩이 좀 더 대표적인 훈련 데이터가 되도록 데이터를 이동하여 교차 검증을 사용한다.

```
>> cv = cross_validation.KFold(len(features), 5,
...                            shuffle=True, random_state=123)
>>> scores = cross_validation.cross_val_score(
...     clf, features, labels, cv=cv)
>>> print('Accuracy: {:.1%}'.format(scores.mean()))
Accuracy: 72.1%
```

4개 범주에 대해 그리 나쁘지 않지만 다른 속성을 사용하여 더 나은 결과를 얻을지 살펴보자. 사실, 최상의 결과를 얻기 위해 다른 기법으로 이러한 속성을 혼합할 필요가 있다.

지역 속성 표현

지역 속성 기반 기법은 컴퓨터 비전 영역에서 비교적 최근에 개발됐다. 이전에 전체 이미지에서 계산했던 속성과 달리, 지역 속성은 이미지의 작은 영역을 계산한다. mahotas는 SURF_{Speeded Up Robust Features}로 알려진 이러한 속성 형태를 지원한다(대부분 SIFT_{Scale-Invariant Feature Transform})의 원제안으로 알려져 있는 몇 가지가 있다). 이러한 지역 속성은 회전과 빛의 변화에 강건하도록 고안됐다(즉 빛 회전 시 속성 값이 약간만 변경된다).

이러한 속성을 사용할 때는 이미지의 어느 부분을 계산할지 결정해야 한다. 공통적으로 사용되는 세 가지 방법이 있다.

- 무작위
- 격자
- 이미지의 키포인트 검출_{keypoint detection} 또는 관심점 검출_{interest point detection}

적절한 상황하에서라면 셋 다 유효하고 좋은 결과를 얻는다. mahotas는 세 가지 모두를 지원한다. 관심점이 이미지의 중요 영역에 해당된다고 예상할 수 있는 근거가 있다면 관심점 검출이 가장 잘 작동한다.

관심점 기법을 사용하겠다. mahotas를 사용하면 관심점을 계산하기가 쉽다. 적절한 하위 모듈을 임포트하고 surf.surf 함수를 호출하면 된다.

```
>>> from mahotas.features import surf
>>> image = mh.demos.load('lena')
>>> image = mh.colors.rgb2gray(im, dtype=np.uint8)
>>> descriptors = surf.surf(image, descriptor_only=True)
```

descriptors_only=True는 픽셀 위치, 크기, 방향 등에는 관심이 없고 디스크립터_{descriptor} 그 자체에 관심이 있음을 의미한다. 대안으로 surf.dense 함수를 사용한 밀도 샘플링_{dense sampling} 기법을 사용할 수 있다.

```
>>> from mahotas.features import surf
>>> descriptors = surf.dense(image, spacing=16)
```

이는 서로에게서 16픽셀만큼의 거리에 있는 점에서 계산한 디스크립터의 값을 반환한다. 점의 위치는 고정적이기 때문에, 관심점에 대한 메타 정보는 매우 흥미롭지 못하고 기본으로 반환하지도 않는다. 어떤 경우이든 결과(디스크립터)는 n×64 배열이다(여기서 n은 샘플링된 점의 개수다). 점의 개수는 이미지의 크기와 그 내용, 함수에 전달하는 매개변수에 따라 달라진다. 이전에 기본 값으로 사용했고, 이는 이미지마다 수백 개의 디스크립터를 얻는 방법이다.

이러한 디스크립터를 서포트 벡터 머신, 로지스틱 회귀 또는 유사한 분류 시스템에 직접적으로 입력할 수 없다. 이미지로부터 얻은 디스크립터를 사용하기 위한 몇 가지 해결책이 있다. 단순히 디스크립터의 평균을 구할 수도 있는데, 이는 지역에 특화된 모든 정보를 버리기 때문에 수행한 결과는 그렇게 좋지 않다. 이런 경우에는 에지 측정이 기반인 다른 전역 속성을 가질 수 있다.

여기서 우리가 사용할 해결책은 매우 최근 아이디어인 단어 주머니bag-of-words 모델이다. 2004년 처음, 이 형태로 발표되었다. 이는 이러한 '명백한 뒤늦은 깨달음 obvious in hindsight' 중 하나로, 매우 단순하고 잘 작동한다.

이미지를 다룰 때 '단어words'를 말하는 게 이상해 보일지도 모른다. 서로 구별하기 쉬운 문어가 아니라 구어로 생각한다면 이해가 쉬워질 것이다. 단어는 말할 때마다 소리가 다소 다르게 나오기 때문에 그 음파들은 완전히 동일하진 않다. 그러나 이러한 음파들에 군집화를 사용함으로써, 주어진 단어의 모든 인스턴스가 하나의 군집에 포함되도록 대부분의 음파 구조를 복구하길 바랄 수 있다. 과정이 완벽하지 않더라도 음파를 단어로 그룹화할 수 있다.

시각 단어로 실행하는 것도 마찬가지다. 모든 이미지에서 유사해 보이는 영역들을 함께 모으고 이러한 시각 단어를 호출한다.

 사용된 단어의 개수는 알고리즘의 최종 성능에 큰 영향을 미치지 않는다. 당연히, 단어 개수가 극단적으로 작으면(수천 개의 이미지가 있을 때 10 또는 20개) 전반적인 시스템은 잘 작동하지 않는다. 마찬가지로, 단어가 너무 많아도(예제 이미지의 개수보다 너무 많다면) 시스템이 잘 작동하지 않는다. 그러나 두 극한점 사이에 결과에 큰 영향 미치지 않는 단어 수를 선택할 수 있는 커다란 안정기가 있다. 경험상, 너무 많은 이미지가 있을 경우에는 256, 512, 1024 같은 값을 사용해 좋은 결과를 얻을 수 있다.

속성을 계산하면서 시작해보자.

```
>>> alldescriptors = []
>>> for im in images:
...     im = mh.imread(im, as_grey=True)
...     im = im.astype(np.uint8)
...     alldescriptors.append(surf.dense(image, spacing=16))
>>> # 모든 디스크립터를 하나의 배열로 얻는다.
>>> concatenated = np.concatenate(alldescriptors)
>>> print('Number of descriptors: {}'.format(
...          len(concatenated)))
Number of descriptors: 2489031
```

이는 2만 개가 넘는 지역 디스크립터를 만든다. 이제, 중심점을 구하는데 k평균 군집k-means clustering을 사용하자. 모든 디스크립터를 사용할 수 있지만 속도를 높이기 위해 좀 작은 샘플을 사용하고자 한다.

```
>>> # 매번 64번째 벡터만 사용한다.
>>> concatenated = concatenated[::64]
>>> from sklearn.cluster import KMeans
>>> k = 256
>>> km = KMeans(k)
>>> km.fit(concatenated)
```

이를 수행하면(잠시 시간이 걸린다) 중심점에 대한 정보를 담은 km이 나온다. 이제 디스크립터로 돌아가 속성 벡터를 만든다.

```
>>> sfeatures = []
>>> for d in alldescriptors:
...     c = km.predict(d)
...     sfeatures.append(
...         np.array([np.sum(c == ci) for ci in range(k)])
...     )
>>> # 하나의 배열고 만들고 float로 변환한다.
>>> sfeatures = np.array(sfeatures, dtype=float)
```

이 반복문의 결과로, sfeatures[fi, fj]은 원소 fj를 포함한 이미지 fi 횟수다. np.histogram 함수를 이용하면 더 빨리 계산할 수 있으나, 적절한 입력 값을 받으면 약간의 편법이 필요하다. 정수 산술을 원하지 않기 때문에 결과를 부동소수

점으로 변환한다(반올림).

결과는 이제 각 이미지가 같은 크기(군집의 개수. 우리의 경우 256)의 하나의 속성 배열로 나타난다. 그러므로 표준 분류 기법을 사용할 수 있다.

```
>>> scores = cross_validation.cross_val_score(
...     clf, sfeatures, labels, cv=cv)
>>> print('Accuracy: {:.1%}'.format(scores.mean()))
Accuracy: 62.6%
```

이전 보다 나빠졌다. 아무것도 얻지 못했나?

사실, 모든 속성을 합하면 76.1% 정확도를 얻는다.

```
>>> combined = np.hstack([features, features])
>>> scores = cross_validation.cross_val_score(
...     clf, combined, labels, cv=cv)
>>> print('Accuracy: {:.1%}'.format(scores.mean()))
Accuracy: 76.1%
```

이는 우리가 구한 최상의 결과다. 이전에 가지고 있던 전역 이미지 속성에 새로운 정보를 추가하기 때문에 지역 SURF 속성은 충분히 다르고, 모든 속성을 합하여 성능을 향상했다.

정리

기계 학습 맥락에서 이미지를 다루기 위해 고전적인 속성-기반 접근법을 배웠다. 수백만 개의 픽셀을 몇 개의 수치 차원으로 줄이고 로지스틱 회귀 분류기에 직접적으로 바로 사용했다. 다른 장에서 배운 모든 기술로 바로 이미지 문제에 적용했다. 데이터셋에서 유사한 이미지를 찾기 위해 이미지 속성을 사용한 예제를 보았다.

분류하기 위해 단어 주머니 모델 안에서 지역 속성을 사용하는 방법도 다루었다. 이는 매우 최신 컴퓨터 비전 접근법이며 이미지에서 불빛이나 불안정한 불빛과 같은 상관없는 것에 대해 강건하게 하여 좋은 결과를 얻는다. 분류할 때, 군집화를 유용한 중간 단계로 사용하기도 했다.

파이썬으로 된 중요 컴퓨터 비전 라이브러리 중 하나인 mahotas에 중점을 두었지만 그 밖의 라이브러리도 마찬가지로 잘 유지되고 있다. Skimage도 목적은 유사하나, 다른 특성을 가진다. OpenCV는 파이썬 인터페이스를 가진 매우 좋은 C++ 라이브러리다. 이 모든 라이브러리는 NumPy의 배열과 잘 작동하며, 복잡한 파이프라인을 만들기 위해 다른 라이브러리에 있는 함수를 적용하고 혼합할 수 있다.

11장에서는 기계 학습의 다른 형태, 즉 차원 축소에 대해 배운다. 이전 몇몇 장에서 봤듯이, 이번 장에서도 이미지를 사용할 때 포함된 많은 속성을 계산적으로 생성하는 일은 매우 쉽다. 그러나 속도, 시각화, 결과를 향상 시키고자 속성의 개수를 줄여야 할 경우가 종종 있다. 11장에서 이를 어떻게 성취하는지 살펴보자.

11

차원 수 줄이기

쓰레기를 넣으면, 쓰레기가 나온다. 이 책 전반에 걸쳐, 기계 학습 기법에 훈련 데이터를 적용할 때도 이 패턴이 유효함을 보았다. 돌이켜 보면, 대부분 흥미로운 기계 학습 도전은 항상 속성 엔지니어링feature engineering과 연관되어 있었다. 기계 학습기가 좀 더 나아질 수 있는 추가적인 속성을 공들여 만드는 문제에 대해 통찰하고자 한다.

11장에서는 상관이 없거나 중복 속성을 제외시키는 차원 축소dimensionality reduction와 반대 방향으로 시작하고자 한다. 언뜻 생각하기에, 속성 제거는 더 많은 정보가 적은 정보보다 항상 좋다는 직관에 반대되는 것처럼 보인다. 어쨌든 불필요한 속성은 무시되지 않아야 하는 것 아닌가? 이를테면, 기계 학습 알고리즘의 내부에 가중치를 0으로 설정해서 말이다. 다음은 실제로 차원을 가능한 한 많이 줄일수록 좋은 이유다.

- 불필요한 속성은 학습기를 오도하거나 무효하게 할 수 있다. 모든 기계 학습 기법에 해당되는 이야긴 아니지만(이를테면, 서포트 벡터 머신은 고차원 공간을 좋아한다) 대부분 모델은 낮은 차원에서 유리하다.

- 고차원 속성 공간에 반대하는 또 다른 주장은, 차원이 높아지면 조율하는 데 더 많은 매개변수가 필요하며 과적합화 위험이 있다는 것이다.

- 문제를 해결하기 위해 찾는 데이터는 인공적인 고차원을 가질 수 있는 반면, 실제 차원은 작을 수 있다.

- 낮은 차원 = 빠른 훈련 = 같은 시간에 더 다양한 매개변수 조율 = 좋은 결과

- 시각화: 데이터를 시각화할 때, 2 또는 3차원으로 제한된다.

그렇다면 데이터의 가치 있는 부분은 그대로 유지하면서 데이터에서 어떻게 쓰레기를 제거하는지 살펴보자.

큰 그림 그리기

차원 줄이기는 크게 속성 선택feature selection과 속성 추출feature extraction로 나눌 수 있다. 데이터를 만들거나, 분석하거나, 제거할 때 거의 매 장에서 이미 적용했다. 이번 장에서 통계적 기법인 상관 관계correlation와 거대한 속성 공간에서 속성을 선택할 수 있는 상호 정보mutual information 같은 방법들을 보겠다. 속성 추출은 본래의 속성 공간에서 낮은 차원의 속성 공간으로 변환한다. 이 기법은 선택 기법을 사용해 속성을 제거할 수 없을 때 특히 유용하다. 그러나 학습기 입장에서는 아직 많은 속성이 있는데, 주요 구성요소 분석PCA, Principal Component Analysis과 선형 판별 분석 LDA, Linear Discriminant Analysis, 다차원 축적MDS, Multidimensional Scaling을 활용해 설명하겠다.

속성 선택

기계 학습 알고리즘이 멋지길 바란다면 알고리즘에 서로 의존적이지 않고 예측될 값에 영향력이 있는 속성을 넣어야 한다. 이는 각 속성은 핵심적인 정보를 추가하라는 뜻이다. 어떤 속성을 제거하면 성능이 떨어진다.

속성이 몇 안 된다면 산점도scatter plot 매트릭스를 그릴 수 있다(하나의 산점은 모든 속성 짝feature-pair 조합을 그린다). 속성 간의 관계를 쉽게 점으로 나타낼 수 있다. 명확히 의존성을 보여주는 모든 속성 짝에 대해, 일부를 제거할지 둘로부터 더 새롭고 명확한 하나의 속성이 되게 디자인할지를 생각한다.

그러나 대부분의 경우, 속성에서 선택할 일부 속성보다 꽤 많은 속성이 있다. 분류 작업을 돌아보면, 답변의 적합성을 분류하기 위해 단어 주머니를 사용했다. 이는 1000×1000 산점도가 필요하다. 이 경우, 겹치는 속성을 찾아내는 좀 더 자동화된 방법과 겹치는 속성을 해결할 방법이 필요하다. 다음 하위 두 절에서 이를 위한 일반적인 기법인 필터링filtering과 래퍼wrapper를 보겠다.

필터를 사용해 중복된 속성 탐지하기

필터는 나중에 사용할 어떤 기계 학습 기법에 독립적인 꽤 많은 속성을 정리한다. 필터는 상관없거나 중복된 속성을 찾기 위해 통계적 방법을 사용한다(이 경우, 중복 속성 그룹마다 단지 하나의 속성을 유지할 필요가 있다). 일반적으로 필터는 다음 다이어그램에서 보여주는 작업 흐름에 따라 작동한다.

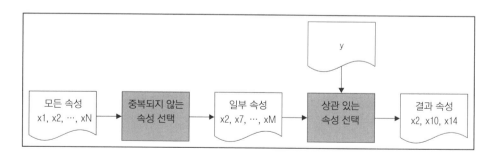

상관 관계

상관 관계를 사용해서 속성 짝 간의 선형 관계를 쉽게 볼 수 있다. 이러한 속성은 직선을 사용해 모델화할 수 있는 관계다. 다음 그래프에서 붉은 점선(적합화된 1차원 다항식)으로 표시된 잠재적인 선형 의존성과 함께 다른 상관 관계도degree of correlation를 볼 수 있다. 각 그래프 상단에 있는 상관 계수correlation coefficient $Cor(X_1, X_2)$는 scipy.stat에 있는 pearsonr() 함수로, 일반 피어슨Pearson 상관 계수를 사용해 계산했다.

크기가 같은 두 데이터를 넣으면, 상관 계수 값과 이러한 데이터가 상관없는 시스템에서 생성되는 확률인 p 값의 튜플로 반환한다. 즉 p 값이 낮을수록 상관 계수는 더 신뢰할 수 있다.

```
>>> from scipy.stats import pearsonr
>>> pearsonr([1,2,3], [1,2,3.1])
>>> (0.99962228516121843, 0.017498096813278487)
>>> pearsonr([1,2,3], [1,20,6])
>>> (0.25383654128340477, 0.83661493668227405)
```

첫 번째 경우, 두 리스트는 서로 상관 있음을 명확히 보여준다. 두 번째 경우, 명확히 0이 아닌 p 값이 있다.

그러나 0.84의 p 값은 상관 관계가 없음을 알려주며 크게 관심을 가질 필요는 없다. 그림에 있는 다음 결과는 이를 설명한다.

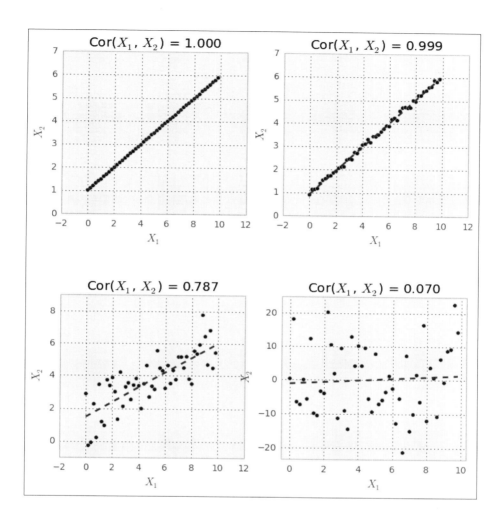

처음 3개의 경우 상관 계수가 높고, 똑같은 정보가 아니라면 서로 유사해 보이기 때문에 X_1나 X_2를 제외하고자 한다.

그러나 마지막 경우에는 두 속성을 유지해야 한다. 물론 애플리케이션에서 이 결정은 p 값을 참조해서 받아들인다.

이전 예제에서 멋지게 작동했지만 현실은 좀처럼 그렇지 않다. 상관도 기반 속성 선택의 큰 문제는 선형 관계에만 발견된다는 점이다(직선으로 모델화되는 관계). 비선형 데이터의 상관도를 사용하면 문제가 된다. 다음 예제는 이차의 관계식을 갖는다.

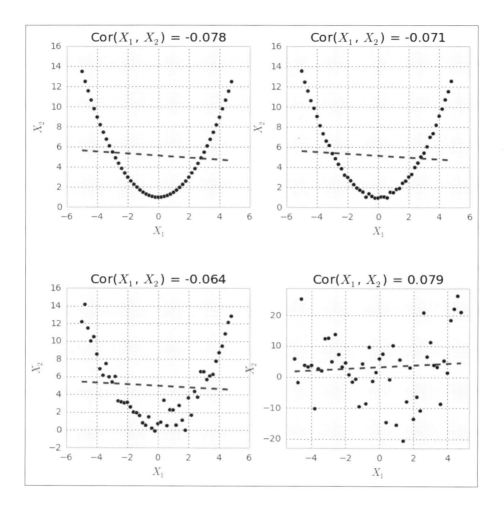

마지막 그래프를 제외한 모두는 사람의 눈으로 봐도 X_1과 X_2 사이의 관계를 바로 알 수 있다. 하지만 상관 계수는 그렇지 않다. 상관 관계는 선형 관계를 발견하는 데는 유용함이 명백하지만, 이 외의 것에는 유용하지 않다. 선형 관계를 구하기 위해 단순히 변환을 적용하는데 도움이 된다. 이를테면, 이전 그림에서, 제곱한 X_1에 대해 X_2를 도식화하면 높은 상관 계수를 얻는다. 그러나 일반 데이터에는 이런 일이 자주 없다.

다행스럽게도, 비선형 관계의 경우 이를 해결하는 상호 정보를 사용할 수 있다.

상호 정보

속성 선택을 살펴볼 때, 이전 절(선형 관계)에서 했듯이 관계의 형태에 중점을 두지 않았다. 대신에 갖고 있는 다른 속성을 고려해볼 때, 한 속성이 얼마나 많은 정보를 제공하는지에 대한 관점에서 생각해야 한다.

이를 이해하기 위해, 집에 엘리베이터가 있는지 없는지에 대한 결과를 house_size, number_of_levels, avg_rent_price 속성 집합에서 속성을 사용해 분류기를 훈련한다고 가정해보자. 직관적으로 볼 때, 이 예제에서 house_size를 안다면 number_of_levels는 더 이상 필요 없다. 두 속성은 중복적인 정보를 포함하기 때문이다. avg_rent_price의 경우, 층 수와 집의 크기로부터 단순히 임대 공간의 가격을 추론할 수 없기에 좀 다르다. 그러므로 평균 임대 공간 가격과 더불어 속성을 하나만 유지하는 편이 현명하다.

상호 정보는 두 정보가 얼마만큼 공통성을 갖는지 계산해 이전 추론을 형식화 한다. 그러나 상관 관계와 달리, 데이터의 순서가 아니라 분포에 의존한다. 어떻게 작동하는지 이해하기 위해서는 정보 엔트로피information entropy를 알아야 한다.

정상적인 동전이 있다고 생각해보자. 동전을 던지기 전에, 앞면 또는 뒷면이 나올 최대 불확실성은 50%씩 같은 확률을 갖는다. 이 불확실성은 클로드 섀넌Claude Shannon의 정보 엔트로피로 측정할 수 있다.

$$H(X) = -\sum_{i=1}^{n} p(X_i) \log_2 p(X_i)$$

정상 동전 시나리오에서 X_0을 앞면, X_1을 뒷면으로 하면 $p(X_0) = p(X_1) = 0.5$인 두 경우가 있다.

그러므로 다음을 얻는다.

$$H(X) = -p(x_0)\log_2 p(x_0) - p(x_1)\log_2 p(x_1) = -0.5 \cdot \log_2(0.5) - 0.5 \\ \cdot \log_2(0.5) = 1.0$$

편의상, scipy.stats.entropy([0.5, 0.5], base=2)를 사용할 수 있다. base 매개변수를 2로 설정한 이유는 위와 같은 결과를 얻기 위해서다. 그렇지 않으면 함수는 np.log()를 통해 자연로그를 사용한다. 일반적으로, 일관성 있게 사용하는 한 base는 문제가 되지 않는다.

자, 실제로 조작된 동전을 던진 후 앞면이 60%로 더 많이 나온다는 사실을 깨달았다고 해보자.

$$H(X) = -0.6 \cdot \log_2(0.6) - 0.4 \cdot \log_2(0.4) = 0.97$$

이 상황은 덜 불확실하다고 볼 수 있다. 불확실성은 멀어지면 더 줄어든다. 다음 그래프에서 볼 수 있듯이 동전의 앞면이 나올 0%나 100%에 대해 0.5부터 극단적인 0 값까지 얻는다.

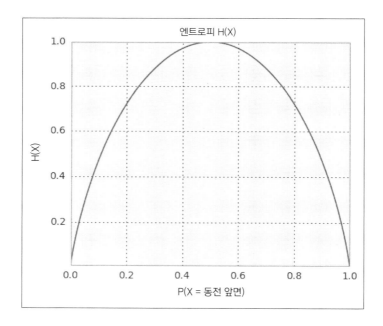

하나의 속성 대신에 2개의 속성을 적용해서 엔트로피 H(X)를 변환하겠다. 이는 Y에 대해 학습할 때, X로부터 얼마나 불확실성이 제거되는지를 측정한다. 그러면 한 속성이 다른 속성의 불확실성을 어떻게 줄여주는지 알 수 있다.

예를 들어, 날씨에 대한 더 이상의 정보가 없을 때, 밖에 비가 오는지 안 오는지는 완벽하게 불확실하다. 잔디가 젖었다는 사실을 안다면 불확실성은 줄어 든다(아직 스프링클러가 켜져 있는지 확인해야 한다).

좀 더 정형적으로, 상호 정보는 다음과 같이 정의된다.

$$I(X;Y) = \sum_{i=1}^{m} \sum_{j=1}^{n} P(X_i, Y_j) \log_2 \frac{P(X_i, Y_j)}{P(X_i)P(Y_j)}$$

주어진 식에 좀 겁이 난다. 그러나 합과 곱뿐이다. 이를테면, P()의 계산은 속성 값을 구간화binning하고 각 구간bin의 값을 계산한다. 다음 도식에서 구간의 개수를 10으로 설정했다.

구간 [0, 1]로 상호 정보를 제한하기 위해 각 엔트로피를 더한 값으로 나누면 정규화된 상호 정보가 된다.

$$NI(X;Y) = \frac{I(X;Y)}{H(X) + H(Y)}$$

다음 그래프에서 볼 수 있듯이, 상호 정보의 멋진 점은 상관 관계와는 달리 선형 관계만 적용되지 않는다는 사실이다.

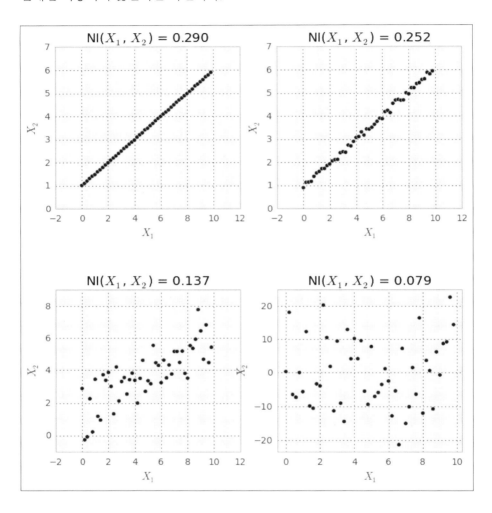

다음에서 보듯, 상호 정보를 선형 관계 이외에도 사용할 수 있다. 다음 그래프는 2차 관계식에서도 작동함을 보여준다.

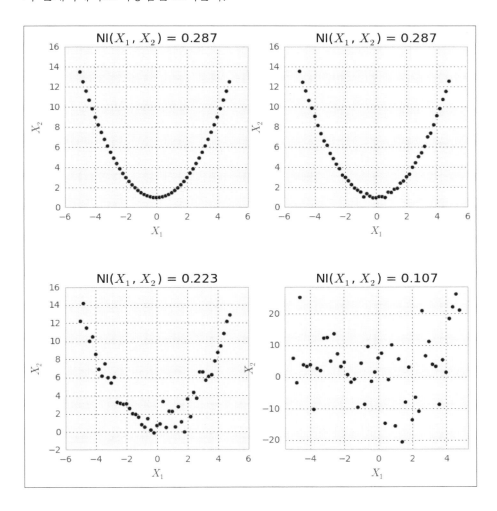

따라서 모든 속성 짝에 대해 정규화된 상호 정보를 계산해야 한다. 높은 값을 가진 짝(그 의미를 결정해야 한다) 중 하나를 뺀다. 회귀 기법의 경우, 원하는 결과 값과 상호 정보에서 얻은 매우 낮은 속성을 제외할 수 있다.

이는 작은 속성 집합에서 잘 작동한다. 그러나 어느 시점에서는, 계산의 총량이 2차식으로 증가해 이 과정은 매우 고비용이 된다(속성 쌍 사이의 상호 정보를 계산하기 때문이다).

필터의 또 다른 큰 단점은 홀로 유용하지 않은 속성을 제거한다는 점이다. 대개 몇 개의 속성은 목적 변수에 완전히 독립적으로 보인다. 그러나 같이 결합할 때, 해결된다. 이러한 속성은 유지하기 위해 래퍼가 필요하다.

래퍼를 사용해 속성에 대한 모델 묻기

필터는 쓸모없는 속성을 제거하는 데 큰 도움이 될 수 있지만 한계가 있다. 모든 필터링을 한 후에도, 속성들 사이에서 일부 속성은 독립적이고 결과 값에 어느 정도 영향력이 있음을 보여준다. 그러나 이러한 속성들은 모델의 관점에서는 완전히 쓸모없다. XOR 함수를 나타내는 다음 데이터를 생각해보자. 개별적으로 A도 아니고 B도 아닌 Y에 의존하는 어떤 신호를 보여준다. 그렇기 때문에 둘이 함께 있을 때 명확하다.

A	B	Y
0	0	0
0	1	1
1	0	1
1	1	0

그러면, 개별 속성에 대해 모델 자체에 투표권을 주는 건 어떤가? 다음 차트 다이어그램에서 볼 수 있듯이 이는 래퍼가 하는 작업이다.

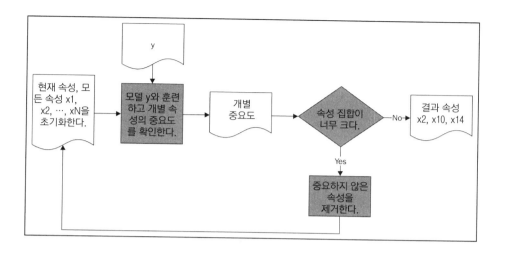

여기서 모델 훈련 과정에 속성 중요도 계산을 넣어야 한다. 유감스럽게도(하지만 당연히) 속성 중요도는 이분법적으로 결정되지 않고 점수로 결정된다. 그래서 속성을 제거할지 말지 명세하는 작업이 남았다. 속성들 중 어떤 속성을 취하고 어떤 속성을 제거해야 할까?

scikit-learn으로 돌아와서, sklearn.feature_selection 패키지에는 여러 가지 뛰어난 래퍼 클래스가 있다. 이 분야의 진정한 일꾼은 RFE_{recursive feature elimination}이다. 이 클래스는 에스터메이터와 매개변수로서 원하는 속성 개수를 입력받아 충분히 작은 속성의 부분집합을 찾을 동안 에스터메이터를 훈련한다. RFE 인스턴스 자체는 주어진 에스터메이터를 래핑했기 때문에 에스터메이터처럼 행동한다.

다음 예제는 편리한 datasets의 make_classification() 함수를 사용해 100개 샘플의 분류 문제를 임의적으로 만든다. 분류 문제를 해결할 수 있는 3개의 속성을 포함한 10개의 속성을 만든다.

```
>>> from sklearn.feature_selection import RFE
>>> from sklearn.linear_model import LogisticRegression
>>> from sklearn.datasets import make_classification
>>> X,y = make_classification(n_samples=100, n_features=10,
n_informative=3, random_state=0)
>>> clf = LogisticRegression()
>>> clf.fit(X, y)
```

```
>>> selector = RFE(clf, n_features_to_select=3)
>>> selector = selector.fit(X, y)
>>> print(selector.support_)
[False True False True False False False False True False]
>>> print(selector.ranking_)
[4 1 3 1 8 5 7 6 1 2]
```

물론, 실세계 시나리오에서의 문제는 어떻게 n_features_to_select에 적정한 값을 알 수 있을까이다. 진실은 '우리는 할 수 없다'이다. 그러나 많은 경 우, 데이터의 샘플을 사용할 수 있고 적당한 대략값에 대한 예감을 얻을 수 있도록 다른 설정으로 n_features_to_select와 함께 시도할 수 있다.

래퍼를 사용할 때 그렇게 정확할 필요가 없다는 사실은 괜찮은 점이다. support_와 ranking_이 어떻게 변하는지 보기 위해 n_features_to_select의 값을 다양하게 해보자.

n_features_ to_select	support_	ranking_
1	[False False False True False False False False False False]	[6 3 5 1 10 7 9 8 2 4]
2	[False False False True False False False False True False]	[5 2 4 1 9 6 8 7 1 3]
3	[False True False True False False False False True False]	[4 1 3 1 8 5 7 6 1 2]
4	[False True False True False False False False True True]	[3 1 2 1 7 4 6 5 1 1]
5	[False True True True False False False False True True]	[2 1 1 1 6 3 5 4 1 1]
6	[True True True True False False False False True True]	[1 1 1 1 5 2 4 3 1 1]
7	[True True True True False True False False True True]	[1 1 1 1 4 1 3 2 1 1]
8	[True True True True False True False True True True]	[1 1 1 1 3 1 2 1 1 1]
9	[True True True True False True True True True True]	[1 1 1 1 2 1 1 1 1 1]
10	[True True True True True True True True True True]	[1 1 1 1 1 1 1 1 1 1]

결과는 꽤 안정적이다. 좀 더 작은 속성 집합을 요청할 때 사용한 속성은, 더 많은 속성으로 늘어날 때도 계속 선택된다. 마지막으로, 잘못된 방향으로 빠질 때 훈련/테스트를 사용해 오류를 발견한다.

그 밖의 속성 선택 기법

기계 학습 책을 읽으면 나오는 몇 가지 속성 선택 기법이 있다. 일부는 기계 학습 과정에 포함되어 있기 때문에 속성 선택처럼 보이지 않는다(이전에 이야기한 래퍼와 혼동하지 말자). 예를 들어, 결정 트리decision tree는 그 중심에 속성 선택이 심어져 있다. 그 밖의 학습 기법도 모델이 복잡해지지 않게 하는 정규화regularization 같은 기법을 사용한다. 이로써 학습은 '단순성simple'을 유지한 괜찮은 모델로 진행돼간다. 속성 선택 기법은 영향을 덜 주는 속성의 중요도를 0으로 감소시키고 그 다음에 속성을 제거함으로써(L1 정규화) 그렇게 한다.

그러므로 잊지말자! 기계 학습 기법의 성능은 속성 선택 기법이 큰 기여를 하곤 한다.

속성 추출

불필요한 속성을 제거하고 관련 없는 속성을 뺀 후에도 속성이 너무 많을 때가 있다. 어떤 학습 기법을 사용하든 간에 모든 수행이 별로 좋지 않다. 그리고 속성 공간이 클 경우 학습 기법들의 성능이 낮다. 결국 가치 있는 속성도 제거할 필요가 있다. 차원을 축소해야 하고 속성 선택이 별 도움이 되지 않는 또 다른 상황은 데이터를 시각화하고자 할 때다. 그러면 의미 있는 그래프를 제공하기 위해 결국에는 최대 3차원이 필요하다.

속성 추출로 들어가 보자. 속성 추출은 모델이 좀 더 쉽게 접근할 수 있게 하거나 의존성을 시각적으로 보여줄 수 있도록 2, 3차원으로 축소하고자 속성 공간을 재생성한다.

다시, 선형과 비선형으로 속성 추출 기법을 구분할 수 있다. 이전 속성 선택과 마찬가지로, 각 종류에 따라 기법을 설명하겠다. 선형인 경우 주요 구성요소 분석PCA, Pricipal Component Analysis을, 비선형인 경우 다차원 축적MDS, multidimensional scaling을 사용한다. 이러한 기법은 널리 알려져 있고 잘 사용되며 흥미롭고 강력한 속성 추출 기법을 대표한다.

주요 구성요소 분석

주요 구성요소 분석PCA, Pricipal Component Analysis은 속성의 개수를 낮추거나 적용해야 할 속성 추출 기법을 모를 경우 주로 첫 번째로 시도하는 기법이다. PCA는 선형 기법이라는 제한이 있지만 모델을 충분히 더 잘 학습시킨다. PCA가 제공하는 강력한 수학적 특성, 변환할 속성 공간을 찾는 속도, 본래 속성과 후에 변환 된 속성 간의 변환과 더불어, 기계 학습 툴 중 빈번히 사용할 기법이라고 믿어 의심치 않는다.

요약하자면, 본래 속성 공간이 주어지면 PCA는 다음 특성이 있는 낮은 차원 공간으로 선형 투영을 찾는다.

- 보존된 분산을 최대화
- 최종 재생성 오차(변환된 속성에서 본래의 속성으로 돌아갈 때)를 최소화

PCA는 단순히 입력 데이터를 변환하기 때문에 분류와 회귀 문제 둘 다에 적용할 수 있다. 이 절에서는 기법을 논의하기 위해 분류 작업을 사용한다.

PCA 훑어보기

PCA는 우리가 자세히 보고 싶지않은 선형 대수을 기반으로 한다. 그렇기는 하지만, 기본 알고리즘은 다음 절차로 쉽게 나타낼 수 있다.

1. 데이터에서 평균 값을 빼서 데이터를 중심에 놓는다.
2. 공분산covariance 매트릭스를 계산한다.
3. 공분산의 고유벡터eigenvector를 계산한다.

N개의 속성으로 선택하면 알고리즘은 변환된 N차원 속성을 반환한다(지금까지는 아무것도 얻지 못한다). 그러나 이 알고리즘의 멋진 면은 고유값은 해당하는 고유벡터로 변화량이 얼마인지 표시한다는 점이다.

N = 1000이고, 모델은 속성이 20개 이상이면 잘 작동하지 않는다고 가정하자. 이때 단순히 가장 높은 고유값을 갖는 20개의 고유벡터를 선택한다.

PCA 적용하기

다음 그림 왼편의 인공적인 데이터셋을 고려해보자.

```
>>> x1 = np.arange(0, 10, .2)
>>> x2 = x1+np.random.normal(loc=0, scale=1, size=len(x1))
>>> X = np.c_[(x1, x2)]
>>> good = (x1>5) | (x2>5) # 일부 임의적인 범주들
>>> bad = ~good # 예제를 보기 좋게 만들기 위해
```

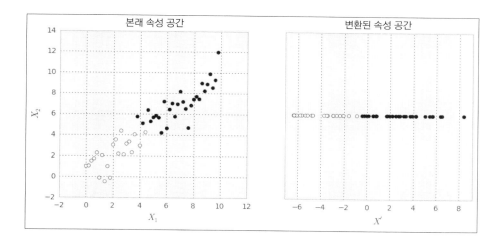

scikit-learn은 decomposition 패키지에서 PCA 클래스를 제공한다. 이 예제에서는 데이터를 나타내는데 1차원이면 충분하다는 사실을 명확히 알 수 있다. n_components 매개변수를 사용해 명시한다.

```
>>> from sklearn import linear_model, decomposition, datasets
>>> pca = decomposition.PCA(n_components=1)
```

PCA의 데이터를 분석하고 변환된 속성 공간으로 투영하기 위해 fit()와 transform() 메소드도 사용한다(또는 fit_transform()).

```
>>> Xtrans = pca.fit_transform(X)
```

Xtrans는 명시한 대로 1차원이다. 이제 오른쪽 그래프를 볼 수 있다. 결과는 선으로 구분된다. 두 범주를 구별하기 위해 복잡한 분류기는 필요하지도 않다.

재생성 오차를 이해하려면, 변환에서 얻은 데이터 분산을 살펴볼 수 있다.

```
>>> print(pca.explained_variance_ratio_)
>>> [ 0.96393127]
```

이는 2차원을 1차원으로 낮춘 후, 분산이 96%가 남았음을 의미한다.

물론, 항상 그렇게 단순하진 않다. 차수를 미리 알지 못하는 경우가 종종 있다. 이 경우에는 모든 변형을 계산할 수 있도록, PCA를 초기화할 때 매개변수 n_components를 명시하지 않는다. 데이터를 적합화한 후, explained_variance_ratio_는 낮은 차수로 비율 배열을 포함한다. 첫 번째 값은 가장 높은 분산의 방향을 나타내는 기본 벡터의 비율을 나타낸다. 두 번째 값은 두 번째로 높은 분산의 방향의 비율이다. 나머지도 마찬가지다. 이 배열을 도식화한 후 필요한 요소가 얼마인지 쉽게 알수 있는데, 차트에서 큰 폭으로 변화되기 전의 요소 개수가 좋은 추측이다.

 요소의 수에 대한 설명된 분산(explained variance)을 보여주는 도표를 스크리 도표(Scree plot)라 한다. 분류 문제의 최적 설정을 찾는 격자 검색과 스크리 도표를 결합한 좋은 예는 http://scikit-learn.sourceforge.net/stable/auto_examples/plot_digits_pipe.html에서 볼 수 있다.

PCA의 한계와 LDA의 도움

선형 기법인 PCA는 비선형 데이터를 다룰 때 그 한계를 보인다. 여기서 세부 사항을 살펴보진 않겠지만 확장된 PCA가 있다. 이를테면, 커널 PCAKernel PCA는 PCA 접근법을 사용할 수 있도록 비선형 커널 함수를 도입한다.

다른 흥미로운 PCA의 단점은 공간 분류 문제에 적용할 때 보인다. 문제를 다르게 변경하기 위해 good = (x1 > 5) | (x2 > 5)을 good = x1 > x2로 변경한다.

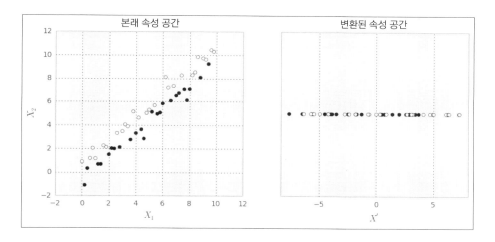

여기서 범주는 축과 가장 높은 분산을 따라 분포하지 않고, 축과 두 번째 높은 분산을 따라 분포한다. 명확하게, PCA는 완전히 실패한다. PCA에게 범주 라벨에 관한 아무런 단서도 제공하지 않았기에 어떤 개선도 할 수 없다.

이 문제를 해결하기 위해 선형 판별 분석LDA, Linear Discriminant Analysis이 필요하다. 이 기법은 같은 범주에 속한 점들의 거리는 최소화하는 반면, 다른 범주에 속한 점들의 거리는 최대화한다. 실제로 근본적인 이론이 작동하는 방법을 상세하게 다루지 않고, 그 사용 방법만 살펴보겠다.

```
>>> from sklearn import lda
>>> lda_inst = lda.LDA(n_components=1)
>>> Xtrans = lda_inst.fit_transform(X, good)
```

이제 전부다. 이전 PCA 예제와 비교하면 `fit_transform()` 메소드에 범주 라벨을 넣는다. 이러한 이유로 PCA는 비지도unsupervised 속성 추출 기법인 반면, LDA는 지도supervised 기법이다. 결과는 예상한 대로 나온다.

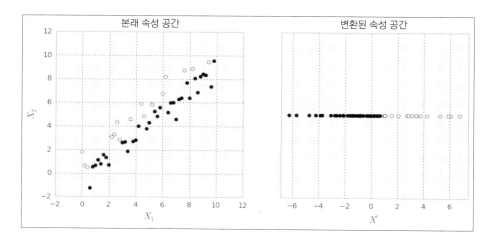

그러면 왜 LDA가 아닌 PCA를 가장 먼저 고려하는가? 그 답은 그렇게 간단하지 않다. 범주의 수는 증가하고 각 범주마다 샘플이 적다면, LDA는 그렇게 잘 되지는 않는다. 또한 PCA는 LDA처럼 다른 훈련 데이터에 민감하지 않다. 그래서 사용할 기법에 대해 해줄 수 있는 충고는 '상황에 따라'이다.

MDS

PCA가 보유한 분산을 최적화를 사용하는 한편, 다차원 축적MDS, Multidimensional scaling은 차원을 축소할 때 가능한 한 많이 상대적인 거리를 보유하고자 한다. 이는 고차원 데이터셋에 대해 시각적 개괄을 얻고자 할 때 유용하다.

MDS는 데이터 점 자체에 연연해 하지 않는다. 대신에, 데이터 점들 짝 간의 차이 점에 관심을 갖고, 거리로서 이들을 해석한다. 그러므로 MDS 알고리즘이 가장 먼저 하는 일은 거리를 측정하는 (대부분 유클리드) 거리 함수 d_0을 사용해 모든 k차원의 N 데이터 점을 가지고 본래 속성 공간에서 거리를 계산하는 것이다.

$$\begin{pmatrix} X_{11} & \cdots & X_{N1} \\ \vdots & \ddots & \vdots \\ X_{1k} & \cdots & X_{Nk} \end{pmatrix} \rightarrow \begin{pmatrix} d_o(X_1, X_1) & \cdots & d_o(X_N, X_1) \\ \vdots & \ddots & \vdots \\ d_o(X_1, X_N) & \cdots & d_o(X_N, X_N) \end{pmatrix}$$

MDS는 본래 공간에서의 점들 거리와 최대한 유사한 새로운 거리로 낮은 차원 공간에 개별 데이터 점을 놓는다. MDS가 시각화를 위해 자주 사용되기 때문에, 낮은 차원의 선택이 대부분 2나 3이다.

5차원 공간에 있는 3개의 데이터 점을 구성해보자. 2개의 데이터 점은 매우 가깝고 다른 하나는 멀리 있을 때 다음과 같이 2, 3차원으로 시각화하길 원한다.

```
>>> X = np.c_[np.ones(5), 2 * np.ones(5), 10 * np.ones(5)].T
>>> print(X)
[[ 1. 1. 1. 1. 1.]
 [ 2. 2. 2. 2. 2.]
 [ 10. 10. 10. 10. 10.]]
```

scikit-learn의 manifold 패키지에 있는 MDS 클래스를 사용해 다음과 같이 X를 3차원으로 변환하고자 한다.

```
>>> from sklearn import manifold
>>> mds = manifold.MDS(n_components=3)
>>> Xtrans = mds.fit_transform(X)
```

2차원으로 시각화하기 위해 n_components로 명시한다.

결과를 다음 두 그래프로 볼 수 있다. 삼각형과 원은 서로 가까운 반면 별은 저 멀리 있다.

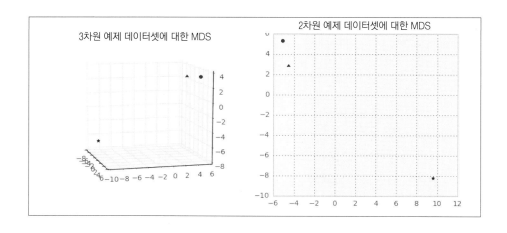

좀 더 복잡한 아이리스 데이터셋을 살짝 보기로 하자. 이 데이터로 PCA와 LDA를 비교하겠다. 아이리스의 데이터는 꽃마다 4개의 속성을 포함한다. 이전 코드에서 가능한 한 최대로 개별 꽃 사이의 상대적인 거리를 유지하면서 3차원 공간으로 투영했다. 이전 예제에서 계량을 명시하지 않았지만 MDS는 기본적으로 유클리드로 설정되어 있다. MDS을 실행한 3차원 공간에서 4개의 속성에 따라 꽃은 다르다. 그리고 다음 그림과 같이 서로 유사한 꽃은 가까이 있어야 한다.

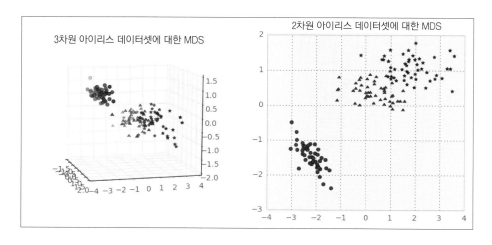

대신에 PCA로 2차원, 3차원으로 축소하므로 다음 그림과 같이 동일한 범주에 속한 꽃은 예상한 좀 더 큰 퍼짐을 볼 수 있다.

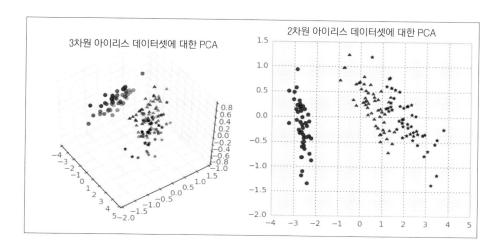

물론, MDS를 사용하려면 개별 속성 자체에 대한 이해가 필요하다. 어쩌면 유클리드 계량을 사용해 비교할 수 없는 속성을 사용 중일 수도 있다. 예를 들면, 정수로 변환한다고 하더라도(0 = 붉은색 원, 1 = 파란색 별, 2 = 초록색 삼각형 등) 범주 변수는 유클리드를 사용해 비교할 수 없다(붉은색은 초록색보다 파랑색에 가깝다?).

그러나 일단 이런 문제점을 알고 있더라도, MDS는 본래 속성 공간에서 보기 어려운 데이터의 유사성을 드러내는 유용한 툴이다.

MDS를 좀 깊게 보면, 이는 단지 하나의 알고리즘이 아니라 하나로 사용하는 여러 알고리즘 군이라는 사실을 알 수 있다. PCA도 마찬가지다. 그리고 PCA나 MDS로도 문제를 해결할 수 없는 경우를 대비해, scikit-learn 툴킷에서 사용 가능한 그 밖의 manifold 학습 알고리즘도 살펴보자.

하지만, 다른 여러 알고리즘을 살펴보기 전에, 가장 단순한 알고리즘으로 시작하고 얼마나 변화했는지 보는 것이 중요하다. 그리고 나서, 좀 더 복잡한 알고리즘을 차차 적용하자.

정리

속성 선택 기법을 사용해 속성을 제거하는 방법을 배웠다. 경우에 따라서 이 또한 충분하지 않아, 모델에 잘 적용될 수 있도록 데이터로 실질적이고 낮은 차원 구조를 드러내는 속성 추출 기법을 적용해야만 했다.

사용 가능한 차원 축소 기법도 가볍게 살펴봤다. 선택할 수 있는 기법들은 아직 많으므로 이 전체 분야에 관심을 가지길 바란다. 결국 속성 선택이나 속성 추출은 적당한 학습 기법이나 훈련 모델을 선택하는 것과 같은 기술이다.

다음 12장에서는 다수의 기계와 다수의 코어를 이용하는 방법으로 계산을 조절하는 파이썬 프레임워크 jug의 사용법을 다룬다. 또한 AWS(아마존 클라우드)에 대해서도 배워본다.

12
조금 더 큰 빅데이터

빅데이터가 무엇인지 말하기는 쉽지 않다. 실무적으로 정의해 보자면, 데이터가 좀 커서 다루기는 어려운 것이 우리가 말하는 빅데이터다. 일부 분야에서는 페타바이트_petabyte_의 데이터나 수조의 트랜잭션(하나의 하드 드라이브에 넣을 수 없을 정도의 데이터)을 의미 하기도 한다. 상황에 따라서 백 배 정도 작아질 수 있으나 작업하기에는 어렵다.

왜 데이터가 문제가 되는가? 데이터 크기가 커짐에 따라 컴퓨터도 더 빨라지고, 더 큰 메모리를 가진다. 하지만, 데이터 크기는 계산 처리 속도보다 빠르게 커지고 일부 알고리즘은 입력 데이터 크기와 선형적으로 커지고 있다. 종합해 보면, 데이터는 우리의 처리 능력보다 빠르게 커진다.

먼저 이전 장의 경험을 확장하고자 하며, 사용할 만한 중간 크기의 데이터로 작업하자(꽤 크지도 않고 작지도 않은 데이터다). 이를 위해 다음과 같은 기능을 지원하는 jug 패키지를 사용하자.

- 태스크를 파이프라인pipeline으로 나눈다.
- 중간 결과를 저장cache한다.
- 그리드에 있는 다수의 컴퓨터의 멀티코어를 사용할 수 있게 한다.

다음 단계에서 진짜 '빅데이터'를 주제로, 클라우드를 어떻게 사용하는지 알아보자(특히, 아마존 웹 서비스 기반으로). 클러스터를 관리하는 StarCluster 파이썬 패키지도 사용해보자.

빅데이터 배우기

'빅데이터'라는 표현은 데이터의 특정 양을 의미하지 않는다. 데이터가 차지하는 기가바이트, 테라바이트, 페타바이트의 예제 수가 아니다. 빅데이터의 의미는 다음과 같다.

- 과거에는 잘 작동하던 기법과 기술이 새로운 입력 데이터 크기 때문에 대체하거나 다시 작업할 필요가 있다.
- 알고리즘이 램RAM에 모든 데이터를 올릴 수 있을지 추정하지 못한다.
- 데이터 관리가 주요한 업무 자체가 된다.
- 컴퓨터 클러스터나 멀티코어 머신 사용이 사치가 아니라 필수가 된다.

12장은 퍼즐의 마지막 조각, 즉 계산 속도를 높이고 조직화하기 위한 멀티코어 사용법에 초점을 맞춘다. 이는 중간 크기의 데이터 작업에도 유용하다.

파이프라인을 태스크로 나누기 위한 jug 사용

흔히, 다음과 같은 간단한 파이프라인을 사용한다. 초기 데이터를 전처리하고, 속성을 계산하여, 결과 속성을 기계 학습 알고리즘에 적용한다.

jug는 이 책의 저자 중 한 명인 루이스 페드로 코엘류Luis Pedro Coelho가 개발한 패키지다. 오픈소스(자유로운 MIT 라이선스다)이고 데이터 분석 문제에 특화해 디자인

됐지만 다양한 분야에서 쓸모가 있다.[1] 예컨대 다음과 같은 문제가 동시에 풀린다.

- jug는 디스크나 데이터베이스에 결과를 저장한다memoize. 이는 이전에 계산한 적이 있는 결과를 요청할 경우, 결과를 디스크에서 읽어온다는 뜻이다.

- 멀티코어 또는 클러스터에 있는 다수의 컴퓨터를 사용할 수 있다. jug는 PBSPortable Batch System, LSFLoad Sharing Facility, Grid Engine 같은 큐 시스템 queuing system인 batch computing environment에서 잘 작동하도록 고안됐다. 온라인 클러스터를 만들거나 코어에게 잡job을 디스패치dispatch하기 위해 이번 장의 후반부에서 jug를 사용하고자 한다.

jug의 태스크 소개

태스크task는 jug의 기본 단위다. 태스크는 함수와 함수 아규먼트에 대한 값으로 구성된다. 예를 들면 다음과 같다.

```
def double(x):
    return 2*x
```

12장에서 코드 예제는 스크립터 파일에 작성해야 한다. 그래서, >>>가 없다. 셸에 서 입력해야 하기 때문에 커맨드는 $ 뒤에 온다.

태스크는 '입력 값 3으로 double을 호출하라'가 될 수 있다. 다른 태스크로 '입력 값 6412.34로 double을 호출하라'가 될 수 있다. jug를 사용하여, 다음과 같이 태 스크를 만들 수 있다.

```
from jug import Task
t1 = Task(double, 3)
t2 = Task(double, 642.34)
```

jugfile.py 파일에 저장한다. 태스크를 실행하려면 jug execute를 실행한다. 파이 썬 프롬프트가 아니라 커맨드라인에서 실행한다.

```
$ jug execute
```

---

1 pip install jug로 설치한다. – 옮긴이

태스크에 대한 결과를 받는다(jug는 'double'이라는 두 작업을 실행했다고 알려준다). 다시 jug execute를 실행하면 아무것도 실행하지 않는다. 다시 실행할 필요가 없다. 이 경우에는 얻은게 거의 없고, 태스크을 계산하는데 시간이 오래 걸릴 경우, 매우 쓸모 있다.

수상한 이름의 파일들과 jugfile.jugdata라는 새로운 디렉토리가 생겼음을 눈치챌 수 있다. 이것이 메모라이제이션 캐시memorization cache다. 이 디렉토리를 제거하면 jug execute는 다시 모든 작업을 실행한다.

보통은, 단순히 입력을 받고 결과를 반환하는 순수 함수와 (이를테면, 파일 읽기/쓰기, 전역 변수 접근, 입력 값의 변경, 언어에서 허용하는 모든 연산 등을 수행하는) 좀 더 일반적인 함수를 구별하는 게 좋다. 하스켈Haskell 같은 일부 프로그래밍 언어에는 순수 함수와 비수순 함수를 구분하는 구문적syntactic 방법이 있다.

jug를 사용하는 태스크가 완전히 순수할 필요는 없다. 데이터를 읽고 결과를 쓰는 태스크에도 사용하길 추천한다. 하지만 전역 변수에 접근하고 변경하는 것은 잘 작동하지 않는다(이러한 작업은 다른 프로세서에서 다른 순서로 실행될 수 있다). 전역 상수는 예외다. 그러나 이는 메모라이제이션 시스템을 혼동시킨다(값이 실행 사이에 변화된다면). 마찬가지로, 입력 값을 변경해서는 안 된다. jug는 계산을 좀 늦추지만 오류가 있을 경우, 유용한 에러 메시지를 알려주는 디버깅 모드(jug execute-debug를 사용한다)가 있다.

이전 코드는 잘 작동하지만 다루기가 약간 어렵다. 매번 Task(함수명, 입력 값)을 만들어야 했다. 약간의 파이썬 마술을 사용하면 좀 더 자연스러운 코드를 만들 수 있다.

```python
from jug import TaskGenerator
from time import sleep

@TaskGenerator
def double(x):
    sleep(4)
    return 2*x
```

```
@TaskGenerator
def add(a, b):
    return a + b

@TaskGenerator
def print_final_result(oname, value):
    with open(oname, 'w') as output:
        output.write('Final result: {}\n'.format(value))

y = double(2)
z = double(y)

y2 = double(7)
z2 = double(y2)
print_final_result('output.txt', add(z,z2))
```

TaskGenerator 사용을 제외한다면, 위 코드는 표준 파이썬 파일이라 할 수 있다. 그러나 TaskGenerator를 사용함으로써 실제로 연결된 작업을 만들고 다중 프로세서의 장점을 발휘하는 방법으로 실행이 가능해진다. 내부에서 데코레이터 decorator는 실제로 작업을 실행하지 않고 작업을 만들기 위해 함수를 변환한다. 작업을 다른 작업과 연결하여 두 작업 간의 의존성을 만드는 결과를 낳는 장점을 얻는다.

코드를 보면 sleep(4)를 몇 번 호출하고 있는데, 이는 계산을 오래 실행하는 듯한 효과를 준다. 그렇지 않으면, 이 코드는 너무 빨라 다중 프로세서를 사용하는 이점이 없다.

jug status를 실행해보자. 다음 그림과 같은 결과를 출력한다.

```
 Waiting     Ready    Finished    Running   Task name
-------------------------------------------------------------------
       1         0           0          0   jugfile.print_final_result
       1         0           0          0   jugfile.add
       2         2           0          0   jugfile.double
.....................................................................
       4         2           0          0   Total
```

두 프로세스를 동시에 시작한다(&연사자를 사용하여 백그라운드로).

```
$ jug execute &
$ jug execute &
```

다시 jug status를 실행한다.

```
Waiting      Ready    Finished      Running  Task name
--------------------------------------------------------------
      1          0           0            0  jugfile.print_final_result
      2          0           0            2  jugfile.double
      1          0           0            0  jugfile.add
..............................................................
      4          2           0            0  Total
```

두 초기 double 연산이 동시에 실행됨을 볼 수 있다. 약 8초 후, 전체 프로세스는 끝나고 output.txt가 만들어졌다.

한편, jugfile.py가 아닌 다른 이름의 파일을 호출하려면 커맨드라인에서 명시적으로 표기해줘야 한다. 이를테면, 파일은 analysis.py라면 다음과 같은 실행한다.

```
$ jug execute analysis.py
```

이는 jugfile.py를 사용하지 않는 불이익만 있다. 다양한 이름을 사용하도록 한다.

어떻게 작동하는지 살펴보기

jug는 어떻게 작동할까? 기초적인 단계에서는 매우 단순하다. 태스크는 함수와 함수의 입력 값이다. 입력 값은 값이거나 다른 작업이 될 수 있다. 태스크가 다른 태스크를 입력받는다면 두 태스크 사이에 의존성이 생긴다(첫 번째 작업의 결과 값이 사용 가능할 때까지 두 번째 작업은 실행할 수 없다).

이를 기반으로 jug는 각 태스크에 대한 해시hash를 반복적으로 계산한다. 이 해시 값은 최종 결과까지 전체 계산을 인코딩한다. jug execute를 실행할 때, 각 태스크에 대해, 다음 플로우차트와 같은 로직을 실행한다.

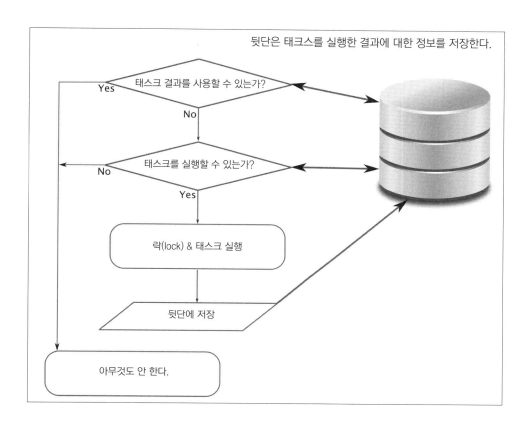

기본 뒷단은 디스크에 파일을 쓰지만(jugfile.jugdata/라는 우스운 디렉토리다), 다른 뒷단으로 Redis 데이터베이스를 사용할 수 있다. 적당한 락은 많은 프로세스가 태스크를 실행하게 한다. 프로세스는 독립적으로 모든 태스크를 지켜보고 아직 실행하지 않은 작업을 실행하고 공유된 뒷단에서 결과를 적는다. 이는 같은 머신(멀티코어)나, 태스크가 같은 뒷단에 접근할 수 있는 다수의 머신에서 작동한다(이를테면, 네트워크 디스크나 Redis 데이터 베이스를 사용한다). 12장 후반부에서는 컴퓨터 클러스터에 대해 이야기하겠지만 지금은 다수 코어에 집중하겠다.

중간 결과를 기억할 수 있는 이유를 알 수 있다. 뒷단에 이미 작업 결과가 있다면, 더 이상 실행하지 않는다. 한편, 작업을 아주 조금이라도(입력 값 하나를 변경하듯이) 변경한다면 해시도 변경이 된다. 그러므로 다시 계산된다. 뿐만 아니라, 이것에 의존적인 모든 작업도 해시가 변경되며 다시 계산된다.

데이터 분석을 위한 jug

jug는 일반 프레임워크이지만 중간 크기의 데이터 분석에 이상적이다. 분석 파이프라인을 개발할 때는 중간값을 저장하는 게 좋다. 이미 이전 전처리 단계에서 계산했고 계산하려는 속성은 변경하고자 한다면 전처리를 다시 계산하길 원하지 않는다. 속성을 이미 계산했고, 새로운 속성들을 하나로 혼합하고자 다른 속성 모두를 재계산하길 원하지 않는다.

jug는 NumPy의 배열을 다루는데 특별히 최적화되어 있다. 그래서 작업이 NumPy 배열을 입력하거나 반환할 때, 이 최적화 장점이 발휘된다. jug는 어느 것과도 잘 작동하는 에코시스템의 한 부분이다.

10장 '컴퓨터 비전'을 돌이켜보자. 이미지에서 어떻게 속성을 계산하는지 배웠다. 기본 파이프라인은 다음 특성을 가짐을 상기해보자.

- 이미지 파일 로딩
- 속성 계산
- 속성 혼합
- 속성 정규화
- 분류기 생성

이 예제를 다시 해볼 텐데, 이번에는 jug를 사용해보자. 이 버전의 장점은 재계산 없이 새로운 속성과 분류기를 추가할 수 있다는 점이다.

다음과 같이 일부를 임포트한다.

```
from jug import TaskGenerator
import mahotas as mh
from glob import glob
```

자, 속성 계산 함수와 생성자를 정의한다.

```
@TaskGenerator
def compute_texture(im):
    from features import texture
```

```
    imc = mh.imread(im)
    return texture(mh.colors.rgb2gray(imc))

@TaskGenerator
def chist_file(fname):
    from features import chist
    im = mh.imread(fname)
    return chist(im)
```

임포트한 features 모듈은 10장 '컴퓨터 비전'에서 사용한 것이다.

 이미지 배열 대신 파일 이름을 입력받는 함수를 작성한다. 물론, 전체 이미지를 사용해도 작동하지만, 이는 작은 최적화다. 뒷단에 저장한다면 파일 이름은 작은 문자열일 뿐이다. 해쉬를 빠르게 계산할도 있다. 이미지는 프로세서가 필요할 때 로드된다.

어느 함수에든 TaskGenerator를 사용할 수 있다. numpy.array, np.hstack와 같은 작성하지 않은 함수에도 사용할 수 있다.

```
import numpy as np
to_array = TaskGenerator(np.array)
hstack = TaskGenerator(np.hstack)

haralicks = []
chists = []
labels = []

# 디스크에 데이터셋 위치를 나타내는 변수로 변경
basedir = '../SimpleImageDataset/'
# 모든 이미지를 얻기 위해 glob 사용
images = glob('{}/*.jpg'.format(basedir))

for fname in sorted(images):
    haralicks.append(compute_texture(fname))
    chists.append(chist_file(fname))
    # xxxx00.jpg와 같은 파일이름으로 인코딩한다.
    labels.append(fname[:-len('00.jpg')])

haralicks = to_array(haralicks)
```

```
chists = to_array(chists)
labels = to_array(labels)
```

jug를 사용할 때 이전 예제에서 봤듯이 항상 결과를 파일에 출력하는 함수를 작성
해야 한다는 점이 다소 불편하다. 이는 jug를 사용할 때 얻는 편의에 비하면 작은
대가다.

```
@TaskGenerator
def accuracy(features, labels):
    from sklearn.linear_model import LogisticRegression
    from sklearn.pipeline import Pipeline
    from sklearn.preprocessing import StandardScaler
    from sklearn import cross_validation

    clf = Pipeline([('preproc', StandardScaler()),
                ('classifier', LogisticRegression())])
    cv = cross_validation.LeaveOneOut(len(features))
    scores = cross_validation.cross_val_score(
        clf, features, labels, cv=cv)
    return scores.mean()
```

이 함수 안에 sklearn을 임포트했다. 이는 작은 최적화다. 이러한 방법으로 필요할
때만 sklearn을 임포트한다.

```
scores_base = accuracy(haralicks, labels)
scores_chist = accuracy(chists, labels)

combined = hstack([chists, haralicks])
scores_combined = accuracy(combined, labels)
```

마지막으로, 모든 결과를 출력하는 함수를 작성하고 호출한다. 그 결과로 알고리
즘 이름과 결과 값의 짝 리스트가 된다.

```
@TaskGenerator
def print_results(scores):
    with open('results.image.txt', 'w') as output:
        for k,v in scores:
            output.write('Accuracy [{}]: {:.1%}\n'.format(
                k, v.mean()))
```

```
print_results([
    ('base', scores_base),
    ('chists', scores_chist),
    ('combined' , scores_combined),
    ])
```

끝이다. 셀에서 jug을 사용하여 이 파이프라인을 실행하는 다음 명령어를 실시한다.

```
$ jug execute image-classification.py
```

부분 결과 다시 사용하기

예를 들어, 새로운 속성(속성들)을 추가한다고 하자. 10장 컴퓨터 비전에서 보았듯이, 속성 계산 코드를 변경하는 것이 쉬운 방법이나 모든 속성을 다시 계산해야 한다. 새로운 속성과 기술을 빨리 테스트하려면 이는 낭비적이다.

속성을 추가한다. 즉, 텍스처 속성의 다른 형태를 선형 이진 패턴linear binary pattern 이라 한다. 이는 mahotas에 구현되어 있다. 함수를 호출하고 TaskGenerator로 감싼다.

```
@TaskGenerator
def compute_lbp(fname):
    from mahotas.features import lbp
    imc = mh.imread(fname)
    im = mh.colors.rgb2grey(imc)
    # 'radius', 'points' 매개변수를 전형적으로 설정한다.
    # 정확한 내용은 문서를 확인한다.
    return lbp(im, radius=8, points=6)
```

추가 함수 호출하기 위해 이전 반복을 대체한다.

```
lbps = []
for fname in sorted(images):
    # 이전처럼 반복
    lbps.append(compute_lbp(fname))
lbps = to_array(lbps)
```

좀 더 새로운 속성을 계산하기 위해 다음을 호출한다.

```
scores_lbps = accuracy(lbps, labels)
combined_all = hstack([chists, haralicks, lbps])
scores_combined_all = accuracy(combined_all, labels)

print_results([
    ('base', scores_base),
    ('chists', scores_chist),
    ('lbps', scores_lbps),
    ('combined' , scores_combined),
    ('combined_all' , scores_combined_all),
    ])
```

다시 jug execute를 실행할 때, 새로운 특성을 계산하지만 기존에 있는 속성은 캐시에서 로드한다. 이때 jug 장점을 잘 살릴 수 있다. 저장시, 다시 계산할 필요없이 원하는 결과를 얻을 수 있다. 추가한 이 속성들은 이전 메소드를 향상한다.

12장에서 jug의 모든 특성을 다루지 않았다. 여기서 다루지 않았지만 가장 흥미있는 부분을 요약했다.

- jug invalidate: 이 선언은 주어진 함수의 모든 결과가 타당하지 않을 수 있다는 점과 재 계산이 필요함을 명시한다. 타당하지 않은 결과에 의존한 하위 계산도 다시 해야 함을 뜻한다.

- jug status --cache: jug status가 너무 오래 걸린다면 status을 저장하고 와 속도를 높이고자 --cache 플래그를 사용할 수 있다. 이는 jugfile.py의 어떤 변화도 감지하지 않는다는 점을 참고한다. 캐시를 지우고 다시 시작하기 위해 --cache --clear를 잊지 말자.

- jug cleanup: 이 특성은 메모라이제이션의 추가 파일을 제거한다. 이는 가비지 컬렉션garbage collection다.

그 밖에도, jugfile.py 내부에서 계산되는 값을 볼 수 있는 고급 특성들이 있다. jug 문서 (http://jug.rtfd.org)에서 barriers와 같은 특성에 대해 읽어보자.

AWS 사용

많은 데이터를 계산해야 할 때면 컴퓨팅 파워를 더 갈구하게 된다. 아마존(http:// aws.amazon.com/)은 시간 단위로 컴퓨팅 파워를 빌려준다. 그러므로 컴퓨터를 구매하지 않고도(기반 시설 관리 비용을 포함한다) 막대한 컴퓨팅 파워를 얻을 수 있다. 그 밖의 경쟁자도 있지만 이 시장에서는 현재 아마존이 최강자다. 간략하게 살펴보자.

아마존 웹 서비스AWS, Amazon Web Services는 커다란 서비스 모음이다. 여기서는 EC2Elastic Computer Cluster 서비스에 초점을 둘텐데, 이 서비스는 가상 머신과 용량을 쉽게 할당하고 반환하는 디스크 공간을 제공한다.

세 가지 사용 형태가 있는데, 시간 접속당 값싼 선불제로 예약된 형태, 고정 시간 비율, 전체 컴퓨터 시장에 따른 가변 비율이다(덜 요구되는 시점에는 가격이 낮고, 많이 요구되는 시점에는 가격이 오른다).

AWS에는 가격에 따라 이용 가능한 여러 유형의 머신이 있다(싱글 코어부터 충분한 램을 갖춘 멀티코어, 그리고 GPUgraphical processing unit까지). 몇 개의 값싼 머신을 구하고 이후에 가상 클러스터를 만들어보겠다. 리눅스와 윈도우를 선택할 수 있으나 리눅스가 약간 값이 저렴하다. 이번 장에서는 리눅스에서 예제를 실행해볼 테지만, 대부분 윈도우에서도 잘 실행된다.[2]

테스트를 위해, 프리 티어free tier에서 하나의 머신을 사용할 수 있다. 이를 통해 시스템을 다뤄보고, 인터페이스와 익숙해질 수 있다. 그러나 CPU가 매우 낮기 때문에

---

2 아마존 서비스에 좀 더 알고자 한다면 http://www.pyrasis.com/private/2014/09/30/publish-the-art-of-amazon-web-services-book을 추천한다. - 옮긴이

과중한 계산은 권하지 않는다.

리소스는 웹 인터페이스에서 관리된다. 그러나 프로그램적으로 관리가 가능한 데, 가상 머신의 할당, 디스크 설정 등 웹 인터페이스를 통해 가능한 모든 작동을 스크립트로 설정할 수 있다.[3] 사실 웹 인터페이스가 매우 자주 변경되는 (그리고 책에 있는 그림도 출판할 때쯤에는 최신판이 아닐 수 있다) 반면, 프로그램적 인터페이스가 좀 더 안정적이며, 서비스가 소개된 이후로 일반적인 구조는 안정적으로 남아 있다.

AWS 서비스 접근은 전통적인 사용자 이름/비밀번호를 통해 이뤄진다. 아마존에서는 사용자를 액세스 키access key, 비밀번호를 시크릿 키secret key로 부른다. 아마도 웹 인터페이스에 접근할 때 사용하는 사용자 이름/비밀번호와 구별하려는 것으로 보인다. 사실 원하는 만큼 많은 액세스/시크릿 키 쌍을 만들 수 있으며 각 쌍에게 다른 권한을 부여할 수 있다. 이는 모든 웹 패널에 접근 가능한 상급 사용자가 권한이 제한된 개발자를 위해 다른 키를 만들 수 있기 때문에 큰 팀에게 유익하다.

아마존 지역

아마존닷컴은 몇몇 지역(region)을 갖고 있다. 이 지역들은 세계의 물리적 지역에 해당한다(미서부, 미동부, 아시아 몇몇 지역, 남아메리카, 유럽). 데이터를 전송할 때 보내고 받은 장소와 가까운 지역을 유지하는 것이 좋다. 더욱이, 사용자 정보를 다루거나 이 정보를 다른 관할 지역으로 보낼 경우 관리 규제 문제가 발생할 수 있다. 이를테면 유럽 고객 정보를 미국으로 보낼 때 일어날 영향에 관해 전문 변호인과 확인해야 한다.

아마존 웹 서비스는 매우 큰 주제이고, AWS를 전체적으로 다룬 여러 책들도 있다. 이번 장의 목적은 AWS에서 무엇이 가능하고 무엇을 이용할 수 있는지 개괄적으로 알려주는 데 있다. 이 책의 실용적인 태도 내에서 예제를 통해 사용하겠지만 모든 기능을 설명하는 것은 역부족이다.

---

3 https://boto.readthedocs.org/en/latest/을 참고한다. – 옮긴이

첫 번째 머신 만들기

첫 번째 단계로, http://aws.amazon.com/에 접속해 계정을 만든다. 이러한 진행은 여타 온라인 서비스와 유사하다. 저사양 머신 하나로 부족하다면 신용카드가 필요하다. 이 예제에서는 몇 대의 머신을 사용할 예정이므로, 예제를 실행하길 원한다면 몇 달러가 나갈 수 있다. 아직 신용카드를 쓸 준비가 안 됐다면, 예제의 실행 없이 AWS가 무엇을 제공하는지 알 수 있도록 계속 책을 읽어보자. 그러면 카드를 쓸지 말지 결정을 내리는 데 도움이 될 것이다.

일단 AWS에 등록하고 로그인해 콘솔을 선택한다. 여기에서 AWS가 제공하는 많은 서비스를 볼 수 있다.

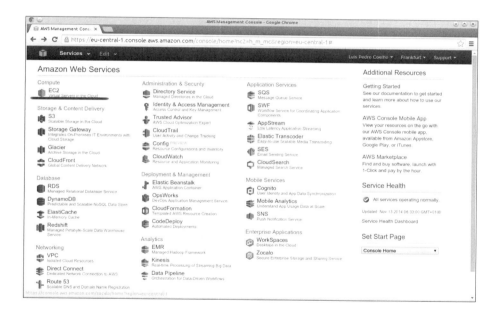

EC2(가장 왼쪽 열의 두 번째 요소로, 해당 패널은 이 책을 쓸 당시 보였다.[4] 아마존은 정규적으로 마이너 변경을 한다. 그래서 다소 다른 부분을 볼 수도 있다)를 찾아 클릭한다. 다음 그림처럼 EC2 관리 콘솔이 보인다.

상단 오른쪽 모서리에서 당신의 지역을 선택할 수 있다('아마존 지역' 박스 참고). 현재 선택할 수 있는 지역에 대한 정보만을 볼 수 있음을 참고하자. 그러므로 지역을 잘못 선택한다면(여러 지역에서 운영되는 머신을 갖는다면) 지역이 나타나지 않을 수 있다(AWS를 사용하는 프로그래머와 이야기하다 보면, 이는 EC2 웹 서비스 관리 콘솔을 사용하는 공통의 함정처럼 보인다).

---

4 2015년 6월 기준으로 약간 변경됐다. 특히 인스턴스를 생성하는 부분이 변경됐으나 거의 유사하다. – 옮긴이

EC2 용어에서, 운용되는 서버를 인스턴스instance라고 부른다. 이제 Launch Instance 를 선택하고자 한다. 고전적인 위자드wizard를 따른다.

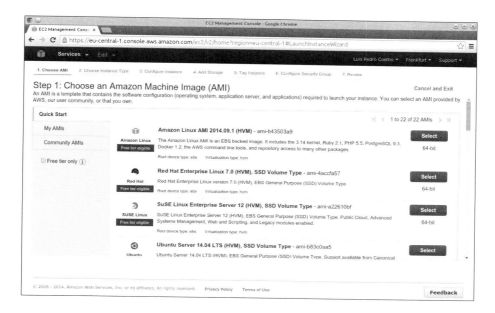

Amazon Linux 옵션을 선택한다(제공되는 레드햇, SuSe, 우분투 같은 리눅스 배포판 중 익 숙한 것이 있다면 그중 하나를 선택할 수 있으나 설정은 약간 다르다). 소프트웨어를 선택했 기 때문에 하드웨어를 선택해야 한다. 다음 그림은 사용할 머신의 타입을 선택하 는 부분이다.

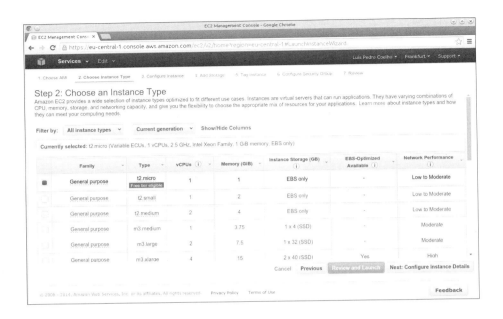

t2.micro 타입의 인스턴스 하나로 시작한다(t1.micro 타입은 오래됐고 덜 빠르다). 이는 가장 작은 머신이며 무료다. 키 페어key pair를 보여주는 화면까지 기본 설정을 받아들인다.

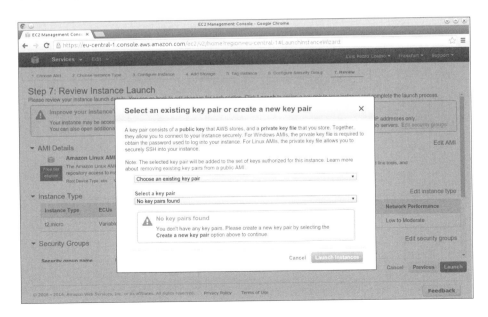

키 페어에 **awskeys**를 선택하고 Create a new key pair를 확인한다.

키 페어에 **awskeys**를 선택하고 awskeys.pem 파일을 내려받기 위해 Create a new key pair를 클릭한다. 안전한 곳에 그 파일을 저장한다. 이는 SSHSecure Shell 키로 클라우드 머신에 로그인할 수 있게 해준다. 나머지 기본 설정을 받아들이고 나면 인스턴스가 실행된다.

인스턴스가 나오기까지 몇 분을 기다려야 한다. 결국, 인스턴스는 'running' 상태인 녹색으로 변한다. 이를 오른쪽 클릭하여 Connect 옵션을 선택하면 어떻게 연결하는지 명령어가 나온다. 다음은 표준 SSH 커맨드 형태다.

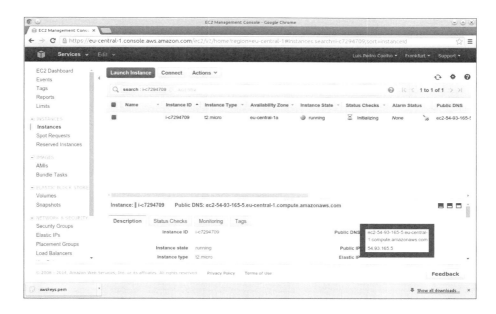

위 그림에서, 다음과 같이 인스턴스에 로그인할 때 사용하는 공개 IP를 볼 수 있다.

```
$ ssh -i awskeys.pem ec2-user@54.93.165.5
```

ssh 명령과 신원(-i 옵션 사용)으로서 이전에 내려받은 키 파일을 전달하면서 호출한다. 사용자 ec2-user로서 주소가 54.93.165.5인 컴퓨터로 로그인한다. 물론 이 주소는 사용자마다 다르다. 인스턴스의 다른 배포를 선택했다면 사용자도 변경돼야 한다. root, ubuntu(우분투 배포판)나 fedora(페도라 배포판)로 로그인해보자.

마지막으로, 유닉스 형태의 운영체제(맥 OS 포함)라면 다음 코드를 호출해서 권한을 변경해야 한다.

```
$ chmod 600 awskeys.pem
```

이는 현재 사용자에게만 읽기/쓰기 권한을 설정한다. 그렇지 않으면 SSH는 보기 흉한 경고를 출력한다.

이제 머신에 로그인할 수 있어야 하고, 모든 것이 괜찮다면 다음과 같은 배너를 볼 수 있어야 한다.

```
$ ssh -i awskeys.pem ec2-user@ec2-54-93-165-5.eu-central-1.compute.amazonaws.com
Last login: Thu Nov 13 07:43:33 2014 from embln.embl.de

       __|  __|_  )
       _|  (     /   Amazon Linux AMI
      ___|\___|___|

https://aws.amazon.com/amazon-linux-ami/2014.09-release-notes/
7 package(s) needed for security, out of 18 available
Run "sudo yum update" to apply all updates.
[ec2-user@ip-172-31-26-129 ~]$ 
```

이는 sudo 권한을 가진 사용자의 통상적인 리눅스 머신이다(sudo를 사용하면 관리자로서 어떤 명령어든 가능하다). update 명령어를 실행할 수 있고 최대 속도를 높일 수 있기에 추천한다.

아마존 리눅스에 파이썬 패키지 설치

다른 배포판을 선호한다면 파이썬, NumPy, 기타 패키지를 설치하는 데 그 배포판에 대한 지식을 사용할 수 있다. 여기서는 표준 아마존 배포판에 설치해 보겠다. 다음과 같이 기본 파이썬 패키지를 설치한다.

```
$ sudo yum -y install python-devel \
    python-pip numpy scipy python-matplotlib
```

mahotas를 컴파일하기 위해 C++ 컴파일러도 필요하다.

```
$ sudo yum -y install gcc-c++
```

마지막으로, 이 책의 최신 코드를 받기 위해 git을 설치한다.

```
$ sudo yum -y install git
```

이 시스템에서 pip는 python-pip로 설치됐다. 편의상, 자체 업그레이드를 위해 pip를 사용하자. 필수 패키지를 설치하기 위해 pip를 사용한다.

```
$ sudo pip-python install -U pip
$ sudo pip install scikit-learn jug mahotas
```

이쯤에서는 pip를 사용해 좋아하는 어떤 패키지든 설치할 수 있다.

클라우드 머신에서 jug 실행

다음 명령으로 이 책의 최신 코드를 내려받는다.

```
$ git clone \
https://github.com/luispedro/BuildingMachineLearningSystemsWithPython
$ cd BuildingMachineLearningSystemsWithPython
$ cd ch12
```

마지막으로, 다음 명령을 실행하자.

```
jug execute
```

잘 작동하지만 결과를 얻고자 오랜 시간을 기다려야 한다. 무료 티어 머신(t2.micro 타입)는 매우 빠르지 않고, 프로세서가 단 하나다. 그러므로 머신을 업그레이드하자.

EC2 콘솔로 돌아가 팝업 메뉴를 보고자 운영 중인 인스턴스에서 오른쪽 클릭한다. 가상 머신에서 인스턴스를 멈춘다. 이는 전원을 끄는 것과 같다. 언제든지 머신을 정지할 수 있고, 그에 따라 요금 지불도 정지된다. 디스크를 계속 사용하다면 별개로 요금이 정산된다. 인스턴스를 끝내면, 디스크도 사라진다. 저장된 정보도 사라진다.

일단 머신이 멈추면 Change instance type 옵션이 사용 가능해진다. 좀 더 강력한 인스턴스, 이를테면 8개 코어인 c1.xlarge 인스턴스를 선택할 수 있다. 머신은 아직까지 정지되어 있고 다시 시작해야 한다(가상 부팅booting up과 같다).

 AWS는 여러 타입의 인스턴스를 각기 다른 가격 제도로 제공한다. 이 정보는 선택사항과 가격(일반적으로 계속 저렴해진다)이 상시 변경되기 때문에 이 책에서 세부사항을 제공하진 못하지만 아마존 웹사이트에서 가장 최신의 정보를 찾을 수 있다.

일단 인스턴스가 다시 나타날 때까지 기다린다. 다시 나타나면 이전처럼 IP 주소를 찾는다. 인스턴스를 변경하면, 인스턴스는 다시 주소를 지정받는다.

 아마존의 Elastic IPs 기능을 사용해 인스턴스에 고정 IP를 부여할 수 있다. EC2 콘솔 왼편에 있다. 이는 인스턴스를 자주 생성하고 변경한다면 매우 쓸모 있다. 약간의 요금을 지불해야 한다.

다음 코드에서 설명하듯이, 8개의 코어로 8개의 jug 프로세서를 동시에 실행할 수 있다.

```
$ # the loop below runs 8 times
$ for counter in $(seq 8); do
>       jug execute &
> done
```

jug status를 사용해 이러한 8개의 잡job이 실제로 실행되고 있는지 확인한다. 잡이 끝난 후에(지금은 꽤 빨라졌다) 돈을 아끼기 위해 머신을 멈추고 다시 t2.micro로 다운그레이드할 수 있다. 사용할 c1.xlarge는 시간당 0.64달러씩 지불해야 하는 반면 micro 인스턴스는 무료다(2015년 2월 기준. 최신 정보는 아마존 웹사이트에서 확인하자).

StartCluster로 클러스터 생성 자동화

웹 인터페이스를 사용해 머신을 만들었지만, 이는 지리하며 오류를 만들기 쉬운 작업이다. 다행스럽게도 아마존은 API를 제공한다. 이전에 이야기했던 모든 작동을 자동으로 실행하는 스크립트를 작성할 수 있다는 뜻이다. 게다가 다른 사람들이 AWS와 수행하고자 하는 많은 절차를 자동화하고 기계화해 사용할 수 있는 툴을 이미 개발했다.

MIT의 그룹은 StarCluster라고 불리는 툴을 개발했다. 파이썬 패키지로 되어 있어 파이썬 툴로 설치할 수 있다.

```
$ sudo pip install starcluster
```

아마존 머신이나 본인 컴퓨터에서 실행할 수 있다. 어느 쪽이든 상관 없다.

클러스터가 어떤지를 명시한다. 설정 파일을 편집해 명시한다. 다음 코드를 실행해 임시 설정 파일을 생성한다.

```
$ starcluster help
```

그러면 ~/.starcluster/config에 있는 설정 파일을 생성하는 옵션을 선택하자. 일단 이를 실행한 후, 수동으로 편집하자.

 키, 키, 그리고 더 많은 키

AWS를 다룰 때 완전히 다른 타입의 중요한 키가 세 가지 있다. 첫 번째, 웹사이트에 로그인할 때 사용하는 표준 사용자 이름/비밀번호 조합이 있다. 두 번째, 파일로 구현된 공개/개인 키 시스템인 SSH 키 시스템: 공개 키 파일로, 원격 머신에 로그인할 수 있다. 마지막으로, 사용자 이름/비밀번호의 형태인 AWS 액세스/시크릿 키 시스템은 같은 계정으로(각 사용자에게 다른 권한 추가를 포함. 그러나 이 책에서는 이런 고급 특성은 다루지 않는다) 다수의 사용자를 가질 수 있다.

액세스/시크릿 키를 찾기 위해 AWS 콘솔로 돌아가 상단 오른쪽 모서리에 있는 이름을 클릭하고 Security Credentials를 선택하자. 화면 하단에 이번 장에서 예제로서 사용했던 AAKIIT7HHF6IUSN3OCAA와 같아 보이는 액세스 키가 있다.

설정 파일인 .ini 파일을 편집하자. 파일은 섹션 괄호 안에 이름으로 시작하고 옵션은 '이름=값' 형태로 명시된다. 첫 번째 섹션은 `aws info` 섹션이고 사용자의 키를 복사해서 넣는다.

```
[aws info]
AWS_ACCESS_KEY_ID = AAKIIT7HHF6IUSN3OCAA
AWS_SECRET_ACCESS_KEY = <your secret key>
```

자, 클러스터를 정의하는 재미있는 부분이다. StarCluster는 원하는 만큼 클러스터를 정의할 수 있게 한다. 파일 시작에는 `smallcluster`라는 섹션이 있다. 이는 `cluster smallcluster` 섹션에서 정의한다. 다음과 같이 읽기 위해 편집한다.

```
[cluster smallcluster]
KEYNAME = mykey
CLUSTER_SIZE = 16
```

이를 기본 2 대신에 16으로 노드의 수를 변경한다. 우리는 추가적으로 각 노드 인스턴스 형태와 초기 이미지가 무엇인지 명시할 수 있다(소프트웨어가 설치하고 우리는 운영하는 운영체제를 정의한다. 이미지는 최초 디스크에 있다). StarCluster에는 이미 정의된 이미지들이 있으나, 개별적인 것을 만들 수 있다.

다음과 같이 새로운 SSH 키를 만든다.

```
$ starcluster createkey mykey -o ~/.ssh/mykey.rsa
```

16개 노드 클러스터를 설정했기에 키를 설정하고 시도해보자.

```
$ starcluster start smallcluster
```

새로운 17개의 머신을 할당하는 데 좀 시간이 걸릴 수도 있다. 노드는 단지 16개인데 왜 17개인가? 항상 마스터가 필요하다. 모든 노드는 같은 파일 시스템을 갖고 있고 그래서 마스터에서 만든 모든 작업은 슬레이브에서도 보인다. 이러한 클러스터에서 jug를 사용할 수 있다는 의미다.

바라는 대로 이러한 클러스터를 사용할 수 있으나, 배치 프로세싱에 대한 이상적으로 처리하는 잡 큐 엔진과 클러스터를 미리 준비해야 한다. 클러스터 사용 과정은 단순하다.

1. 마스터 노드에 로그인한다.

2. 마스터에 스크립트를 준비한다(또는 사전에 준비하는 게 좋다).

3. 큐에 잡을 제출한다. 잡은 유닉스 명령어도 실행된다. 스케줄러는 작업하지 않는 노드를 찾고 잡을 실행한다.

4. 잡을 마칠 때까지 대기한다.

5. 마스터 노드에서 결과를 읽는다. 돈을 절약하기 위해 모든 슬레이브 노드를 삭제할 수 있다. 어떤 경우에든 시스템은 오랜 시간 동안 실행함을 잊지 말자. 그렇지 않으면 요금을 지불한다(문자 그대로 달러와 센트로).

클러스터에 로그인하기 전에, 데이터를 클러스터에 복사하자(`BuildingMachineLearningSystemsWithPython`인 저장소를 복사했음을 기억하자).

```
$ dir=BuildingMachineLearningSystemsWithPython
$ starcluster put smallcluster $dir $dir
```

한 줄로 명령어를 만들기 위해 `$dir` 변수를 사용한다. 하나의 명령어로 마스터 노드에 로그인할 수 있다.

```
$ starcluster sshmaster smallcluster
```

생성된 머신의 주소도 찾을 수 있고 이전에 했듯이 ssh 명령을 사용할 수 있으나 이전에 실행한 명령을 사용할 때 화면 저편에서 StarCluster가 관리하기 때문에 주소가 무엇인지는 문제가 되지 않는다.

이전에 말했듯이, StarCluster는 클러스터를 위해 배치 큐 시스템을 제공한다. 즉, 수행하고자 하는 작업을 스크립트에 작성하고 큐에 넣으면 가용 노드에서 실행된다.

이쯤에서 클러스터에 필요한 패키지를 설치하는 작업에 대한 반복이 필요하다. 이 작업이 실제 프로젝트이면 모든 초기화를 수행하는 스크립트를 설정한다. 하지만 이는 튜토리얼이기에 다시 설치 단계를 실행해야 한다.

```
$ pip install jug mahotas scikit-learn
```

이전처럼 같은 jugfile 시스템을 사용할 수 있다. 지금과 다르게 마스터에서 직접 파일을 실행하는 것을 대신해 클러스터에서 파일을 스케줄링한다.

먼저 매우 단순한 래퍼wrapper 스크립트를 작성한다.

```
#!/usr/bin/env bash
jug execute jugfile.py
```

run-jugfile.sh를 사용해 jugfile.py를 호출하고, chmod +x run-jugfile.sh를 사용해 실행 권한을 부여한다.

```
$ for c in $(seq 16); do
>     qsub -cwd run-jugfile.sh
> done
```

16개 잡을 만들고 각 잡은 jug를 단순히 호출하는 run-jugfile.sh 스크립트를 실행한다. 바라듯이 아직도 마스터를 사용할 수 있다. 특히, 매 순간 jug status를 실행할 수 있고 계산 상태를 볼 수 있다. 사실 jug는 정확히 이러한 환경에서 개발됐고 매우 잘 실행된다.

마침내 계산은 끝나고 모든 노드를 삭제할 수 있다. 어디든 바라던 결과를 저장해야 한다. 그리고 모든 노드를 삭제한다. ~/result를 생성하고 결과를 여기에 저장한다.

```
# mkdir ~/results
# cp results.image.txt ~/results
```

그러면 작업 머신에 돌아와 나간다.

```
# exit
```

자, AWS 머신로 돌아가자(다음 코드 예제에서 $ 기호를 확인하자). 먼저, starcluster get 명령어를 사용하여 이 컴퓨터에 결과를 복사한다(이전에 사용한 put의 마이너 이미지이다).

```
$ starcluster get smallcluster results results
```

마지막으로, 다음과 같이 비용을 줄이고자 노드를 모두 끝낸다.

```
$ starcluster stop smallcluster
$ starcluster terminate smallcluster
```

 종료화는 파일 시스템과 모은 결과를 폐기함을 참고하자. 물론, 이 기본 설정이 가능하다. 클러스터가 파일 시스템을 starcluster에게서 할당받거나 폐기하지 않게 할 수 있으나 정규 인스턴스에서 가능하다. 사실 이러한 툴의 유연성은 막대하다. 그러나 이러한 고급 조작은 이번 장에서 모두 다루지 않는다.

StarCluster의 모든 가능한 기능에 대한 더 많은 정보를 읽을 수 있는 훌륭한 문서가 http://star.mit.edu/cluster/에 있다. 이 책에서는 기본적인 설정만을 사용했고 일부 기능만을 살펴봤다.

정리

다수의 코어나 머신의 장점을 얻을 수 있는 방법으로 계산을 관리하는 작은 파이썬 프레임워크 jug를 어떻게 사용하는지 알아봤다. 이 프레임워크는 일반적이지만 사용자(이 책의 저자 역시 포함해) 데이터 분석 요구를 다룰 수 있도록 특화해 만들어졌다. 그러므로 파이썬 기계 학습 환경 외에서도 적용할 수 있다.

아마존 클라우드 AWS도 배웠다. 클라우드 컴퓨팅을 사용하면 소수의 컴퓨팅 능력보다 더 효과적으로 리소스를 쓸 수 있는 경우가 종종 있다. 수요가 고정적이지 않고 변동적이라면 더욱 그렇다. StarCluster는 더 많은 잡을 실행할 때는 자동적으로 클러스터를 늘려주고 잡이 종료되면 클러스터를 줄여준다.

여기가 이 책의 마지막이다. 먼 길을 왔다. 라벨이 있는 데이터가 있을 때 분류를 어떻게 수행하며, 라벨이 없을 때는 군집화를 어떻게 수행하는지 배웠다. 차원 축소와 커다란 데이터셋을 이해하기 위해 주제 모델링에 대해 배웠다. 마지막으로, 음악 장르 분류와 컴퓨터 비전 같은 특정 애플리케이션을 살펴봤다. 파이썬으로 구현하였고, 파이썬은 NumPy 위에 수치 계산 패키지의 에코시스템을 점점 더 팽

창시켜 가고 있다. 주로 scikit-learn을 사용했고, 필요할 때 다른 패키지도 이용했다. 모두 같은 데이터 구조(NumPy 다차원 배열)를 사용했기 때문에 다른 패키지의 기능을 아주 매끄럽게 혼합할 수 있다. 이 책에서 사용한 모든 패키지는 오픈소스이고 어떤 프로젝트에든 사용할 수 있다.

물론, 모든 기계 학습 주제를 다루진 못했다. 부록 '기계 학습에 대한 보충 자료'에서는 관심 있는 독자들이 기계 학습에 대해 더 많이 배울 수 있도록 도움이 되는 리소스를 선정해 제공한다.

부록
기계 학습에 대한 보충 자료

마지막으로, 독자에게 유용할 수 있는 그 밖의 자료를 살펴보는 시간을 갖겠다.

기계 학습에 대해 더 많이 배울 수 있는 훌륭한 리소스는 많다. 여기에 실린 목록
은 이 책을 집필할 때 가장 좋다고 생각한 편향된 리소스 표본이다.

온라인 강좌

앤드류 응Andrew Ng은 Coursera(http://www.coursera.org)에서 MOOCmassive open
online course로서 기계 학습에 대한 온라인 강좌를 운용 중인 스탠퍼드 대학교의 교
수다. 무료이지만 시간과 노력을 많이 투자해야 하고, 투자의 보답은 보장한다.

책

이 책은 기계 학습의 실용적인 측면에 초점을 맞췄다. 알고리즘 내부의 개념이나 알고리즘을 정의하는 이론을 다루진 못했는데, 기계 학습의 이러한 측면에 관심이 있다면 『Pattern Recognition and Machine Learning』(C. Bishop, Springer)을 추천한다. 이 책은 이 분야 입문자를 위한 고전적인 교재다. 이 책에 사용한 대부분 알고리즘의 핵심을 알려준다.

입문을 넘어 모든 심도 있는 수학적 세부사항을 배우고자 한다면 『Machine Learning: A Probabilistic Perspective』(K. Murphy, The MIT Press)는 훌륭한 선택이다(www.cs.ubc.ca/~murphyk/MLbook). 2012년에 출판된 이 책에는 최신 ML 연구도 포함되어 있다. 기계 학습에 대한 충실한 내용을 담은 이 1,100페이지짜리 책은 참고서 역할을 충분히 한다.

Q&A 사이트

MetaOptimize(http://metaoptimize.com/qa)는 배울 것이 많은 연구와 전문가 종사자들이 교류하는 기계 학습 Q&A 웹사이트다.

Cross Validated(http://stats.stackexchange.com)는 기계 학습 질문이 있는 일반적인 통계 Q&A 사이트다.

책의 초반에 이야기했듯이, 책의 특정 부분에 관한 구체적인 질문이 있다면 TwoToReal(http://twotoreal.com)에 부담 없이 질문하면 된다. 가능한 한 빨리 보고 최대한 돕겠다.

블로그

다음은 기계 학습 분야에서 일하는 관계자의 공개 블로그 목록이다.

- 기계 학습 이론: http://hunch.net
  매달 거의 하나씩은 게시물이 올라온다. 게시물은 이론적이다. 생각을 많이 해야 하기 때문에 좀 더 가치 있다.

- 텍스트와 데이터 마이닝: http://textanddataminig. blogspot.de
  매달 하나씩 매우 실용적이고 놀란 만한 접근법을 보여준다.
- 에드윈 첸Edwin Chen의 블로그: http://blog.echen.me
  매달 하나씩 좀 더 응용적인 주제를 제공한다.
- 기계화된 학습: http://www.machinedlearnings.com
  매달 하나씩 응용적인 주제를 제공하며, 빅데이터와 관련된다.
- FlowingDate: http://flowingdata.com
  매일 하나씩 통계와 관련된 게시물을 올린다.
- 단순 통계: http:// simplystatistics.org
  통계와 빅데이터에 초점을 맞춰서 달마다 몇 개의 게시물을 올린다.
- 통계 모델링, 인과 추론, 사회 과학: http://andrewgelman.com
  매일 하나씩 게시물을 올리는데, 통계를 사용해 인기 있는 미디어의 결점에 관한 우스운 읽을거리를 올리기도 한다.

데이터 소스

알고리즘을 다루고자 한다면 UCIUniversity of California at Irvine의 기계 학습 저장소 Machine Learning Repository에서 많은 데이터셋을 얻을 수 있다. http://archive.ics.uci. edu/ml에서도 구할 수 있다.

경쟁

기계 학습에 대해 더 많이 배울 수 있는 훌륭한 방법은 경쟁에 참여하는 일이다. 캐글Kaggle(http://www.kaggle.com)은 경쟁터이고 1장에서 이미 이야기했었다. 웹 사이트에서 다른 구조와 상금을 부여하는 여러 가지 경쟁을 찾을 수 있다.

지도 학습 경쟁은 항상 거의 다음과 같은 형태를 따른다: 당신(과 모든 다른 경쟁자)에게 라벨이 있는 훈련 데이터와 테스트 데이터(라벨이 없는)가 주어진다. 당신의 작업은 테스트 데이터에 대한 예측을 제출하는 일이다. 경쟁이 끝나면 정확도가 가장 높은 사람이 승리한다. 포상으로 영광과 더불어 현금까지 지급된다.

물론 우승하면 더 좋겠지만, 참여하는 것만으로도 유용한 경험을 할 수 있다. 특히, 경쟁이 끝나고 참가자들이 포럼에서 각자의 접근법을 나누기 시작한 후에는 반드시 관심을 가져야 한다. 대부분의 승리자들은 새로운 알고리즘을 개발해서 나온 게 아니다. 얼마나 영리하게 전처리하고, 정규화하고, 기존 기법을 혼합하느냐에 달려 있다.

남겨진 것

파이썬에서 사용할 수 있는 모든 기계 학습 패키지를 다루진 않았다. 제한된 지면에서 scikit-learn에 집중하기로 했으나, 다른 옵션과 패키지가 있다.

- MDP toolkit(http://mdp-toolkit.sourceforge.net): 데이터 프로세싱을 위한 Modular toolkit
- PyBrain(http://pybrain.org): 파이썬 기반 강화 학습Reinforcement Learning, 인공 지능Artificial Intelligence, 신경망Neural Network 라이브러리
- MILKMachine Learning Toolkit(http://luispedro.org/software/milk): 이 패키지는 이 책의 저자 중 한 명이 개발했고 Scikit-learn에는 없는 일부 알고리즘과 기술을 다룬다.
- Pattern(http://www.clips.ua.ac.be/pattern): 웹 마이닝, 자연어 처리, 기계 학습, 트위터, 위키피디아, 구글 API 랩퍼가 있는 패키지

좀 더 일반적인 리소스는 오픈소스 기계 학습 소프트웨어의 저장소 http://mloss.org가 있다. 품질이 뛰어나고 잘 유지되는 소프트웨어부터 한 번 작업하고 버려진 프로젝트까지 다양하다. 여러분의 문제가 매우 독특하고 일반적인 패키지로 다룰 수 없다면 이를 확인해볼 가치는 있다.

정리

이제 정말로 끝에 와 있다. 이 책을 즐겼기를 바라고, 자신만의 기계 학습 모험을 시작할 준비가 잘 되었기를 바란다.

특히, 사용한 기법에 대해 지나치게 좋게 나오는 훈련 테스트 결과에 대한 신뢰와 올바른 교차 검증을 사용한 테스트의 중요성을 배웠기를 바란다.

찾아보기

에이콘출판의 기틀을 마련하신 故 정완재 선생님 (1935-2004)

Building Machine Learning Systems with Python 한국어판 (개정판)
Scikit-learn 라이브러리로 구현하는 기계 학습 시스템

초판 인쇄 | 2015년 9월 11일
1쇄 발행 | 2016년 7월 15일

지은이 | 루이스 페드로 코엘류 · 윌리 리커트
옮긴이 | 전 철 욱

펴낸이 | 권 성 준
편집장 | 황 영 주
편   집 | 오 원 영
디자인 | 이 승 미

에이콘출판주식회사
서울특별시 양천구 국회대로 287 (목동 802-7) 2층 (07967)
전화 02-2653-7600, 팩스 02-2653-0433
www.acornpub.co.kr / editor@acornpub.co.kr

한국어판 ⓒ 에이콘출판주식회사, 2015, Printed in Korea.
ISBN 978-89-6077-761-3
ISBN 978-89-6077-210-6 (세트)
http://www.acornpub.co.kr/book/machine-learning-python-2e

이 도서의 국립중앙도서관 출판시도서목록(CIP)은 서지정보유통지원시스템 홈페이지(http://seoji.nl.go.kr)와
국가자료공동목록시스템(http://www.nl.go.kr/kolisnet)에서 이용하실 수 있습니다.(CIP제어번호: CIP2015024905)

책값은 뒤표지에 있습니다.